21c

세계관과 개혁신앙

The Worldview of the 21st Century & Reformed Faith

21세기 세계관과 개혁신앙

초판 1쇄 찍은 날 · 2006년 9월 15일 ㅣ 초판 2쇄 펴낸 날 · 2010년 3월 25일

지은이 · 김영한 ㅣ **펴낸이** · 김승태

등록번호 · 제2-1349호(1992. 3. 31.) ㅣ **펴낸 곳** · 예영커뮤니케이션

주소 · (110-616) 서울 광화문우체국 사서함 1661호 ㅣ **홈페이지** www.jeyoung.com

출판사업부 · T. (02)766-8931 F. (02)766-8934 e-mail: jeyoungedit@chol.com

출판유통사업부 · T. (02)766-7912 F. (02)766-8934 e-mail: jeyoung@chol.com

copyright©2006, 김영한
ISBN 978-89-8350-406-4 (03230)

값 12,000원

21세기 세계관과 개혁신앙

김영한 지음

예영커뮤니케이션

숭실대에 취임하셔서 일반대학원에 기독교학 석사과정(2005년 9월)과 박사과정(2006년 9월)을 개설해주시고, 섬김의 리더십(the leadership of servant)의 본을 보여주시는 이효계 총장님께 이 저서를 헌정합니다.

머리말
문화적 도전과 개혁신학적 착상의 전개

신학의 갈 길은 아직도 멀고 먼데 이룬 것 없이 벌써 회갑의 해를 맞이하게 되었다. 하나님의 사람 모세의 기도가 마음속에 다가온다. "우리의 모든 날이 주의 분노 중에 지나가며, 우리의 평생이 일식간에 다하였나이다"(시 90:9). 1996년 죽음의 문턱을 경험하게 하시고 죽음에 이르는 병에서 소생하여 오늘날까지 오게 한 것은 하나님의 크신 은혜이다. 덤으로 사는 목숨이다. 그 분이 허락하시면 이제 서서히 21세기에 직면한 한국교회를 위한 『개혁교의학』을 집필하고 싶다. 여태까지의 신학적 작업 그리고 이 책도 그것을 위한 기초작업에 불과하다. 그러나 아직도 그것을 위해서 끝내야 할 해석학적 그리고 개혁신학적 기초작업들이 적지 않게 남아 있다.

저자는 김양선 목사님이 창설한 숭실대학교 한국기독교문화연구소를 물려받아 근 17년간 연구소장으로 재직했다. 『21세기 문화신학』시리즈는 1986년부터 2003년까지의 연구성과 및 학문적 결산이라고 할 수 있다. 이 책은 저자가 각종 세미나와 문화 및 신학 국제학술심포지엄을 개최하면서 주제강연 내지 기조강연을 하고 그리고 한국 개혁신학회 회장(1996-2004년)과 한국복음주의신학회 회장(2000-2002년)으로 학회를 이끌면서 기독교 문화와 문화신학과 관련된 주제발표를 모은 논문들을 주제별로 모은 논문형식의 저서이다. 따라서 이 저서는 초보자를 위한 문화신학의 교과서라기보다는 오늘날 21세기에서 급변하게 다가온 문명의 전환과 문화의 변천 속에서 개혁신앙인이 가져야할 기독교문화의 해석학이라고 말할 수 있다.

저자는 21세기라는 문화적 도전과 더불어 기회로서 다가오는 시대적 전환기 속에서 특히 개혁신앙을 가진 신자들이 가져야할 문화변혁에 대한 개혁신학적 착상을 4권에 걸쳐서 전개하고자 하였다.

제1권은 21세기 세계관과 개혁신앙, 제2권은 21세기 문화변혁과 개혁신앙, 제3권은 21세기 사이버, 생명문화와 개혁신앙, 제4권은 21세기 한국 기독교문화와 개혁신앙을 주제로 구성했다.

제1권에서는 21세기에서의 세계관(1장), 21세기 문명전환(2장), 21세기 시대정신(3장), 21세기 세속문화(4장), 포스트모던 문화(5장), 21세기 신학의 새 패러다임(6장), 포스트모던 시대의 목회패러다임(7장), 교회와 사회의 패러다임 변화(8장), 여가와 놀이의 신학(9장), 현대사회의 네 가지 폭력과 샬롬(10장) 등의 주제들을 개혁신앙의 관점에서 다루었다.

제2권에서는 문화치유(1장), 문명공존(2장), 이슬람과 기독교(3장), 기독교와 이슬람(4장), 기독교 관점에서 본 이라크 전쟁(5장), 기독교문화와 영성(6장), 보편윤리와 기독교문화(7장), 복음적 신앙과 예수 문화(8장), 교회의 사회봉사(9장), 몸, 죽음, 생명 이해(10장), 현대사회와 교회의 정체성(11장) 등의 주제들을 개혁신앙의 관점에서 다루었다.

제3권에서는 21세기와 대중문화(1장), 대중문화의 기독교적 조명(2장), 문화상품과 기독교적 문화읽기(3장), 가상공간의 신학적 진단(4장), 사이버문화와 기독교문화전략(5장), 환생신드롬(6장), 기와 성령(7장), 복제줄기세포연구의 윤리성(8장), 생명공학의 윤리(9장), 복음과 청년문화(10장), 한국청년문화(11장) 등의 주제들을 개혁신앙의 관점에서 다루었다.

제4권에서는 21세기 한국사회의 문화변혁(1장), 21세기 한국교회와 복음주의신학(2장), 새 한국창조(3장), 한국전통문화(4장), 한국교회의 비판문화

(5장), 한국에서의 기독교성공(6장), 한국사회의 반기독교정서(7장), 한국기독교인의 사회적 영향력(8장), 한국기독교문화형성(9장), 한국기독교문화운동(10장), 교회재산의 공익성(11장), 한국정치문화와 기독교(12장)등의 주제들을 개혁신앙의 관점에서 다루었다.

따라서 본 저서는 저자가 1991년에 출판했던『한국기독교문화신학』(성광문화사, 2005년 불과 구름)의 변혁적 문화신학의 착상을 보다 21세기의 포스트모던 문화현장과 관련해 적용한 것이며, 21세기에 도래한 한국교회의 구체적인 문화현장과의 대결이요, 문화신학적 반성의 구체화라고 말할 수 있다.

저자는 이 책의 내용을 숭실 개교 100주년 기념으로 1998년에 세워진 숭실대학교 기독교학대학원(석사과정)에서 경건과 학문을 닦는 원우들과, 숭실대학교 학부 및 일반 대학원 기독교학과(1999년 학사과정 개설, 2005년 석사과정 개설, 2006년 박사과정 개설) 학생들, 그리고 그리스도를 사랑하고 복음주의적 문화선교에 뜻있는 모든 교파의 신학생들과 목회자들과 그리스도인들과 같이 나누고 싶다. 더욱이 이 방대한 분량의 저서를 기꺼이 출판해 준 예영커뮤니케이션 김승태 사장님과 좋은 책을 만들어주신 김은주 편집장에게 깊은 감사를 드리면서 한국의 복음주의 출판문화 및 문화선교의 새로운 장을 열어주기를 기대한다.

2006년 8월
김영한

contents

chapter 3   21세기 시대정신과 개혁신앙 · 90

chapter 4   21세기 세속문화와 개혁신앙 · 116

chapter 5　　　포스트모던 문화와 복음주의 신앙 · 144

chapter 8   교회와 사회의 패러다임 변화 · 214

chapter 9   여가와 놀이의 신학: 기독교적 레저문화 · 234

chapter 10   21세기 사회의 네 가지 폭력과 평화 · 258

chapter 1
개혁신앙에서 본 세계관 유형

기독교 신자가 되는 것은 세계관의 변혁을 체험하는 것이다. 신자가 되는 것은 단순히 교적에 등록하거나 교회의 일원이 되는 것을 넘어선다. 그것은 의식과 실존의 중심에서 세계관의 변화를 수행하는 전인적 사건(the holistic event)이다. 기독교세계관이란, 신앙에 근거해서 세계를 해석하는 신앙의 해석학(hermeneutics of faith)에 의하여 이루어진다.[1] 그래서 19세기 덴마크의 기독교 철학자 키에르케고르는 기독교인이 된다는 것은 자기 주체성을 찾는 것이라고 말했다. "신앙의 움직임은 그의 삶 전체에서 그의 실존의 과제다. 신앙은 '전 생애를 위한 과제'다. 신앙의 '두려움과 떨림'은 '믿음의 선한 싸움을 싸우고 신앙을 지키는' 신자의 삶이 마지막 순간까지 계속되는 것이다. 그는 그의 삶의 매 순간에 신앙의 두려움과 떨림을 가진다. 왜냐하면 그는 매 순간 하나님 앞에서(coram deo) 존재하기 때문이다."[2] 키에르케고르가 언급한 것처럼 기독교인이 된다는 사실은 자기가 여태까지 지녀온 자기중심이거나 세상중심의 세계관을 떠나서 그리스도와 하나님 중심의 세계관을 수납하는 것을 의미한다. 그런 의미에서 바울은 고린도 교회를 향한 서신에서 다음 같이 증언한다. "누구든지 그리스도 안에 있으면 새로운 피조물이라. 이전 것은 지나갔으니 보라 새 것이 되었도다"(고후 5:17) 실존의 변화란 그리스도 안에서 이 세상을 보는 지식에까지 새롭게 변화되는 것을 말한다.

오늘날 우리사회는 현대주의적 세계관의 쇠퇴와 더불어 후기현대의 세계관 형성으로 나아가고 있다. 여기서 세계관 변천의 모습과 더불어 후기현대를 향한 기독교 세계관을 논구하기로 한다.

*

1. 세계관이란?

(1) 세계관의 정의

세계관이란 세계를 보는 관점이다. 직업선택, 도덕적 결단, 시간활용, 경제적 관리, 배우자선택, 가족생활의 운영, 사회생활과 대인관계 등은 세계관의 영향을 받는다. 이러한 모든 사항들은 각자가 지니고 있는 세계관에 의하여 결정된다. 우리는 세계관을 다음 5가지로 정의할 수 있다.

첫째, 세계관이란 우리가 사는 세계를 해석하는 인식의 틀(perceptual framework)이며 사물과 세계를 인지하는 방식이다. 인간인 한 우리는 막연하나마 자기 삶과 세계에 대한 조망과 가치체계를 가지고 있다. 이것은 '이론이전'(pretheoretical)의 것이다. 이런 전 이론적인 수준의 사고체계를 독일의 철학자 딜타이(Wilhelm Dilthey)는 세계관(Weltanschaung)이라고 하였다. 그리하여 이러한 세계에 대한 안목과 가치체계 안에서 인간은 자기의 삶에 대한 행로를 결정하며 산다. 이러한 이론 이전의 가치체계가 그 사람의 인생관을 결정짓고 그의 직업과 결혼과 삶의 진로를 지시해준다.

둘째, 세계관이란 세계를 바라보는 시고의 지침(reference of thinking)

이다. 이 세상을 이해하고자 할 때 우리는 수많은 자료와 관념과 이론이 제시되어 있는 것을 본다. 그 가운데 우리는 하나를 선택해야 한다. 이때 필요한 것이 바로 세계관이다. 우리는 우선순위를 정하며 그리고 결정적으로 어느 자료와 이론과 관념을 선택하여 세계를 반성하게 된다. 세계관은 이 때 우리 사고의 지침이 된다. 미국 예일신학대의 기독교 철학자 월터스톨프(Nicholas Wolterstorff)는 사고 지침으로서 자료신념(data beliefs)과 규제신념(control beliefs)을 언급했다.[3] 자료신념이라는 것은 우리가 학문적 연구할 때 이 자료가 연구에 타당하다고 믿는 신념이며, 규제신념이란 과학적 이론이나 종교적 신념, 세계관과 같은 신념을 말한다. 모든 연구자는 이 두 가지 신념에 의하여 자신의 연구를 수행하게 된다.

셋째, 세계관이란 우리가 인생을 그것을 위해 산다고 설정하는 삶을 위한 비전(vision for life)이다. 우리는 삶에 대한 조망과 인식의 틀을 가지고 자기 삶에 대한 비전을 설정한다. 우리는 이러한 세계를 보는 틀 안에서 자기 삶의 목표와 가치체계를 정한다. 이러한 세계관이 없다면 인간의 삶은 유지될 수 없다. 청교도적 칼뱅주의자들은 '하나님의 영광' 이라는 삶의 비전을 가지고 살았다. 더욱이 이들 가운데 상업 활동을 하는 자들은 하나님의 영광을 위하여 선교와 사회복지에 이바지하기 위하여 자본을 축척함으로써 오늘날 자본주의의 정신을 만들어 냈다.[4]

넷째, 세계관이란 우리가 인생을 사는 지침 내지 지도를 그리는 세계상(world image)이다. 인간은 각자가 추구하는 자기의 세계상을 가지고 있다. 인간은 모두 막연하나마 자기가 그리는 인생의 지도인 세계상을 가지고 있다. 자기의 개인의 세계상, 모임의 세계상, 민족의 세계상(世界像), 동양인과 서양인의 세계상, 각 시대의 세계상 등은 각기 다르다. 문명이전의 원시인류가 가졌던 세계상은 신화론적 세계관이다. 이에 대하여 계몽시대 이후의 세계상이란 과학기술에 의하여 통제될 수 있는 합리적인 세계상이다. 이 세계상은 각자의 생활세계(Lebenswelt)에서 발생하며 차츰 세계관(Weltanschauung)으로 발전한다.

다섯째, 세계관은 우리가 행동할 때의 행위의 지침이다. 우리가 직업 선택, 도덕적 결단, 시간 활용, 경제적 관리, 배우자 선택, 가정생활 운영에 있어서 우선순위에 따라서 행동을 하게 된다. 우리는 생활하고 직업을 수행하고 사람을 만나고 큰 삶의 목적을 수행하면서 우리 행동의 지침을 필요로 한다. 세계관은 이때 우리 행위의 지침이 된다. "너희는 먼저 그의 나라와 그의 의를 구하라"는 예수님의 말씀은 기독교 신자들, 특히 개혁신앙을 자진 자들에게 그의 삶의 궁극적 지침이 된다.

미국의 저명한 기독교대학인 휘턴(Wheaton) 대학의 기독교 철학자, 아더 홈스가 말하듯이 "인생은 하나님께서 우리에게 맡기신 거룩한 사명이다." 개혁신앙을 가진 자들은 삶을 사는 데 있어서 하나님 절대주권의 신앙을 가지고 그의 삶을 산다. 개혁신앙을 가진 자에게는 유신론적 청교도적인 개혁신앙의 세계관의 그의 삶과 행위의 기본적인 지침의 역할을 한다. 이처럼 "세계관은 특정한 과제를 명령하고, 전반적인 목적을 부여하며, 도덕적 판단과 근거를 제공해 준다."[5]

(2) 세계관의 성격

세계관의 성격은 무엇인가? 세계관은 은밀한 신념, 이론이전의 사유로서 사람들의 행동 근거가 되는 신념이나 태도, 가치로부터 시작된다.[6] 세계관은 개인적이 아니라 공유적이며, 형성되어 가고, 다원적이며, 언어와 순환구조를 이루고, 문화적인 패턴으로 표출되는 특징을 지닌다.

1) 은밀한 신념들(assumed beliefs)
세계관의 기초에는 신앙의 결단(faith commitment)이라는 것이 있다.

사유이전에 우리 인간은 우리의 근원적 신앙 내지 신념을 결단함으로써 산다. 세계관은 이러한 근원적 신앙의 결단에서 형성된다. 세계관은 우리의 사고에 선-구조(Vor-Struktur)로서 우리의 사고에 영향을 주는 무의식화 되어 있는 은밀한 신념들이다. 그것은 우리 삶의 방식으로서 우리의 모든 행동과 판단에 함축되어 있다. 그것은 함축적 신앙(implied beliefs)이다. 이것은 의식적으로 주장되지 않고 우리의 모든 판단과 행동에 전제되어 있다. 이것은 넓은 의미에 있어서 종교적인 성격을 가지고 있다. 여기에는 자기 나름대로의 확신과 궁극적 결단이 내포되어 있기 때문이다.

2) 이론 이전(以前)의 사유(pre-theoretical thinking)

세계관은 아직도 철학적 체계나 신학적 체계가 아니다. 오히려 철학적 체계나 신학적 체계는 세계관을 근거로 하여 형성된다. 철학적 체계나 신학적 체계는 이론적 사유를 통하여 추론된다. 그러나 세계관은 아직도 그러한 이성적 반성이 가미되지 아니한 반성이전의 사상이다. 그것은 훗설(E. Husserl)이 말하는 '선(先)술어(述語)적 판단'(praedikative Erfahrung)이나 하이데거(M. Heidegger)가 말하는 '이해의 선(先)구조(構造)'(Vor-Struktur des Verstehens)나 가다머(H. G. Gadamer)가 말하는 '선(先)판단(判斷)'(Vorurteile)이라고 말할 수 있다.

3) 개인적이 아니라 공유적이다

세계관은 어느 개인에게만 속하지 않고 그 시대에 사는 사람들에게 공유된다. 세계관은 모든 사람들이 공유하고 있다. 그리고 어느 정도의 공통적인 인식의 틀을 가지고 있다. 조선시대 사람들은 유교적 세계관을 공유하면서 살았다. 고려시대나 삼국시대 사람들은 불교적 세계관을 공유하면서 살았다.

현대에 와서 공산주의가 무너지기 전까지 동구권이나 소련연방은 사회주의 세계관을 공유하면서 살았다. 그러나 그 세계관이 무력과 강압에 의하여 강요된 것이었기 때문에 소련의 개혁운동에 힘 입어 공산주의 세계관은 무너지고 말았다. 세계관의 붕괴 내지 변천도 역시 그 세계관에 속한 사람들의 의식의 변화에 기인한다. 그것은 소련과 동구권에 공산주의 정권의 붕괴로 나타났다.

4) 고정되지 않고 형성되어감

세계관은 무오하지 않으며 절대적인 것이 아니다. 세계관은 고립된 것이 아니다. 세계관은 세계에 대한 우리의 지식이 증가함에 따라 수정되고 교정된다. 세계관이 하나의 절대적 성격을 가지게 될 때 그것은 이데올로기가 된다. 그 구체적인 예가 2차 세계대전시 독일의 나치즘이요 일본의 군국주의요 중공의 모택동 사상이요 북한의 김일성 주체사상이다. 그러나 이 모든 절대성을 요구하던 이데올로기들이 역사의 무대 뒤로 사라졌다. 일본의 군국주의도 무너졌고, 중국의 모택동 사상도 등소평에 의하여 실용주의로 변형되었다. 소련의 공산주의도 고르바초프의 인간의 얼굴을 가진 사회주의라는 새로운 사고에 의하여 개혁되면서 동구권의 공산체제를 무너뜨리고 스스로 무너졌다. 북한의 주체사상도 경제적 실용주의 사고의 도입과 더불어 점차 안에서 붕괴 될 것이다.

5) 다원적이다

우리의 인식은 유한하며 제한적이다. 그리고 상대적이다. 이 지구상에는 여러 문화와 풍습을 지닌 여러 민족이 살기 때문에 그들의 세계관 역시 다르다. 그리고 이러한 세계관들은 폐쇄적이지 않고 개방되어 있고 건전한 자기수정과 비판의 기능을 가진 한에 있어서, 세계관들이란 여러 가지가 존재할 수 있다. 자유를 염원하는 자들은 자유주의 세계관을, 사회적 평등을 원하는 자들은 사회주의 세계관을, 불교인들은 불교적 세계관을, 유교인들은 유교적 세계관을 가지고 있다.

6) 언어와 순환구조를 이룬다

언어는 세계관을 반영하고 세계관은 언어로부터 형성된다. 언어의 구조는 세계관을 이해하는 데 영향을 주며 세계관의 이해로부터 언어는 형성된다. 어떤 사람이 습관적으로 사용하는 언어의 구조는 그가 주위환경을 이해하는 방식에 영향을 미치고 우주의 모양은 언어에 따라서 변모한다. 그러므로 독일의 언어학자 훔볼트(Wilhelm von Humboldt)는 "언어는 세계관"(Sprache ist Weltanschauung)이라고 하였다.[7]

7) 문화적인 패턴으로 표출

어느 사회가 어떤 특정한 세계관에 의하여 지배될 때 거기서 하나의 문화적 패턴이 나타난다. 문화는 '인간의 의미를 담은 세계'(world of human meaning)를 가리킨다. 그리고 문화는 가지각색의 의미 있는 활동들, 예컨대, 예술, 철학, 언론, 광고, 패션 등을 포함하는 그런 활동들을 통해서 사회질서를 전파하고 재생하는 의미체계(a signifying system)이다.[8] 한 사회의 문화적인 여러 패턴들, 예술 활동, 학문 활동, 경제활동 등은 그 사회가 가지고 있는 세계관에서 나온다. 이것들은 '신앙적으로 주도되는 생활방식의 표현들'이기 때문이다.[9] 우리의 문화적인 삶은 문화가 그 속에서 산출된 세계관에 뿌리를 내리고 있다. 정치, 교육, 보건위생, 법, 환경보호, 예술, 가족, 종교 제도들은 세계관의 영향 아래서 형성되며 또한 세계관에 부응하도록 방향지어진다. 세계관 이해란 문화해석학(cultural hermeneutics)의 영역이다.[10] 문화해석학이란 문화의 의미 있는 다양한 표현들이 실제로 무엇을 의미하는가를 연구하며, 그 문화가 뿌리박힌 세계관을 연구하는 것이다.

2. 변화하는 세계관

(1) 패러다임의 변천

세계관은 역사의 과정 속에서 변천한다. 이러한 변천의 양식을 나타내는 용어가 패러다임이다. 패러다임이란 용어는 미국의 과학철학자인 쿤(Thomas S. Kuhn)이 그의 유명한 저서 『과학혁명의 구조』(*The Structure of Scientific Revolutions*)에서 제일 먼저 사용되었다. 그는 패러다임을 '주어진 공동체 구성원에 의하여 공유되는 신념이나 가치나 기술의 전 체계'(an entire constellation of beliefs, values, techniques and so on shared by the members of a given community)[11]로 정의한다. 패러다임이란 생활세계에서 야기되는 문제상황을 해석하고 해결하기 위한 '모범 예'(Musterbeispiel), '설명의 모형'(Erklaerugsmodelle) 내지 '이해의 모형'(Verstehensmodelle)을 말한다.

과학철학자들은 과학이론을 가리켜 모형이라는 표현을 사용한다. 그럼으로써 과학이론이 지니는 해석학적 차원을 인정하고 있다.[12] 이언 바버(Ian Barbour)는 모형이란 '세계에 대한 서술이 아니라, 체험을 정리하기 위한 상상의 도구'라고 정의한다. 모형(models)이란 발견되게끔 꾸며져 있는 장치들로서 '유익한 허구들'(useful fictions)이다.[13] 과학이란 실체에 관한 은유적인 설명 모형을 고안하고 해석하는 작업을 한다. 메리 헤스(Mary Hesse)는 자연과학의 해석학적 차원을 언급한다. "경험과 해석학 사이에 직선모양의 연속체가 있다. 그 연속체의 각 단계마다 적절한 해석의 조건들이 이론화의 과정에 들어간다."[14] 그리하여 포스트모던 사회에 와서 이미 자연이란 자연과학의 텍스트가 되고 자연과학이란 자연의 해석학이 되었다.

설명모형 내지 이해모형이란 현존하는 규칙들과 방법들이 통용되지 않는 곳에서 그것들은 새로운 것을 추구한다. 여기서 새로운 패러다임이 형성된다. 그 구체적인 예로서는 톨레미 천문학이 근대에 와서 코페르니쿠스 천문학으로, 아리스토텔레스 역학이 근대에 와서 뉴턴 역학으로 바뀌면서 현대에 와서는 다시 양자역학(量子力學)으로 바뀌는 것으로서 설명된다. 로던(Larry Laudan), 폴라니(Michael Polanyi), 쿤(Thomas Kuhn) 등은 과학지식이 누적되어 결국 완전케 되는 것이 아니라고 말한다. 과학은 실재의 경쟁하는 여러 패러다임 혹은 모형의 연구결과이다.[15] 모든 관찰자들은 자기들의 패러다임 속에 갇혀 있기 때문에 자기와 다른 패러다임의 진위(眞僞)를 판단할 수 없다. 그러므로 쿤에 의하면 패러다임 간의 진정한 대화란 불가능하다.[16]

파이어아벤트(Paul Feyerabend)는 과학을 견고하면서도 경험적이며 이성적인 근거 위에 세우려고 하였으나 그는 과학 이론은 정치나 선전에 입각한다는 결론에 도달하게 되었다. 여기서 정치와 선전이란 명성, 권력, 연령, 논쟁술 등이 경쟁적인 이론 가운데 선택을 결정하게 된다고 보았다. 그래서 로던(Larry Laudan)은 "경쟁적인 과학이론 사이에서 내려진 어떤 결정은 비이성적이었을 뿐 아니라, 경쟁적인 과학이론들 간의 선택은 각 경우의 본질상 틀림없이 비이성적이었다."고 주장한다.[17]

패러다임은 여기서 하나의 신앙고백과 같은 성격을 가져, 한 학자가 여태까지 사용해 온 자기의 패러다임을 버리고 다른 패러다임을 수용하는 것은 종교적 의미에 있어서 '개종'(conversion)과 같은 성격을 갖는다고 설명한다. 자연과학에서처럼 신학에서도 점증하는 위기의식이 여태까지 타당한 근본신념의 변천을 초래하고 새로운 해석모형 내지 패러다임으로 나아가는 출발상황이었다.

톨레미 천문학이 제시한 지구중심적 세계상의 패러다임의 위기는 그 해결로서 코페르니쿠스 천문학이라고 불리는 태양을 중심으로 하는 새 천문학적 세계상의 패러다임을 불러 일으켰다. 또 현대에 와서 에테르 이론의 위기는 아인슈타인의 상대성 이론을 일으켰다. 기존 이해모델이 새로이 야기되는 문제 상황 속에서 만족할 만한 대답을 주지 못할 때 새로운 이해모형으로 대체된다.

이해모형은 방법의 전(全)체계와 더불어, 새로운 문제와 문제 해결의 전 구도와 함께 변화된다. 그리고 새로운 이해모형은 이에 공감하는 학문적 공동체에 의하여 지지되고 사용되어진다. 새로운 이해모형은 불확실성의 잠정시기(a transitional period of uncertainty)를 거친다. 그것은 잠정적으로 수용된다. 또한 점차 그것에 대한 검증과 확신을 증대하면서 옛 것을 대체한다. 그리고 하나의 새로운 학문적 패러다임으로 자리잡기에 이른다.

오늘날 과학철학에서의 과학상(像)이란 다음같이 특징지어진다. 첫째, 전적으로 객관적인 과학지식은 없다. 앨버트 아인슈타인(Albert Einstein)은 상대성이론에서, 닐스 보어(Niels Bohr)는 양자역학에서 과학자의 인격요소가 과학지식에 필연적으로 포함되는 것을 보여주었다. 둘째, 과학은 사회적이고 심리학적 과정에 의하여 깊이 영향을 받는다. 모든 과학적 연구 속에는 심리학적이고 사회적이고 문화적 요소가 내포되어 있기 때문에 편견 없는 이론이란 존재하지 않는다. 셋째, 과학지식이란 실재자체와 동일시되는 것이 아니다. 과학은 실재의 영상(影像)이 아니다. 과학이론이란 실재와 상응하는 것이 아니라 실재에 관한 우리의 해석이다. 그리하여 순수실재론에 근거한 인식론이 무너지고 비판적 실재론의 인식론이 대안으로 제시된다.

(2) 비판적 실재론

보다 성숙한 과학자는 지식이란 이론적인 모델을 통하여 전달되는 것으로 본다. 해롤드 실링(Harold Schilling)은 그의 저서 『과학과 종교에서의 새 의식』(*The New Consciousness in Science and Religion*)에서 비판적 실재론의 관점을 제시하면서 "과학은 자연에 대하여 대단히 신뢰할만한 지식을 성취하였다. 이 지식은 이론적인 모델체계를 통하여 전달된다."고 주장하였다.[18] 이안 바버(Ian Barbour)는 『신화, 모델과 패러다임』(*Myths, Models and Paradigms*)에서 "비판적 실재론자는 이론이 세계를 대표한다고 말한다. 그는 타당한 이론

이 진리일뿐 아니라 유용하다."고 주장한다. [19]

비판적 실재론은 실재와 실재와 관한 지식 사이에 구별을 짓는다. 지식은 실재의 영상이 아니라 실재에 관한 지도나 설계도이다. 비판적 실재론은 실재를 이해하기 위해서는 많은 설계도와 지도가 있어야 한다고 본다. 지도나 설계도가 나타내는 지식은 청사진이 보여주는 지식과 다르다. 문화학자 기어츠(Clifford Geertz)는 지도는 실재의 상징일 뿐 아니라 우리로 하여금 행동의 과정을 선택하게 하는 안내자의 역할을 한다고 말한다. [20] 로던(Larry Laudan)은 비판적 실재론을 제안하면서 과학의 중심부에 형이상학을 부활시키며, 실재와 정신적 이미지 사이에 복합적이고 변증법적인 관계를 추론한다. [21]

(3) 세계관의 변천

문화는 '해석을 요구하는 하나의 텍스트' 이다. [22] 우리는 문화가 뿌리박힌 세계관을 하나의 텍스트로 보고 이것을 유형화하고자 한다. 세계관의 변천은 고대의 자연주의 세계관, 중세의 기독교 세계관, 현대의 과학기술 세계관, 현대후기의 세계관 등이 있다.

1) 고대의 자연주의 세계관

고대의 자연주의 세계관은 고대의 각 문명을 지배한 문명의 세계관이었다. 이집트문명, 바벨론문명, 아시리아문명, 크레타문명, 인도문명, 중국문명, 잉카문명 등이 가진 세계관은 그 현저한 차이에도 불구하고 공통성을 가지고 있다. 그것은 자연 중심 사상이었다. 자연은 무시(無始)무종(無終)한 영원한 실재로서 모든 것의 모체이며 원천이라는 것이다. [23] 자연주의 세계관은 원초적 자연주의, 정신적 자연주의, 인간적 자연주의, 사회적 자연주의 등이 있다.

① 원초적 자연주의

이것은 미개한 원시인들의 세계관이다. 인간은 자연의 일부이며 자연의 절대적 지배를 받아야 한다. 신들은 자연세력이 의인화(擬人化)되어 신격화된 현상이다. 원초적 세계관은 자연을 정령이 깃든 총체(an animistic totality)로 보았다. 하늘에는 천신, 산에는 산신, 바다에는 해신(海神) 등이 있다고 보았다. 원시인들은 창조주가 하늘에 살고 계심을 믿으나 최고신은 예배의 대상이 되지 않는다고 보았다.[24] 오히려 이들에게는 동물을 자기 종족의 조상으로 숭배하는 토템(totem)신앙, 만물은 살아있고 영이 깃들어 있다고 보는 정령숭배(animism), 샤머니즘(shamanism)이 지배하였다.

② 정신적 자연주의

정신적 자연주의는 정령주의나 샤머니즘 등 원초적 자연숭배를 벗어나서 자연현상을 넘어서는 초월적 실재를 사색적으로 인정하는 세계관이다. 여기에는 힌두교가 있다. 힌두교는 수도를 통해 모든 부정한 생각, 선입견, 감상적 편견을 버리는 자기의 마음조차도 생각지 않는 무의식의 의식 상태를 지향한다. 이것은 신비로운 무아지경이다. 힌두교의 경전인 베다(Veda)는 자연을 시종이 없는 영원한 것으로 본다. 자연은 아침과 저녁과 같이 윤회(cycle)를 무수하게 반복하는 실체이다.

여기서 힌두교는 신들과 지고(至高)한 신(神) 사상을 형성하기에 이른다. 그리하여 인도인들은 사색을 통하여 원초적 자연숭배에서 탈피하여 정신적인 이념을 추구하기에 이른다. 이러한 이념이 힌두교의 경전인 리그 베다에서는 리타(rita), 우파니샤드에서는 브라만(Brahman) 등으로 나타난다. 리타는 창조의 원리요 모든 에너지의 원천이다. 신들은 영원한 실재가 아니다. 영원한 실재는 신들과 인간을 포함한 우주의 모든 것의 산모인 리타이다. 리타는 인격이 없고 의식이 결한 실재이기는 하나 우주를 움직이는 모든 힘의 원천으로서 불가사의한 숨은 존재이다.

브라만은 우주적이면서 무엇이라고 정의할 수 없는 비인격적인 신이다. 그는 유일신이면서도 범신(凡神)이다. 창조의 신 브라마(Brahma), 유지의 신 비슈누(Vishnu), 파괴의 신 시바(Siva)는 브라만의 세 가지 표현모습이다. 따라서 우파니샤드에 나타나는 브라만은 베다에 나타나는 비인격적 우주의 법칙인 리타와 근본적으로 같다.[25]

③ 인간적 자연주의

인간적 자연주의는 인간의 본성을 회복하여 삶의 고뇌를 해탈하고자 한다. 여기에는 불교적 세계관이 있다. 불타는 인간이 고통 받는 이유를 무지에서 찾았다. 현상계가 마치 부귀와 영화가 행복인 줄 알고 이에 집착함으로써 고통이 생긴다는 것이다. 불타는 미몽(迷夢)에서 깨치려면 삼법인(三法印)을 알아야 한다고 하였다. 삼법인이란 제행무상인(諸行無常印), 제법무상인(諸法無上印), 열반적정인(涅槃寂靜印)이다. 제행무상이란 만사가 일시적이고 가변적이라는 것이다. 제법무아란 현상계에는 실체(實體)가 없고 모든 것이 환영(幻影)이라는 것이다. 열반적정이란 참 나를 찾으면 열반에 들어가는데, 열반은 욕망의 등불이 끄진 공(空)의 경지요 윤회전생이 일어나지 않는 곳이라는 것이다. 불교는 '본래부터 우주 창조신, 조물주 신격화를 인정치 않는' 신이 없는 자비의 인도(人道)이다.[26]

④ 사회적 자연주의

사회적 자연주의는 사회의 안정을 지고의 목표로 한다. 여기에는 유교적 세계관이 있다. 공자는 역경(易經)의 우주관을 수용하면서도 그의 관심을 우주생성론에 두지 않고 사회의 안녕에 두었다. 공자는 주역(周易)의 태극(太極)설, 오행(五行)설을 이론(異論)없이 수락했으며, 노년에는 주역을 보다 명료하게 설명하는 데 주력했다. 공자는 오행설에서 착상을 얻어서 인간관계의 오륜을 제창했다. 그것을 위해서는 인(仁), 의(義), 예(禮), 지(智), 신(信)이 항구화 되어야 한다. 유교의 핵심 사상은 인(仁)에 있다. 인을 이루려면 의가 정립되어야 한다. 의는 사물의 당위성이다. 의를 이루는 장(場)은 정치다. 인의 정치는 패도(覇道)가 아니라 왕도(王道)이다. 유교는 수신제가치국평천하(修身齊家治國平天下) 이념을 제창하였다.

2) 고전 및 중세의 기독교 세계관

고전 기독교의 대변자로서는 어거스틴, 중세 기독교의 대표자로서는 토마스를 들 수 있다.

① 어거스틴의 기독교 세계관

어거스틴은 로마제국을 황제 중심의 국가에서 중세기 기독교 왕국으로 개혁시킨 역사적 운동의 지도자들 중의 한 사람이었다. 그는 문화의 변혁을 역설한 기독교 사상가였다. 그는 하나님의 선한 창조의 이념에서 출발한다. 존재하는 모든 것은 선한 하나님의 창조물이다. 그러므로 그것은 선하다.[27] 인간에게 있는 악이란 본래 선하게 지음을 받은 본성이 전도(顚倒)되고 부패된 것이다.[28] 어거스틴은 인간의 원죄를 지적한다. 원죄란 하나님으로부터 떠나 자기 자신이나 또는 더 낮은 가치로 전락(顚落)하는 것이다. 그는 원죄를 불순종, 사악, 교만으로 설명한다. 이것은 인간이 자기 생명의 근원인 하나님으로부터 떠나는 것과 피조물의 선에 집착하여 그것을 마치 최상의 가치인 것 같이 여기는 것이다. 인간의 선한 본성이 왜곡되어 부패한 본성이 왜곡된 문화를 산출하고 다시 왜곡된 문화가 인간의 본성을 왜곡되게 한다.

어거스틴은 인류의 사회적 죄악성을 지적한다. 무질서는 문화의 모든 부문에 퍼진다. 이러한 무질서의 죄악성은 본래적으로 선하게 창조된 질서가 현존하는 데 의존한다. 무질서는 현존하는 질서의 깨어짐이다. 예컨대, 전쟁이란 어떤 종류의 평화를 상정하지 않고 존재할 수 없다.[29] 전쟁이란 평화의 깨어짐이다. 그러므로 악이란 선의 전도(顚倒, perversion)이다. 이 인류의 전도

(顚倒)된 본성과 부패된 문화를 구속하기 위하여 그리스도께서 오셨다. 그는 하나님과 인간 사이의 중보자이시다. 중보자인 그리스도는 문화의 변혁자이다. 인간의 도덕성은 새로운 은혜로 보충되는 것이 아니라 사랑으로 변혁된다. 그리하여 인간은 그의 자연적 재능인 수학, 논리, 자연과학, 미술, 공학 등을 통하여 하나님의 모든 피조물에게 새 사랑의 도구가 된다.

어거스틴은 역사에 대하여 구속사관을 제시했다. 역사를 움직이는 두 가지 흐름을 제시한다. 하나는 지상의 나라요, 다른 하나는 하나님의 나라이다. 역사의 과정에서는 두 나라는 서로 투쟁하고 지상의 나라가 하나님의 나라를 지배하나 역사의 종국에는 하나님의 나라가 승리한다.

② 토마스의 기독교 세계관

토마스는 교회와 세상을 종합하고자 하였다. 그는 청빈과 동정(童貞)과 복종의 서약에 충실한 수도사였으나 문화의 수호자, 학문의 육성자, 국민의 재판자, 가정의 보호자였다. 그는 철학과 신학, 국가와 교회, 세속윤리와 기독교 윤리, 자연법과 신법을 결합하였다. 토마스는 문화의 윤리와 복음의 윤리를 종합하고자 하였다. 그는 인간의 본성과 자연이 하나님의 선물이라는 것을 확신한다. 자연의 모든 활동은 보편적 선(善)을 지향한다. 이 보편적 선은 피조물에서가 아니라 하나님 안에서만 발견된다. "인간 이성은 이해에 의하여 그 목적으로서 하나님을 얻는 것이다."[30] 이런 의미에서 토마스는 기독교적 아리스토텔레스주의자(a christian Aristotelian)이다.[31]

현세에서 인간은 완전한 행복을 얻을 수 없다. 현세에서 인간은 많은 악과 변천에 종속되어 있기 때문이다. 궁극적 행복은 인간으로서는 불가능한 영역이다. 온전한 행복은 예수 그리스도를 통하여 하나님으로부터 인간에게 값없이 주어진다. 여기에는 상승적 계단이 있는 것이 아니라 비약(飛躍)이 필요하다. 하늘로 올라가는 계단은 가파르기 때문에 성례전적 능력이 있어야 한다. 토마스는 도덕적 선(善)인 신중, 극기, 용기, 정의, 사유, 언어, 음식관습 등은 인간의 위대한 업적이다. 이것은 이성적인 자기규제의 길이다. 이것은 문화 안에서 누리는 행복이다. 그러나 사회적 제도를 넘어서 오는 또 다른 행복이 있다. 이 행복은 인간 본성 이상의 것이다. 그것은 하나님의 은사로 말미암아 주어지는 원리들이 위로부터 첨가되어야 한다. 이 은사로 말미암아 초자연적 지향을 할 수 있다.[32] 이 은사는 예수 그리스도를 통하여만 주어진다. 이 은사는 의로운 시민이나 금욕적 수도사에게보다도 십자가 위의 강도에게처럼 그분이 원하시는 자에게만 주어진다.

토마스는 사회생활을 유지하는 법을 자연법이라고 하였다. 이 자연법은 인간 이성의 법으로 이루어진다. 그러나 자연법의 근거는 하나님의 계시로 말미암아 계시된 신법(神法)이다. 토마스는 사유재산제도를 이성이 고안해낸 것으로 인정한다. 정부, 국가, 그리고 정치적 권력사용에 대하여도 토마스는 이성적인 법에 종속되는 것으로 보았다. 그러나 국가 위에 교회가 있다. 교회는 세상 안에 있는 종교적 기구와 수도원적인 제도를 가지고 있다.

이러한 구조는 위계적 질서를 가지고 있다. 신성한 입법자요 통치자인 하나님으로부터 시작하여 지상의 대리자인 교황을 통하여 그 밑에 군주들과 귀족들 그리고 아래로 백성들에게까지 내려간다. 토마스는 위계질서를 인정하고 자연의 질서와 은총의 질서, 문화와 그리스도를 통합하고자 하였다.

3) 계몽시대 이후의 현대주의 세계관

현대주의 세계관의 출발상황은 신앙고백시대의 말기 그리고 신·구교 종교전쟁에서 드러난 개신교 정통주의(protestant orthodoxy)의 위기였다. 근대적 사고와 세계상으로 나아가는 거대한 시대적 전환에서 아리스토텔레스주의(Aristotelianism)가 모든 학문의 표준적인 사고형식이기를 그침으로써 어거스틴의 그리고 토마스의 기독교 세계관은 붕괴한다. 루터와 칼뱅이 구축한 개신교 세계관도 근본적으로는 어거스틴의 그리고 토마스의 기독교 세계관에 기초했기 때문이다.

이 위기와 연결되어 인간의 사고는 신학과 교회의 전통으로부터 해방되어 신학에 대한 새로운 이해, 즉 현대주의의 비판적 패러다임으로 나아갔다. 계몽주의는 엄격한 근대적 합리성과 자유 속에서 성경적 신앙에 대한 비판적인 음미를 하고자 하였다. 그래서 의식적인 비(非)교의학적 주석이 시행되고 축자영감설이 포기되며, 성경을 다른 문서와 원리적으로 동일시함으로써 유보 없는 문헌학적이고 역사적인 성경해석이 시도되었다.

또 경건주의적 성경주의에 대항하여 신학의 학문성이 강조되었다. 여기서 신학은 더 이상 영감의 학문이 아니라 엄격한 이성적 비판의 학문이 된다. 이러한 현대주의적 세계상은 이성주의적이며 합리주의적으로 특징지어진다. 그리고 이러한 세계상은 다음 세 가지 이데올로기로써 설명된다.

① 과학기술주의

과학기술은 현대의 신이다. 과학기술은 자연과 세계에 대한 정보와 지배할 수 있는 능력을 인간에게 부여한다. 현대인들에게는 성경이 아니라 과학이 계시의 원천이 되고 있다. 현대에 와서는 중세의 사제(司祭) 대신에 흰옷을 입은 과학자가 권위로 등장하여 '구원에 이르는 지식'을 시여(施興)한다. 원죄란 더 이상 하나님에 대한 불순종이 아니라 자연과 세계에 대한 무지요 비합리성이요 잘못된 정보이다. 지식의 결핍이 모든 악의 뿌리이다.

17세기부터 인류는 과학을 기초로 강력한 기술을 만들어내기 시작했다. 18세기 말과 19세기에는 과학기술의 진보와 더불어 역사의 진보에 대한 절대적 신앙을 가지게 되었다. 과학기술은 전통적 종교를 대체하여 현대인들에게 있어서 '구원의 인도자, 인간과 하나님 사이의 중보자'가 되었다.[33]

현대인류는 정복 이데올로기와 세속적 파라다이스의 환상에 사로잡혀서 자연환경을 과학기술로서 지배함으로써 지상의 삶의 질을 향상시켰다. 자연을 지배할 수 있는 인간의 능력을 기계기술이 증가시켜 준다는 것이다. 기계는 효율성과 엄밀성과 정확성과 속도성을 보장해준다.[34] 현대인은 계산기,

컴퓨터, 텔레비전이라는 기계를 사용하며 자동차, 지하철, 비행기라는 문명의 이기를 사용한다. 그리하여 과학기술은 현대인의 한 생활방식이 되고 있다.

그리하여 과학기술주의는 현대인들에게 여태까지의 종교와 도덕에 대한 대안을 제공하고 있다.[35] 현대의 신조는 과학기술주의가 지상의 유토피아를 이룩할 수 있다는 것이다. 그리하여 과학은 전지(全知)의 약속을 주고 있으며 기술은 전능(全能)을 약속하면서 현대인들에게 전통적인 종교를 대체하고 세속적 종교로서 군림하고 있다.

그리하여 프랑스의 기독교 문명비평가요 사회학자인 엘룰(Jacque Ellul)은 기업과 산업, 정치와 법률에 있어서 과학기술이 인간의 삶들을 통제하고 있으며, 도덕적 이성과 사유에까지 영향을 미치고 있다고 지적한다. 그는 과학기술이 현대인을 얽매고 있다고 지적하고 있다. 과학기술이 현대 인간으로 하여금 삶의 의미를 탐구하고 반성할 자유를 박탈하며 판단을 평가절하하고 책임 있는 자유의 근거를 말살했다고 비평하고 있다.[36]

②가이아(Gaia)이론

현대의 과학기술주의는 자연을 인간중심적으로 파악하여 자연을 인간의 수탈과 착취의 대상으로 보았다. 그리하여 자연은 무제한적으로 개발되고 수탈됨으로써 생태학적 자기균형을 유지하지 못하고 있다. 도처에 생태계가 파괴됨으로써 생태학적 위기가 도래되었다. 여기서 인간중심적 자연관에 대항하여 생태중심적 자연관이 일어났다. 이것은 자연의 생태학적 균형에 순응하는 세계관이다. 그러면서 이러한 자연중심적 생태관은 극단적인 모습으로까지 발전하고 있다.

극단적인 생태중심적 생태론은 생태계 파괴에 대한 인간의 책임을 회피하고 있다. 그 대표적인 것이 신과학운동의 가이아(Gaia) 이론이다. 이 이론은 영국의 화학자 제임스 러브룩과 미국의 생물학자 린 마글리스에 의하여 주장되었다. 가이아는 희랍신화에 나오는 대지의 여신이다. 땅위의 모든 것은 가이아의 아들들이다. 가이아는 하나의 살아있는 거대한 유기체요, 인간은 그 유기체를 이루는 여러 세포무리의 하나에 불과하다. 가이아가 볼 때 생물과 무생물이 따로 없다. 그래서 지구는 우주를 여행하는 무기물의 수레가 아니라 그 자체가 하나의 거대한 생명체이다. 인간은 이 가이아를 위하여 존재하며 가이아는 인간을 초월하여 인간을 품고 있다. 인간은 자연세계 안에서 유일성이나 영적 존엄성을 지닌 존재가 아니라 미생물로 구성된 가이아(Gaia)의 일부일 뿐이다. 이 가이아는 개체생물의 집합이 아니라 전체의 입장에서 개체를 조절해나가는 '불멸의 존재'이다.[37]

가이아 이론은 "지구는 살아 있다"는 말로 표현된다. 이 표현은 지구 안에 많은 생물체가 있지만 지구가 하나의 단일 유기체처럼 존재해 결국은 모든 생물과 무생물 등 생물의 총합인 바이오타(biota)가 이 지구를 살리는 방향으로 협력한다는 것이다. 이 가이아 이론은 지구 생태계가 돌아가면서 개체가 돌아간다, 즉 전체가 살아야 개체가 산다는 전일적(全一的) 세계관(the holistic world view)을 제시해주고 있다.[38] 지구 전체가 하나의 거대한 생명체로서 파악된다.

인간이 지구 위에서 계속 존재하려면 어머니인 가이아를 해치는 일을 말아야 한다. 가이아는 인간이 암적 존재가 되면 이 암세포를 언제라도 도려낼 수 있기 때문이다. 이처럼 가이아 이론은 땅 위에 있는 모든 존재는 그것이 유기체든 무기체든 일체가 서로 영향을 주고받으며 머리가 꼬리를 물고 원을 그리고 있다는 것이다. 가이아 이론은 생물과 환경과의 관계에 있어서 코페르니쿠스적인 전환을 시도했다. 여태까지는 환경에 맞추어 생물이 진화한다고 생각했는데 가이아 이론에 의하면 오히려 생물이 전체 생태계를 유지하는 방향으로 환경을 조성한다는 것이다. 지구는 우주를 여행하는 무기물의 수레가 아니라 그 자체가 하나의 거대한 생명체이다. 예컨대, 다른 별들의 대기(大氣)가 화학적 평행상태에 있는 데 비해, 지구의 대기는 화학적 비평행 상태에 있는 것은 생물체들이 자기의 필요에 따라 환경을 주도하기 때문이다. 이것은

지구의 능동성을 말하며 지구가 살아 있다는 이유이다.[39]

가이아 이론은 따라서 생태계 파괴에 대한 인간의 책임을 묻지 않는다. 가이아의 목적은 자신을 유지하는 것이며 인간을 목적으로 하지 않는다. 자연은 자연을 위하여 스스로 있는 존재이며 특별히 인간을 위하여 있지 않다. 여기서 인간이 설 주체로서의 공간이 설정되지 않는다. 가이아가 스스로 자기 조절을 하기 때문에 인간이 특별히 생태계를 파괴하지도 못하고 주체가 아니니 특별히 책임질 이유가 없다. 여기에 생태중심적인 환경론의 한계가 있다.

③ 뉴에이지 운동

가. 뉴에이지 운동의 성격

뉴에이지 운동(New Age Movement)은 서구사상에 동양적 비교(秘敎)주의 사상을 혼합시키고 여기에 점성학까지 동원하는 신비적 혼합주의이다. 1980년대 주요 대변인으로서는 퍼거슨(Marilyn Ferguson)[40]과 카프라(Fritjof Capra)이다.[41] 퍼거슨은 1980년에 출판한 『물병자리 공모(共謀)』(*The Aquarian Conspiracy*)라는 책을 통해 이제 전 세계가 새 시대를 맞고 있으며 인간은 스스로 자기의 주인이 되는 새 시대를 만들어야 한다고 뉴에이지 운동을 공식선언하였다. 이 책은 열정적이고 대중적인 성격을 띠고 있었기 때문에 큰 화제를 불러일으키면서 세계적인 베스트셀러가 되었다.

카프라는 1977년에 출판된 『물리학의 도』(*The Tao of Physics*)에서 현대물리학과 동양사상을 연결시키고 있다. 그는 다음같이 피력한다. "현대물리학으로부터 도출되는 상호 연결된 우주적 망(網)이란 상(像)은 동양에서 자연에 대한 신비적 경험을 전달하는 데 널리 쓰여 왔다. 힌두교도들에 있어서 브라만(梵)은 우주적 망을 연결시켜주는 망사(網絲)로서 모든 존재의 궁극적 기반이다."[42]

뉴에이지 운동은 초감각적 지각, 초월명상, 하리 크리쉬나와 신흥 힌두종파들, 신물리학, 뉴에이지 정치학, 뉴에이지 기독교 같은 이교들과의 가르침들의 집합이다.[43] 뉴에이지 운동은 의식의 변화를 통한 새 인간(New Man)과 새 세대(New Age)의 도래를 예견하고 있다. 이를 위해 뉴에이지 운동은 다양한 동양종교에서 유래한 비의(秘儀)적 방법을 동원하고 있다.[44] 뉴에이지 운동은 다음과 같이 특징화 된다.[45]

첫째, 뉴에이지 운동은 힌두교의 요가와 명상 등의 비의적 방법을 통하여 인간 속에 있는 우주의 에너지를 일깨워 우주의식과 합일된 해탈을 추구한다.[46] 힌두교의 요가와 명상은 힌두교의 교리에 근거하고 있다. 힌두교 교리의 핵심은 브라만(Brahman)과 아트만(Atman)이다. 브라만은 태초부터 있었고 신들을 창조하고 각 신들로 하여금 이 세계를 다스리게 한 우주적 본체이다. 아트만은 영혼, 즉 인간의 진정한 자아이다. 힌두교의 핵심은 '브라만은 아트만과 하나' 라는 사상, 다시 말하면 '인간의 진정한 자아는 우주적 본체와 하나' 라는 사상이다. 이 우주와 인간은 하나(梵我不二 梵我一如)라는 사상은 뉴에이지 운동의 사상적 기반이다. 뉴에이지 운동은 요가와 명상을 통하여 인간 자아의 잠재적인 의식을 깨우쳐 니르바나(Nirvana)라는 열반(涅槃), 해탈(解脫)의 인신(人神)경지에 도달하고자 한다.

둘째, 뉴에이지 운동은 심령술, 즉 영매와의 영적 교류에 의해 인간이 아닌 영들과의 접촉을 시도하고 있다. '신지학(神智學) 협회'(Theosophical Society)는 뉴에이지 운동의 사상적 근간을 이룬다. 이 협회의 창시자인 러시아 출신의 블래바트스키(Helena Petrovna Blavatsky)여사는 자신의 수호신이라고 하는 '마하-도마 M' 의 가르침을 받아서 넓고 깊은 지식을 쌓았다고 고백하였다. 그리고 이 협회의 3대 회장인 베일리(Alice Bailey)를 영매(靈媒)라고 한다. 이 운동은 영매, 마녀, 마법사, 주술가의 도움을 빌어 인간의 다른 면(보다 높은 수준의 자아)과 말하고 영들과 대화하고 그들의 힘을 빌린다.[47]

셋째, 뉴에이지 운동은 자동 기록(Automatic Writing)이라는 고대의 경전들과 그들의 수호신의 가르침을 받는다. 고대의 경전이란 『티베트의 사자(死者)의 서(書)』(Tibetan Book of the Dead)와 『에메랄드의 타블렛』(Emerald

Tablet) 등이다. 이러한 경전이란 과거와 현재의 영에 의하여 전달되고 기록되었으므로 염파(念波)라는 텔레파시에 의하여 그 비의를 깨닫고자 한다. 뉴에이지 운동은 초대교회 시대 이단시 된 『영지주의 복음서들』(The Gnostic Gospels)[48]과 1945년 이집트의 북부에서 발견된 『낙 함마디』(Nag Hammadi)문서와 같은 비서(秘書),[49] 그리고 케이시(Edgar Cayce), 스타이너(Rudolf Steiner) 등 비교(秘敎)주의자들이 읽을 수 있다고 주장하는 『아카시 기록들』(Akashic Records)[50]을 통하여 복음서에 나타난 예수상과 인간관과 구원관을 뉴에이지 인식의 틀에서 해석한다. 그럼으로써 기독교의 복음을 영지주의적이고 범신론적으로 왜곡하고 있다.[51]

넷째, 뉴에이지 운동은 명상의 초월상태에서 땅, 물, 불, 바람을 통제할 수 있는 투모(Tumo)술, 특수한 호흡법에 의하여 공중의 자유에너지를 몸속으로 끌어들여 장거리를 고속으로 달리는 축지법, 한사람의 상념을 공중의 전자파를 통하여 상대방에게 알리는 텔레파시 등을 통하여 초인적인 능력을 발휘한다. 대표적인 예가 셜리 맥클레인(Shirley Maclaine)이란 미국 버지니아 출신 여권운동가가 그녀의 책에서 서술한 '몸 밖의 경험' 이다.[52] 그녀는 남미 페루의 안데스 꼭대기에서 약수(藥水)로 목욕을 한 후 굴속에 앉아서 촛불을 보면서 명상하면서 몸 밖의 경험을 한다. 여기서 그녀의 영혼은 그녀의 몸을 빠져나와 우주 속으로 날아 다니게 된다. 그녀는 자아의 두 개의 형태, '아래에 있는 육체의 형태와 날아오른 영혼의 형태' 를 느끼고 이 두 자아의 형태가 탄력적인 은색 줄로 연결되어 있는 것을 보았다. 그녀의 시야는 영안(靈眼)이었다. 그녀는 더 이상 우주에서 날고 싶지 않아 아래로 내려와 그녀의 몸속으로 들어 왔다.[53] 그녀의 몸 밖의 경험을 기록한 이 책은 1987년 가을 거의 300만부나 인쇄되었고 폭발적으로 판매되었다고 한다.

다섯째, 뉴에이지 운동은 자기최면을 통하여 잠재된 자의식을 일깨우고 자기 속에 있는 참된 자아, 곧 신의 본질을 지닌 자신을 발견하고자 한다. 이것이 마인드 컨트롤(Mind Control)이다. 맥클레인은 『빛 속에서의 춤』

(*Dancing in the Light*)에서 높은 수준의 자아와 만난 경험을 기록하고 있다. "나는 매우 키가 크고 압도할 정도의 힘을 가진 정신 분열증이 있는 한사람을 보았다.… 나는 '너는 누구냐?' 라고 물어 보았다. 그것은 '나는 너의 보다 수준 높은 무제한의 자아이다.' 라고 대답했다."[54] 그녀는 궁극적인 실체인 자아는 도덕성이 없다고 말한다. 그녀의 이 책은 《뉴욕 타임》(*New York Time*)지에서 30주 동안 베스트셀러의 목록에 올랐다. 뉴에이지 운동가들은 말한다. "천국은 당신 안에 있다. 자신을 알라 그러면 자유로워질 것이다. … 당신이 하나님이라는 것을 알라. 또한 당신이 우주라는 것을 알라."[55] 여기서 뉴에이지 운동은 인신화(人神化, deification)를 추구하고 있다.

여섯째, 뉴에이지 운동은 마음의 조정에 의하여 생리의 변화를 마음대로 조절하고자 한다. 이것이 바이오 피드백(bio-feedback)이다. 그리하여 이 운동은 영적 개발을 위하여 명상 및 요가 수행에 바이오 피드백을 활용한다. 바이오 피드백은 새 마음과 새 시대를 열어준다고 본다.[56] 바이어 피드백 이론에 의하면 뇌, 마음, 신체는 하나의 연속체이다. 인간의 마음, 즉 의지, 공포, 환희, 이미지, 추측, 기대는 두뇌의 작용을 변화시킨다는 것이다. 마음과 두뇌의 관계는 일방통행이 아니라 화학물질, 영양, 산소 등으로 두뇌의 작용이 바뀌면 사람의 마음도 바뀌게 된다는 것이다.

일곱째, 뉴에이지 운동은 이러한 자의식을 변화시키고 새로운 자아를 개방시키는 데 환각제(LSD) 등 마약을 사용한다. 미국 매릴랜드 연구센터의 그로프(Stanislav Grof)는 죽어가는 환자들에게 환각제를 투여하여 우주가 통일되는 느낌을 갖도록 했으며 그들 자신의 죽음을 준비시켰다.[57] 뉴에이지 운동가들은 마약을 통한 황홀감과 신비감의 경험도 분명히 인간 내면의 정신세계에 대한 경험이요 우주적 의식의 경험이요 생명현상과의 일체감이라고 주장하고 있다.

이상 열거한 일곱 가지의 비의(秘儀)적 방법들은 서로 분리된 것이 아니라 서로 결합되어 인간-신(人間-神)이 되고자 하는 인간의식의 혁명을 위하여 사용되어진다.

나. 뉴에이지 사상 비판

현대후기의 문화적 흐름 중 가장 크나큰 도전 중의 하나가 뉴에이지 운동이다. 뉴에이지 운동은 무신론적 세속주의와는 달리 종교다원주의와 같이 인간을 넘어선 초월적 차원을 인정하면서 그 해석을 기독교와는 달리 밀교적으로 하고 있다. 뉴에이지 운동은 다음과 같은 측면에서 성경적 가르침과는 달리 현대인을 인간신화(人間神化)의 범신론적 방향으로 미혹하고 있다.

첫째, 뉴에이지 운동은 동양의 힌두교 사상을 근저로 하여 불교적 요소, 신플라톤적 요소, 기독교 영지주의 요소 및 비교(秘敎)주의(occultism)가 혼합되어 있는 신비적 혼합주의(syncretism)이다. 뉴에이지 운동은 만물은 하나요, 만물은 신이요, 인간은 신이라는 힌두교의 사상을 근간으로 하고 있다. 이에 불교적 요소를 가미하여 모든 인간이 계급적 특권과 상관없이 해탈할 수 있다고 본다. 또한 뉴에이지 운동은 신플라톤주의의 이원론 영향을 받아 영혼과 물질을 분리한다. 그리고 물질을 허상이라고 보고 인간 내면의 신의식을 일깨워 우주적 신과 합일하는 것만이 참되다고 본다.

뉴에이지 운동은 기독교 영지주의 영향을 받고 있다. 예수는 위대한 영적 각성자이며 인간 내면의 신의식을 일깨워 주었다고 본다. 그래서 예수는 메시아이다. 그리하여 예수는 소크라테스, 석가, 공자, 마호메트 등의 위대한 스승의 반열에 서 있다. 뉴에이지 운동은 따라서 종교다원주의를 신봉하고 있다.

뉴에이지 운동은 비교(秘敎)주의를 받아들인다. 뉴에이지 운동은 기호(記號)나 초능력이나 자동기록을 통하여 진리를 신비적으로 전수받고자 한다. 뉴에이지 운동이 사용하는 『티베트의 사자의 책』(*Tibetian Books of the dead*), '인간역사에 관해 기록한 천상의 테이프' 라고 주장하는 『아카시 기록들』, 1945년 이집트 북부에서 발견된 『낙 하마디 문서』 등은 예수의 영과는 전혀 다른 영에 기초하며 그리고 기독교 성경과는 전혀 다른 비교(秘敎) 사상에 근거하고 있다.

둘째, 뉴에이지 운동은 '우주와 나는 하나' 라는 힌두교의 범신론적 사상에 기초하고 있다. 뉴에이지 운동의 사상은 '하나님이 곧 세계요 우주', '모든 것은 영이요 의식' 이라는 영 내지 의식일원론이다. 이들은 "모든 것이 하나"라는 전일(全一)적 사상을 주장한다.[58] 이 우주에서 존재하는 것은 우주적 보편적 영이다. 우주적 영이 주기적 순환 과정 속에서 객관상태로 나타난 것이 현실세계이다. 우리 인간은 잠재된 신의식을 일깨워 우주적 영과 합일을 이루어야 한다고 본다. 여기서 뉴에이지 운동은 인격적이고 우주의 창조자이신 절대주권자이신 하나님을 부인하고 있다. 그리고 그를 비인격적인 우주의 보편적 영으로 간주하고 있다. 그러나 기독교의 하나님은 우주적 영으로 격하될 수 없다. 그는 인격적 존재요 살아계신 우주의 창조자이시기 때문이다. 이 세계와 우주는 인격적인 창조자의 창조물이지 우주적 영의 주기적인 순환과정에서 유출된 것이 아니다. 인간은 신의 형상으로 창조된 것이지 인간 속에 신성이 잠재되어 있지 않다. 인간은 우주적 영과 합일함으로써 해탈하는 것이 아니라 하나님의 아들, 예수 그리스도를 믿음으로써 구원을 얻게 된다.

셋째, 뉴에이지 운동의 사상은 신약성경에 기록된 복음서의 말씀을 범신론적으로 왜곡하고 하나님의 아들 예수 그리스도의 구속의 유일성과 독특성을 부인한다. 뉴에이지 운동가들은 자기들의 신조체계가 '은밀한 기독교' 라고 주장한다. 그리고 정통기독교인들이 예수에 관해 잘못 알고 있었다고 주장한다. "예수가 너희는 신들이라 말씀하셨으므로 우리가 하나님이 될 수 있음을 기뻐했다."고 주장한다.[59] 모든 성경과 진리의 목표는 오직 하나의 목적인 '하나님 같은 인간 즉 자아의 실현된 인간을 만들어 내는 데' 있다고 본다. '천국은 사람의 진실한 인격과 동일' 하며, '개인의 인격 안에 신성의 중심이 있다.' 고 주장한다.[60] "예수는 당신의 실제 자아 역시 빛 자체라는 것을 당신이 알기 원하신다."[61] "그리스도는 모든 사람 안에 있다."[62] 그리스도와 인간을 분리하는 것은 거짓이라고 본다.

　　이처럼 뉴에이지 사상은 복음서에 기록된 예수의 말씀을 '인간이 곧 신' 이라는 범신론적 사상으로 왜곡시키고 있다. 예수는 죄인을 구하러 오신 것이 아니라 영적 깨달음의 문을 열어주시는 안내자로 오셨다고 본다. 또한 예수는 인간은 자각을 통하여 자신을 구원할 수 있다고 가르쳤다고 왜곡한다. 그리고 예수는 하나님의 나라가 자각의 상태, 변화된 의식의 상징이라고 가르쳤다고 왜곡시킨다. 또한 예수는 하나님 아버지와 하나님 어머니를 믿었다고 허위화 시킨다. 그러나 성경에는 "하나님 어머니"라고 언급된 곳이 한군데도 없다. 하나님은 성(性)을 초월한 존재이시기 때문이다. 뉴에이지 사상은 예수가 모든 종교는 같은 하나님을 숭배한다고 주장했고, 예수는 자신을 '하나님께로 가는 길을 인도하는 형제' 요 인간일 뿐이라고 가르쳤다고 본다.[63] 그리하여 예수가 범신론과 일원론을 가르쳤다고 왜곡하고 있다. 뉴에이지 사상은 예수가 "우주적인 하나님은 오직 한 분이시나 한 분 이상일 수도 있다. 모든 것은 하나님이다. 모든 것은 하나다"라고 가르쳤다고 본다.[64] 하나님은 천국과 지옥을 만드시지 않고 인간이 그 자신의 천국과 지옥을 창조했다. 천국과 지옥은 인간 마음의 상태라고 본다. 이처럼 뉴에이지 사상은 성경적 죄의 실체성을 부인할 뿐만 아니라 천국과 지옥의 실재성을 거부하고 그것은 한갓 인간의식의 상태로 간주해 버린다.

　　넷째, 뉴에이지 운동의 인간관은 '인간이 곧 신' 이라는 인간신 사상에 기초하고 있다. 인간의 본성이란 잠자고 있는 신이며 인간의 문제란 인간의 무한한 잠재력에 대한 무지라고 본다. 인간의 문제 해결이란 의식의 변화를 통하여 해결될 수 있으며 인간은 죽은 후 다음 생(生)으로 환생(reincarnation)한다고 본다. 인간이란 곧 만물이며 진리는 인간 속에 내재한다고 본다.

　　이러한 뉴에이지 사상은 성경적인 인간과는 전적으로 다르다. 성경적인 인간관은 인간은 하나님의 피조물이며 인간에게 있는 존귀성이란 인간의 본성에서 자연적으로 유출되는 것이 아니라 하나님의 형상으로 지음을 받은 데서 기인하기 때문이다. 인간에게 부여된 하나님 형상은 인간의 신성을 나타내는 것이 아니라 인간의 하나님 의존성을 나타내는 것이다. 인간의 문제는 하나님 말씀에 대한 인간의 불순종, 즉 죄이다. 인간문제의 해결이란 의식의 변혁 아닌 예수 그리스도에 대한 믿음과 순종이다. 인간은 죽은 후 환생하는 것이 아니라 그의 믿음과 삶의 결실에 따라 영원한 천국이나 지옥으로 들어간다. 인간은 만물이 아니라 창조물 가운데 하나요 진리는 인간 안에 있는 것이 아니라 오직 하나님의 아들 예수 그리스도 안에만 있다.

다섯째, 뉴에이지 운동은 다른 신비주의와 마찬가지로 윤리사상을 결여하고 있다. 뉴에이지 사상에 의하면 우주와 사물과 인간은 본래 하나이며 우주와 역사란 우주적 보편적 영의 주기적 순환운동의 현시에 불과하다. 죽음이란 의식이 또 다른 상태로 전이(轉移)되는 것으로 본다.[65] 여기서 직선적인 역사란 없고 순환적이고 주기적인 역사만이 존재할 뿐이다. 여기에는 윤리적인 의미에 있어서 선과 악의 개념이 없다. 선과 악이란 존재론적인 순환운동의 술어일 뿐이다.

뉴에이지 사상에 의하면 선(善)이란 우주적인 영과의 합일이요, 악(惡)이란 우주적 영과의 불화일 뿐이다. 여기서는 성경적인 의미에 있어서 죄란 개념은 없다. 죄 대신 존재론적인 허상과 가상이 존재한다. 그것은 인간의 존재가 자신의 본래적인 상태를 자각하지 못하고 물질적이고 신체적인 영역에 매여 있는 상태를 말한다. 여기서는 악의 실체도 없다.[66] 있다면 단지 우주적 영과의 합일을 이루지 못한 부조화의 상태만이 있을 뿐이다. 악이 실체적으로 존재하지 아니함으로 악에 대한 저항과 항거란 있을 수 없다. 물질은 허상이기 때문에 역사적 사회적 현실이 중요하지 않는 것이 되어 버린다. 사회에서 야기되는 각종 불의와 부패와 거짓도 하나의 존재론적인 허상으로만 간주되고 이에 대한 체계적인 저항과 개혁이 시도되지 않는다.

이런 의미에서 뉴에이지 사상에서는 엄격한 의미에서 윤리란 존재하지 않는다. 그러나 성서는 선과 악을 분명히 말해주고 있다. 인격적인 하나님이 명하시는 말씀을 순종하는 것이 선이요 이에 거역하는 것이 악이다. 여기서 죄란 하나님의 말씀에 대한 거역이요 인격적인 하나님에 대한 불순종을 의미한다. 개인과 사회와 역사가 하나님의 말씀에 상응하지 않을 때 그것은 악이요 죄를 범하게 된다. 역사적 기독교는 개인과 사회와 역사의 부조리하고 부패한 구조를 변혁시켜야한다고 역설한다. 여기서 칼뱅주의적인 변혁주의적인 윤리관과 문화관이 나온다.[67] 성경은 최후의 심판 때 선인과 악인 대한 판결의 근거를 저들의 윤리성에서 찾고 있다.(마 25:31-46)

4) 후기현대의 포스트모던 세계관

포스트모더니즘이 무엇이냐는 아직도 확실히 정의되지 않고 있다. 그것은 형성되어 가고 있다. 그것은 현대적, 과학적, 실증주의적, 형이상학적 사고의 극복으로서 다가오는 것이다. 우리는 그 특징을 다음같이 열거할 수는 있다. 포스트모더니즘은 모더니즘이 성과로서 주장한 과학주의와 이성주의와 인간주의를 비판하고 그리고 모더니즘이 합리성의 미명 아래 저질렀던 비윤리성을 폭로함으로써 모더니즘의 한계를 드러내 주었다는 데 공헌이 있다.

① 포스트모던 세계관의 긍정적 측면

가. 과학주의에 대한 비판

근대 과학은 '새로운 메타언어', 곧 사실언어를 제공했다. 그것은 사실의 언어가 유일하게 참된 언어라고 선언했다. 그리하여 문화나 종교의 언어조차도 이 언어로 환원되어야 한다고 주장했다. 객관적으로 보편적으로 실증할 수 있는 과학의 사실세계가 유일하게 참된 세계라는 것이다. 근대 과학이 주장한 이성적 사실적 언어의 세계는 기독교 신학이 주장해온 신앙 언어의 세계보다 더 우월하다는 견해가 여태까지 군림해 왔다. 사실의 언어가 신앙의 언어를 압도하고 추방한 것이다. 그러나 20세기의 물리학의 새로운 발견은 이러한 근대적 과학적 신념을 무너뜨리고 근대 과학주의의 막을 내렸다. 양자

현상(quantum phenomena)은 실재자체가 분명히 확정할 수 없는, 비결정적 성격을 지닌다는 사실을 보여 주었다. 물질의 본질에 대한 과학적 명제란 단지 근사치만을 보여줄 뿐이다. 자연과학의 언어는 이제 더 이상 보편적이고 객관적인 언어일 수 없다는 것이 현대후기 과학의 일반적인 인식이다. 이제 과학의 언어조차도 종교적 언어와 마찬가지로 일종의 연구 전통에 속하며 그 연구 공동체의 살아있는 관행 밖에서는 이해불가능한 것이 되었다.

비엔나 학파의 거장 포퍼(Karl Popper)는 자연과학이 단순히 합리적인 작업이 아니라 궁극적으로는 인간의 창조력과 상상력이라는 비논리적 활동(nonlogical activities)에 의존한다는 사실을 보여주었다. 그는 경험적 사실이 이론의 토대가 되는 것이 아니라 이론을 반증하고 강화하는 비판적 기능을 가지고 있고, 기대와 추측이 이론구성에 있어서는 본질적인 역할을 한다는 사실을 강조한다.[68]

과학사가 쿤(Thomas Kuhn)은 과학적 활동이 패러다임(paradigm)에 의해 규제되고 새로운 패러다임의 출현으로 과학혁명이 일어난다고 본다. 새로운 패러다임의 선택이란 개종(conversion)과 같은 결심에 의해 수행된다. 이 같은 개종은 설득기법으로 수행되기 때문에 합리성의 기준을 외면한다.[69] 쿤은 이러한 개종이 단순히 과거지식의 논리적인 수정이나 재해석이 아니라 세계관의 급진적인 혁명이라는 사실을 입증하고자 했다. 현대물리학은 자연세계에는 구체적인 관찰자로부터 전적으로 독립하여 존재하는 객관적 사실이란 없다고 말해주고 있다. "모든 인식주체는 인식대상에 참여한다." 많은 과학자들은 반복해서 말한다. "현상적인 대상으로서의 자연은 사라졌다. 자연에 대한 새로운 진리가 그 자연으로부터 떨어져 있는 우리의 인식론적 거리이다."

자연과 실재는 과학에 의하여 충분히 인식되지 못하고 신비에 빠지고 있다. 이제 과학은 파편화되어 게임의 집합으로 되었다. 각각의 게임은 결정적인 법칙이 아닌 불안정성을 추구한다. 모든 게임들은 어떤 큰 이야기보다는 규칙의 위반인 배리(背理, paralogy)에 호소함으로써 스스로를 정당화 한다. 그럼으로써 다원주의나 반실재론(anti-realism)도 어느 정도 객관적인 힘을 가진다. 이러한 담론의 성격변화는 일관성, 총체화, 전체로의 통합을 더 이상 추구하기를 거부한 예술 형식과 상응하고 있다.[70]

나. 이성주의에 대한 비판

포스트모더니즘은 모더니즘이 주장한 이성의 보편적 체계에 대하여 회의를 야기했다. 후기현대의 고도정보사회, 고도소비, 첨단 과학기술이 이러한 회의를 자극한다. 이러한 모더니즘의 성과 대신에 유연성, 다양성, 차별성, 유동성, 의사소통, 탈 중심화, 국제화 등이 증가추세에 있다.[71]

하버마스(J. Habermas)는 다음같이 말한다. "이성의 기준들이란 이데올로기 비판이 발견한 바에 따르면 부르주아적 이상들에 의하여 주어진 것들이고 그저 부르주아의 이상이 명령하는 바를 충실히 따르는 데 지나지 않는 것이다."[72] 푸코는 데리다가 전적으로 도외시 하고 있는 역사에 눈을 돌리고 권력과 연계된 지식의 계보학을 밝히고자 했다. 푸코는 그의 저서 『광기의 역사』,『감시와 처벌』, 『성의 역사』 등을 통하여 근대성이 어떻게 구성되었는지 밝히고 있다. 권력이란 항상 이미 거기 존재하며 누구도 권력 밖에 존재하지 않는다. 이것이 권력의 편재성(偏在性)이다. 권력은 편재하면서 저항을 불러 일으킨다. 푸코는 여기서 19세기 출현한 감옥과 같은 훈육 제도를 주된 예로 들고 있다.

다. 윤리적 의식의 각성

포스트모던주의자들은 현실세계 속에 있는 도덕적 불의, 인간에 대한 폭력, 인간 존엄성을 말살하는 잔인성에 대한 감수성을 보여 주었다. 데리다는 '도발'(provocation)이라는 개념을 사용한다. 데리다, 료타르 등 인간이 당하는 고통에 대한 관심을 가지는 윤리적 의식을 환기시킨 것은 공헌이다. 그러나 인간사에서 일어나는 우연적이고 개별적 사건에 대한 관심을 가질뿐 역사의 과정 속에 있는 보편적 가치를 인정하지는 않는다. 예컨대, 2차 세계대전 유대인 소녀가 나치에 의하여 살해당하는 사건 등을 말하고 있다. 데리다는 인간이 저지르고 있는 잔인성이나 악에 관련하여 우리에게 도덕적 책임성이 필요하다고 역설한다. 미국 신실용주의자 리차드 로티(Richard Rorty) 역시 인간의 잔인성에 대하여 비난한다. 이런 도덕적 지향성을 가지고 있음에도 불구하고 포스트모던주의자들은 이 세계 너머로 어떤 형이상학적 세계가 있다는 사실을 부인한다. 이런 점에 있어서 이들은 니체의 후예들이다. 이러한 형이상학적 세계의 부정은 칸트가 전통적 형이상학을 비판하고 회의하나 형이상학적 세계 자체를 부인하지는 않는다는 점에 있어서도 칸트와 다르다.

라. 인간주의에 대한 비판

포스트모더니즘이 제기한 과학의 객관적 진리에 대한 회의와 그리고 이성의 합리성에 대한 회의는 근대가 주장한 인간주의에 대한 비판으로 나타났다. 데카르트 이래 근대주의에서 인간은 사고하는 주체로서 모든 인식과 행위의 책임 있는 주체로 행사해 왔다. 이제 포스트모더니즘에 의하면 인간은 진리를 인식하고 실천하고 책임지는 주체가 되지 못한다는 것이다. 그것은 이차세계대전에 나타난 인간의 잔인성에 대한 윤리적 비판에서도 명료하게 나타났다. 이제 주체는 더 이상 훗설(Husserl)이 주장하는 것처럼 구성하는 자가 아니라 구성되는 자가 된다. 푸코는 이러한 주체에 대한 견해를 강력히 대변한다. 푸코는 인간 주체의 실체성을 부인하고 주체를 권력 관계의 산물로 본다. "개인은 권력의 행사에 의해 포섭되는 이미 주어진 실체가 아니다. 자기 정체성과 특성을 지니고 있는 개인은 육체, 다양성, 운동, 욕망, 세력에 행사되는 권력관계의 산물이다."[73] 푸코에 있어서 인간의 주체란 담론(discourse)이라는 표상의 체계 속에서만 존재하게 된다. 인간이란 더 이상 자기 행위와 판단의 주체가 아니다. 주체가 아니라 담론만이 존재한다. 그리하여 세계를 인식하는 데 출발점이 되었던 데카르트적 의미의 근대적 인간은 소멸하게 된다.

푸코는 『물과 사물』(*Les mots et les choses*)에서 다음같이 인간의 소멸을 말한다. "우리 사고의 고고학이 잘 보여주듯이 인간은 최근의 산물이다. 그리고 아마도 인간은 종말에 가까워지고 있는 자일 것이다. 어떤 사건이 18세기 말에, 고전주의 시대의 사고의 근거가 그러했던 것처럼 그 배치를 무너뜨리게 된다면, 그때 우리는 인간이 마치 해변의 모래사장에 그려진 얼굴이 파도에 씻기듯 이내 지워지게 되리라고 장담할 수 있다."[74] 여기서 인간은 더 이상 주어진 실체를 가지거나 대상을 구성하는 주체가 아니라 욕망이나 세력 등 권력관계에 의하여 구성되는 산물에 불과하게 된다. 이것은 인간의 소멸을 뜻한다.

마. 다원주의 사고

정치, 경제, 문화 등 사회의 모든 영역의 다원화이다. 지정학적으로 유럽 아메리카 중심에서 아시아 태평양 중심으로 정치와 경제와 문화의 축이 옮아오고 있다. 유럽이 유럽공동체로 발전하고 있으며 유엔에 독일, 인도, 일본이 상임이사국 진출을 시도하고 있다. 중국, 인도, 브라질이 세계경제에 대한 발언권을 행사하고 있다.

후기 식민주의 및 후기 제국주의 사회의 도래다. 유엔의 활동이 강화되고 있으며 제3세계의 목소리와 역할이 커지고 있다. 경제 이념적으로는 후기 자본주의와 후기 사회주의 경제가 발전하고 있다. 생태사회적 시장경제(oeko-soziale Marktwirtschaft)가 발전하고 있다. 사회 정치적으로 후기산업사회가 도래하고 있다. 선진국에서 서비스 사회 및 교류사회(Kommunikationsgesellschaft)가 형성되고 있다. 남녀관계적으로 후기 가부장제도(postpatriarchales System)가 발전하고 있다. 가족, 직업, 공중생활에 있어서 남편과 아내의 동반자적 관계(partnerschaftliches Verhaeltnis)가 발전하고 있다.

문화적으로는 후기 이데올로기적 문화의 방향으로 나아가고 있다. 이 문화는 복수전체적으로 지향된 문화이다. 종교적으로는 후기 고백주의적이

고 종교대화적인 시대이다. 그리하여 다원고백적인 연합적인 세계공동체
(eine multikonfessionale oekumenische Weltgemeinschaft)가 이루어지고 있다.[75]

② 포스트모던 세계관의 부정적 특징
포스트모더니즘은 모더니즘이 초래한 문제에 대한 역반응으로 나온
포스트모더니즘은 그 자체 심각한 문제를 가져다주고 있다.

가. 의미론적 역사 상실: 무신론, 자아상실, 역사상실
포스트모더니스트들은 이미 19세기 그들 사상의 선구자인 니체의 사
상-신의 죽음-을 철저화한다. 니체는 인간인 우리가 신을 시해했다고 말한다.
이러한 니체의 사상을 더욱 극단화한다. 포스트모더니스트들은 인간의 주관
적 사고를 절대화한다. 인간은 자기의 주인인 신을 폐위시키고 자기 자신이
스스로 신이 된다. 테일러 같은 해체신학자는 '오이디푸스 콤플렉스의 본질
은 그 자신 원인 신이 되는 기획' 이라고 해석한다.[76]

인간의 인격성을 부인한다. 인간이 신의 형상으로 지음을 받았다고 한
다면 인간 창조자인 신의 죽음은 바로 인간 인격성의 죽음을 의미한다. 사신
신학자 알타이저(Thomas Altizer)는 인간의 자아를 인간에게서 역사의식이 생
기고 난 후 신으로부터 분리되면서 스스로 절대적이고 유리한 존재로 자각하
게 된 최근의 발명(recent invention)이라고 보았다.[77] 이제 현재적으로 느끼는
자아란 하나의 흔적에 불과하다. 흔적이란 자아의 고유한 현전의 지움이다.[78]
자아의식 속에서 자아현전의 추구는 자아부재의 발견으로 나아간다.

서구적인 역사개념을 해체한다. 여태까지의 역사는 로고스 중심적이
다. 서구의 로고스적 사고는 역사의 과정이 이성과 질서 속에서 진행된다고
보았다. 이러한 로고스적 역사이해에 대하여 희랍신화의 역사이해를 제시한
다. 여기서 역사는 더 이상 문자적이 아니라 문학적이다. 아리아드네의 밧줄
처럼 미궁에서 빠져 나오는 상상적인 언어의 구상이다.[79] 역사는 이제 더 이상

줄거리와 의미와 목적을 가진 것이 아니다. 역사는 아무런 종착역을 가지고 있지 않다. 역사의 종말이란 무한한 방황의 시작일 뿐이다.

나. 진리와 가치의 실재론 거부

진리와 가치와 존재의 객관적인 실재를 부정한다. 그러므로 거대한 저서나 경전이나 작품이란 존재하지 않는다. 전통적인 의미에서 책이란 그 완전한 표현을 '백과전서'에서 성취하고 있다. 이러한 완결성이란 진정한 의미에서 완결되지 않았다고 본다. "걸작은 종결된 전체 또는 완전한 전체가 아니다. 그것은 필연적으로 그릇되고 불가피하게 열려 종결된다."[80] 책의 성공은 책의 실패이다.

책의 관념이 가져오는 독소를 제거하기 위해서 텍스트개념이 제시된다. 여기서 텍스트는 폐쇄된 체계가 아니라 여백과 간격에 따라서 그 의미가 균열된다. 텍스트의 의미는 고정된 것이 아니라 흩어진다. 이것이 산종(散種)이다. 산종이란 분봉(分蜂)처럼 종자가 여러 개로 나누어지는 것이다.[81] 진리는 객관적으로 있지 않다. 읽기에 따라서 해석에 따라서 의미는 끊임없이 산출된다.

텍스트는 가상현실의 기능을 한다. 포스트모더니즘은 책의 관념을 제거하고 텍스트의 관념을 제시한다. 책의 관념은 서구의 전통적 신학적 사고의 산물이다. "책의 관념은 지시자의 총체성의 관념이다."[82] "책을 해석하는 것은 진리나 기원을 드러내는 시도이다." 여기서 진리는 책의 의미를 보장하는 내재적 로고스이다. 책은 결정되거나 결정될 수 있는 의미를 소유하고 있다. 여기서 책은 완결된 제품으로 소비자들의 소비를 기다리고 있다. 해체사상은 이러한 전통적 책의 관념을 부정하고 텍스트의 개방을 말한다.

책의 닫힘에 대조해서 텍스트는 극단적으로 열려 있다. 텍스트의 개방성은 책의 닫힘(closure of book)을 찢는다. 이 개방성은 저술(scripture)의 환원할 수 없는 맥락성의 기능이다. 모든 텍스트는 콘텍스트이다.[83] 텍스트는 텍스트 사이(inter-texte)일 뿐이다. "텍스트 세계에서 원본은 없고 모두가 모두의 사본(寫本)일 뿐이다."[84] 텍스트 세계에서 순수함이란 실제로 있을 수 없다. 이미 각자는 상대방에 의하여 영향을 받고 있다. 상대방을 향하는 길은 직접적 길이 아니라 우회(迂廻)의 간접적인 길이다. 고유명사란 없다. 정해진 의미란 없기 때문이다. 고유명사는 타자와의 관계 속에서 해소되어 지워진다. 텍스트란 곧 세계이다. 세계라는 텍스트는 같음과 다름이 무한한 연쇄성을 종횡으로 이어가면서 생기는 직물이요 티슈와 같다. 텍스트 외에는 사실이 없다. 텍스트 밖에는 실재가 없다. 여기서 텍스트란 story, reci, narration 등이다. 현실이란 텍스트에 불과하다는 것이다. 데리다는 "담론과 현실 간에 어떠한 관계도 부정"하고 있다.[85]

에딩톤 같은 물리학자는 "물리적 실재란 단지 수학적 공식에 불과하다."고 본다. 프랑스의 사회학자 보드리야르는 존재하는 것은 실재가 단지 텔레비젼, 광고 등의 이미지의 모사(模寫)라고 말한다. 또 음악도 여러 노래들의 조각이나 단편에 불과하다고 본다. 이처럼 포스트모더니스트에 의하면 현실 내지 실재란 존재하지 않고 오직 텍스트만 존재한다고 주장한다. 현대인은 컴퓨터의 가상현실(simulation) 속에서 살고 있다.

다. 가치와 윤리의 상대주의

이러한 해체주의는 가치와 윤리의 규범을 인정하지 않는다. 신이 정해준 또는 사회나 인간에게 주어진 객관적인 준칙이란 없다. 가치나 윤리는 인간이 만들어 낼 뿐이다. 그러므로 인간에게 선악과처럼 금단의 열매란 없다. 바로 이브를 꾀어서 금단의 열매를 먹도록 하듯이 모든 것이 허용된다. 여기서 가치와 윤리는 상대화 된다. 신성한 규범이란 없다. 그러므로 기치와 윤리의 무정부주의가 야기한다.

공동체를 부정한다. 인간의 인격성을 인정치 않고 진리와 가치에 대한 합의를 믿지 않기 때문이다. 여기서는 무질서와 무정부 상태가 일어날 수

밖에 없다. 그러므로 가정이 깨어진다. 직장과 사회기관이 깨어진다. 친구관계나 이성관계에 있어서 더 이상 낭만적 관계는 성립하지 않는다. 친구도 교체되고 애인도 카니발의 파트너처럼 교체될 수밖에 없기 때문이다.

거대체계를 거부한다. 헤겔의 사변적 체계나 자본주의 등과 같은 이념이나 개념을 가지고 현실을 포괄적으로 설명하는 거대체계는 무너졌다. 프랑스의 사상가 료타르(F. Lyotard)가 대표적이다. 료타르는 포스트모던을 절대정신의 변증법, 의미의 해석학, 합리성 등 거대담론(metadiscourse)에 대한 불신으로 정의한다.[86] 료타르는 우리가 사용하는 담론과 담론 사이에 연계와 연속이 있는 것이 아니라 언어 사이에 단절이 있고 때때로 소통이 있을 뿐이라고 주장한다. 전체 담론을 묶을 수 있는 거대 담론이란 없다. 데리다(J. Derrida)는 현실 내지 실재는 존재하지 않고 의미의 맥락만이 있다. 다만 텍스트만이 존재할 뿐이다. 미국의 포스트모던 철학자 리차드 로티(Richard Rorty) 역시 철학이란 인류에게 유익을 주는 대화일 뿐이라고 본다. 로티는 그의 신실용주의(neo-pragmatism)란 18-19세기의 진리중심의 담론에서 오늘날 예술 또는 정치중심의 담론으로 전진적으로 이동하는 과정을 표현하는 사상이라고 말하고 있다.[87]

1979년 그의 저서 『철학과 자연의 거울』(*Philosophy and the Mirror of Nature*)에서 로티는 이러한 신실용주의 사상을 전개하였다. 그는 그동안 철학을 자연이나 실재를 있는 그대로 비추는 거울쯤으로 간주해온 전통철학에 대해 냉소와 조롱을 퍼 붓는다. 인간의 목표설정이 중요한 것이지 인간과 독립된 실재는 없다는 것이 그의 사상의 핵심이다. 로티는 현상과 실재를 구분하고자 하는 노력을 포기하고자 한다. 그 대신 그는 신실용적인 사상을 제시한다. 그것은 "이것이 실재인가"라는 형이상학적 질문보다는 "이것이 우리의 목적을 위해 실용적 묘사인가"라는 질문이다. 이러한 실용주의적 사고방식에 있어서 그는 "진리나 과학보다 양식있는 시민들 간의 자유로운 합의가 중요하다."고 생각한다.[88] 이러한 입장은 문화상대주의로 귀결한다. 이것이 포스트모던 시대의 정신적 특징이기도 하다. 여기서 다시 포스트모더니즘이 선언하는 세 가지 주장이란 다음과 같다.

첫째, 저자란 없다. 해체론자에 의하면 텍스트는 정합적이거나 전체적인 체계가 아니다. 글을 읽을 때 글을 쓴 저자에 대한 어떤 것을 알 필요가 없다. 텍스트 그 자체가 중요하기 때문이다. 텍스트는 논리적인 것이 아니라 우연적인 인용과 인용의 연속이다. 텍스트는 짜깁기에 불과하기 때문이다. 저자의 텍스트는 없다. "나의 텍스트는 나의 것이 아니다.", "작품은 단일 저자의 산물이 아니라 항상 많은 공동저자의 작품이다.", "텍스트란 여러 개의 텍스트에서 엮고 꿰맨 직물(a fabric woven and stitched from multiple texts)이다."[89]

작가(writer)는 재단사(tailor)에 비교된다. 작가는 펜과 바늘로써 꿰매고 교차적으로 꿰매어 간다(cross-stitch). 재단사인 작가는 그가 자르고 기운 자료를 엮지 않는다. 그는 다른 사람에 의하여 짜여진 옷감을 꿰맨다. 그는 다른 텍스트를 흡수하고 변형함으로써 만들어 낸다. "그의 저술은 항상 읽음이다." (his writing is always a reading). 그러므로 "텍스트는 인용의 티슈"(a tissue of quotations)이다. 고유한 이름은 텍스트의 복수성에 붙여질 필요가 없다. 텍스트는 끝없는 주관이 지속적으로 사라지는 공간을 창조한다. 작가는 결코 독창적이 아니다. 그는 단지 수많은 글들을 혼합할 뿐이다. 그가 표현한다는 것은 "이미 만들어진 辭典"(a ready-formed dictionary)이다.[90] 이 사전의 단어도 다른 단어를 통하여서만 설명될 수 있다. 그러므로 작가는 텍스트가 자기의 것이 아님을 안다.

둘째, 독자란 없다. 해체론자에 의하면 우리가 살고 있는 현실이란 우연적인 사건들의 연속이다. 독자가 별도로 존재하지 않는다. 독자란 별도로 존재하지 않고 끝임 없는 단어 놀이 속에서 하나의 저자가 된다. 글의 거룩성은 독자에게 초청장을 보낸다. 텍스트 배후에 능동적 작가나 수동적 독자가 있지 않다. "주관과 객관은 없다." 작가와 독자는 없다. 작가가 독자가 되고, 독자가 작가가 된다.

해석은 독창적인 것이 아니고 텍스트의 거울이 다른 흔적들을 이미 비추고 있다. 저자는 그 흔적들이 해석임을 읽는 사람이다. 여기서 저자와 독자는 공생의 관계 속에 있다. 저자는 독자 쪽에서 보면 하나의 독자이기에 독자는 하나의 저자이다. "상호간에 주인이 된 고객은 언제나 고객이 된 주인에 의하여 감염되고 있다. 주인과 고객의 영원한 탄생과 소멸은 세계의 끝없는 놀이다."[91] 텍스트의 티슈는 저작을 읽는 것이고 읽는 것은 저술하는 것이란 사실을 보여준다. "단어놀이는 결코 그치지 않기 때문에 그릇됨도 결코 끝나지 않는다."[92] 생산적 독자는 텍스트를 무한히 확장한다. "저작의 무한히 그릇됨은 신적 중심의 영원한 놀이다"(the undending erring of scripture is the eternal play of the divine milieu). 위험을 건 디오니소스적 단어놀이 속에서 예와 아니오는 가장 큰 기쁨을 가장 큰 고난 속으로 가져간다. "끝없이 그릇됨은 저작(scripture)의 십자가에 영원히 새겨진 열광적 은총을 개방한다."[93]

셋째, 해체를 시도한다. 해체론자들은 체계의 통일성을 비판한다. 이들에 의하면 보편적 체계란 존재하지 않는다. 보편적 의미란 존재하지 않는다. 우리가 추구할 수 있는 보편적 의미란 없다. 그러므로 이러한 짜깁기에서 발생하는 의미론적 매듭은 오히려 반의미론적이고 반개념적이다. 그리하여 "텍스트는 의미와 무의미, 의미의 단수와 복수라는 그런 재래적인 인식론적 테두리를 벗어나서 의미 자체를 흩어버린다."[94] 이것이 산종(散種, la dissemination)이다. 이러한 해체주의의 텍스트 개념은 의미 존재론(ontology of significance)을 부정할 뿐 아니라 또한 그것을 파괴시킨다. 서구의 여태까지의 이성중심주의를 파괴한다.

1970년대 '포스트구조주의'라는 사상으로 알려진 질 들뢰즈, 쟈크 데리다, 미셸 푸코 등 프랑스 사상가들은 현실의 파편적이고, 이질적이며, 다원적인 성격을 강조했다. 이들은 현실을 객관적으로 설명할 수 있는 인간 사유 능력을 부정하고, 이러한 사유의 담지자인 주체를 개인 이하의(subindividual) 또는 초개인적인(transindividual) 충동과 욕망의 비일관적인 소용돌이로 환원시켰다.

　　진리와 가치의 객관적인 존재를 부정하고 신의 존재를 부정함으로써 허무주의에 떨어진다. 이 세상과 인간에 있어서 그것을 위하여 목숨을 바치고 살 만한 진리와 가치는 없다. 가치나 윤리는 매순간 놀이 속에서 새롭게 결정되기 때문이다. 인간은 객관적인 질서를 향하여 시는 것이 아니라 정해진 규범과 가치가 없는 허공과 무를 향하여 나아간다.

5) 후기현대의 기독교적 세계관

　　후기현대 세계관의 특징은 다원주의적 사고, 타종교에 대한 기독교의 지배 한계, 기계기술화에 의한 세속화 촉진, 이에 따른 그리스도인의 신앙 상실, 과학주의의 문화적 지배종식, 성경언어의 일식, 탈전통과 탈권위 확산, 그리고 교회와 신학은 여러 사회기구와 학문 가운데 하나에 불과하다는 위기상황에 직면해 있다. 그리하여 후기현대의 세계관은 한계를 경험하고 후기현대의 세계관의 극복으로 나아가고자 한다.[95] 여기서 개혁신학은 기독교 세계관의 한 유형으로서 후기현대를 향한 타당한 세계관을 제시할 수 있다.[96] 유일한 절대불변의 기독교 세계관은 하나님만이 아시고 이 지상에서 각 기독교 교파나 기독교 철학자들이나 신학자들은 각기 자기들이 원하고 추구하는 관점에서 기독교 세계관을 제시할 수 있다. 이 가운데 개혁신학자들이 제시하는 기독교세계관은 개혁주의 세계관이라고 말한다.[97]

　　후기현대에서 개혁신학이 제시하는 기독교 세계관의 방향이란 다음같이 특징지어진다. 첫째는 그것은 하나님 절대 주권의 세계관이다. 이것은 창조자 하나님에 대한 새로운 발견이다. 둘째, 이것은 구속사적 세계관이다. 이것은 하나님과의 깨어진 언약의 새로운 갱신이다. 셋째, 이것은 변혁주의적 종말론적 세계관이다. 이것은 새 창조자 하나님에 대한 신앙이요 그의 역사변혁에의 참여이다.

① 하나님 절대 주권의 세계관

첫째, 개혁주의적 세계관은 하나님의 절대주권에 입각한 세계관이다. 하나님은 이 우주와 역사의 창조주요 섭리자시다. 하나님은 그의 절대주권적인 섭리와 경륜으로써 우주와 인간을 그의 영광을 위하여 창조하셨다. 그러므로 이 우주와 자연은 창조자 하나님의 창조물이요 그 존재를 그의 말씀에 의존하고 있다. 하나님의 지탱케 하시는 섭리가 없을 때 이 우주는 혼돈과 무질서로 떨어지고 만다. 바울이 증언하는 것처럼 만물은 하나님으로부터 나와서 하나님에게로 돌아간다. 이것은 우주적인 영의 영원한 주기적인 자기순환을 말하지 않는다. 인격적인 하나님의 우주와 역사 섭리에 의하여 만물이 창조되고 전개되고 결국에는 그의 뜻이 이루어진다는 것이다. 하나님의 절대주권은 카이퍼(Abraham Kuyper)가 피력한 바 같이 우주에서 뿐만 아니라 우리 삶의 모든 영역 속에서 수행된다.[98] 그러므로 기독교 세계관에는 하나님의 섭리와 뜻이 있을 뿐이지 운명이나 자연의 맹목적인 장난이나 우연이란 없다.

둘째, 개혁주의적 세계관은 유신론적 일원론의 세계관이다. 선과 악의 이원론을 말하지 않는다. 하나님과 사단, 선과 악은 영원히 공존하지 않는다. 악은 독립적으로 존재하지 않는다. 그것은 깨어진 관계요, 창조의 타락이며, 선의 왜곡이다. 그것은 어두움이요 속임이며 죽음의 원천으로서 빛과 진리와 생명의 변질로서만 존재한다. 선은 영원하고 악은 부수적으로 발생한 것이다.[99] 성경은 물질과 정신의 이원론을 말하지 않는다. 이 세계는 신과 동일하지도 않고 신에 대해 대립하여 존재하지도 않는다. 이 세계는 하나님으로부터 창조된 우연적 존재이요 동시에 하나님의 주권적 섭리에 의해 상태를 지탱할 수 있는 의존적 존재이다. 그러므로 성경적 유신론적 일원론은 정신이나 물질의 자율성을 인정하지 않는다. 정신도 신에 의해 창조된 피조물이다. 인간의 정신이든 천사의 정신이든 악마의 정신이든 모든 정신은 신의 절대 정신에 의하여 창조된 것이다. 악마 정신의 실재란 신에 의해 선하게 창조된 천사의 타락을 말한다. 악마까지도 하나님의 절대주권 안에서만 그 일을 하게 된다. 악마가 역사 속에서 하나님의 섭리를 방해하는 일을 꾀하지만 결국에는 하나님의 섭리를 이루는 일에 봉사하게 된다. 여기에도 하나님의 절대주권이 작용한다. 기독교 세계관에는 선한 신과 악한 신의 영원한 대결이나 영원한 분리가 존재하지 않는다. 모든 악과 죄와 하나님에 대한 대항세력은 종말론적 심판에 직면하고 영원한 불 못에 떨어진다.

② 구속사적 세계관

개혁주의 세계관이란 구속사적 세계관이다. 구속사적 세계관이란 실낙원한 세계관이며, 메시아적 역사구속의 세계관을 내용으로 한다.

첫째, 개혁주의적 세계관은 실낙원한 세계관이다. 우주와 역사는 그 창조 본연의 상태에 있지 않다. 창조 본래적인 상태는 선한 상태였다. 현재의 우주와 세계는 원초적인 선한 상태에서 타락된 것이다. 그러나 개혁주의 세계관은 베다 힌두교처럼 이 세상을 마야(maya) 내지 환상(幻像, illusion)으로 보지 않으며, 역사는 어떤 의미도 가지지 않는다고 보는 극단적인 관념론 견해를 거부한다.[100] 하나님의 창조는 선한 것이었다. 이 선한 창조의 세계에 악마의 꾀임에 의해 악이 들어 왔다. 악마의 꾀임이란 선과 악을 알게 하는 실과를 먹게 될 경우 인간의 눈이 밝아져 하나님처럼 된다는 것이다. 악마의 꾀임이란 악의 유출이나 불가항력적인 침투가 아니다. 그것은 인간 의지의 결정을 통하여 들어온 것이다. 인간은 하나님처럼 선과 악을 스스로 분별하고자 했다. 이것은 인간의 신격화를 뜻한다. 이것이 인간의 원죄이다. 원죄란 창조주 하나님에서 분리될 뿐만 아니라 스스로 하나님의 자리에 서고자 하는 것이다. 원죄란 교만(superbia)이요 피조물의 신격화이다. 이 원죄 때문에 본래적인 조화와 질서와 선의 세계는 무질서와 혼돈과 갈등 속에 빠지게 되었다. 그러므로 후기현대의 뉴에이지 운동이 주장하는 인간의 신격화 사상은 성경의 신론과 인간론 그리고 세계관에 정면 대립하는 것이다.

둘째, 개혁주의적 세계관은 메시아적 역사구속의 세계관이다. 성경은 이 세계의 타락 그리고 이 세상의 죄악상 그리고 비관적인 세계상의 증언에서 끝나지 않는다. 성경은 이와 동시에 예수 그리스도의 메시아적 보내심과 그의 수난과 십자가 상에서의 죽음을 통한 인류와 역사의 구속에 관하여 증언하고 있다. 세계사의 진행은 이 하나님의 구속의 경륜을 성취하기 위하여 진행한다. 보편적인 역사는 그 자체가 목적이 아니라 그리스도의 구속을 이루기 위한 수단에 불과하다. 구속사는 보편사의 의미요 목적이다. 그리스도는 시간의 중심이요 시간의 의미이다. 그리스도는 때의 충족이다. 구약시대의 약속이 예수 그리스도 안에서 비로소 성취되고 충족되었다. 이 타락되고 소외된 우주와 역사는 오로지 하나님의 메시아, 예수 그리스도에 의하여 구속된다. 인간은 구속자 그리스도를 믿음으로써 하나님과 화해하며 인간의 화해를 통하여 우주와 자연도 그 썩어짐의 종노릇에서 해방되어 하나님의 구속의 영광에 참여한다.

③ 변혁주의적 종말론적 세계관

개혁주의 세계관이란 변혁주의적 종말론적 세계관이다. 첫째, 그것은 변혁주의적 세계관으로서 문화를 변혁시키며, 둘째, 그것은 메시아적 종말론적 세계관으로서 모든 인본주의적 세계이상향이나 세계혁명성취를 거부한다.

첫째, 개혁주의적 세계관은 변혁주의적인 세계관이다. 성경적 개혁주의 사상은 역사와 문화에 대한 변혁적인 책임을 창조하고 있다. 이 세상의 문화와 사상은 인간의 원죄라는 권력의지의 소산이기 때문에 이기적이고 부패할 수밖에 없다. 역사 속에서 어떠한 사회나 단체도 온전할 수 없다. 여기에는 인간의 이기적 권력의지가 표현되어 있다. 역사 속에 있는 어떠한 문화라고 할지라도 이러한 부패성과 비리와 모순성을 피할 수 없다. 그러나 변혁주의적 세계관은 역사와 문화에 대한 도피주의나 염세주의에 빠지지 않는다.

역사와 문화에 대한 변혁적 사명이 부여되고 있다. 왜냐하면 부패와 타락은 역사와 인간의 본래적인 성질이 아니고 그 원천적인 선한 성질에서 소외되고 변질되었기 때문이다. 하나님의 왕국이란 단지 초월적으로 다가오지만 않고 인간의 역사 참여와 변혁적 행동을 통하여 파편적으로 이루어진다.[101] 여기서 변혁이란 뉴에이지 사상이 주장하는바 인간 속에 잠재되어 있는 신적 본질을 드러내기 위한 내면적 의식의 개혁이 아니라 하나님의 말씀과 성령의 역사에 의한 부패되고 자율성을 지향하는 인간 존재의 실존적 변혁이다.

개혁신앙의 공동체는 세계를 해석하는 데 자비와 겸손을 바탕으로 하는 해석학, 말하자면 신앙의 해석학(hermeneutics of faith)을 사용한다.[102] 신앙의 해석학은 교조주의(dogmatism)나 회의주의(skepticism)를 모두 거부한다. 교조주의는 자기의 해석을 절대화하는 입장이며, 회의주의는 자기의 해석을 신뢰하지 않고 의심하는 태도이다. 신앙의 해석학은 주어져 있는 텍스트를 존중한다. 그러나 자기의 해석학을 절대화하여 원 텍스트의 자리의 입장에 서려고 하지 않는다. 자기 자신의 목소리보다는 텍스트의 목소리를 경청하고 존중한다.

둘째, 개혁주의적 세계관은 메시아적 종말론적인 세계관이다. 성경적 개혁주의적 역사이해는 그러나 역사 내에서 역사의 구속이 인간의 사회적 개혁이나 인간의 내면적 자아의식의 확장에 의하여 성취된다고 보지 않는다. 인간의 구원과 역사의 구속은 인간 스스로의 내면성 개발을 통한 자기의식의 혁명 내지 확장으로도 그리고 사회적 혁명으로도 도래하지 않는다. 인간은 결단코 신적 의식을 선천적으로 소유하지도 아니하고 역사 자체도 스스로 신적 성향을 지닌 존재가 아니기 때문이다. 개인과 역사의 진정한 구속은 다시 오시는 메시아에 의하여 종말론적으로 성취된다. 하나님의 아들 그리스도의 재림에 의하여 세계와 역사의 진정한 종말은 성취된다. 그러므로 이러한 기독교적인 종말론은 인간 스스로 신격화되고 우주와 합일한다고 주장하는 뉴에이지 사상을 단호하게 거부한다.

세계관의 투쟁에서는 해석의 기준이 중요하다. 여기에 두 가지가 언급된다. 첫째, 해석은 성경 텍스트에 적합해야 한다. 이것이 바로 텍스트 적합성

(text-appropriatedness)이다. 둘째, 해석은 이론에만 머물지 않고 바르게 실천되어야 한다. 이것이 올바른 실천(orthopraxis)이다. 복음의 실천이란 하나님이 주시는 성령의 은총에 대한 순종적 응답에 의해서만 가능하다. 여기서 하나님은 말씀과 성령 안에서 '문화의 창조자'(the civilizer)이시다.[103] 개혁신앙의 공동체는 오늘날 포스트모던 시대의 각종 세속적 사상에 대항하여 예언자적 대응문화(prophetic counterculture)를 창조해야 한다. 개혁신앙의 공동체는 진리와 가치와 신에 대한 회의의 담론이 팽배한 시대에 하나님과 진리와 가치에 대한 문화적 성육신(cultural incarnation)을 실천해야 한다.[104]

*

세계관은 인간이 역사 속에서 세계 이해의 방식에 따라서 역사적 과정 속에서 변천한다. 세계관은 역사를 통하여 변천하나 하나님의 말씀은 변하지 않는다. 역사의 과정 속에서 세계관은 고대의 자연주의 세계관, 중세의 기독교적 세계관, 계몽주의 이후의 현대주의 세계관으로 변천했고, 후기현대의 세계관이 태동하고 있다.

여기서 기독교는 영원불변하는 하나님 말씀에 근거하여 현대후기의 여러 사상과 대화하면서 성경적이고 기독교적 세계관을 후기현대를 사는 시대인들에게 제시해야 한다. 그것은 하나님의 절대주권에 입각한 세계관, 유신론적 일원론의 세계관, 실낙원한 세계관, 구속사적인 세계관, 변혁주의적인 세계관, 메시아적 종말론적인 세계관이다. 이러한 세계관들은 서로 다른 세계관이 아니라 하나의 기독교세계관의 다양한 표현들이다.

chapter 2
21세기 문명전환과 개혁신앙

21세기와 더불어 우리는 문명의 전환이라는 새로운 시대에 들어서고 있다. 지나간 세기는 인간 문명의 풍요를 추구한 탐욕의 시대였다. 20세기가 남긴 환경오염으로 인류는 생존의 위기에 직면하게 되었다. 21세기의 인류는 현대성(modernity)의 성취가 가져온 부정적 경향을 본격적으로 깨닫고 있다. 이성의 산물인 과학, 기술, 산업화, 국민국가 등이 인간의 문제를 해결해주는 만능수단이 아니란 것이 판명되었다. 이러한 변화는 이미 제1차 세계대전이 끝나면서 시작되었다. 그러나 전체주의 대두, 공산주의 등장에 따른 이념의 대립으로 한동안 문제의 본질이 흐려졌다. 그러나 1989년 공산주의가 몰락한 후 변화의 실체는 분명히 나타나기 시작했다고 인류는 진정한 과제가 무엇인지 비로소 알게 되었다. 문명전환은 후기현대성(postmodernity)의 논의와 더불어 다가오고 있다. 후기현대성은 정보화, 생명공학과 환경에 대한 새로운 인식과 더불어 다가왔다. 새로운 문명[1]의 시대는 정보사회(information age)이다. 동시에 환경과 생명이 중요시되는 시대이다.

다음의 글은 지구촌 문명전환의 세 가지 흐름, 문명의 새 패러다임, 신문명 패러다임의 방향, 변혁적 문명이념과 새 방향에 관하여 논하게 될 것이다.

*

1. 문명 전환의 세 가지 흐름

(1) 문명중심의 이동

서구 대서양 중심의 문명이 아시아 태평양 중심으로 문명의 흐름이 옮겨가고 있다. 문명사가들은 21세기를 아시아의 시대로 예측하고 있다. 메소포타미아에서 발원된 인류문명은 유럽을 거쳐 대서양으로 건너가서 드디어는 아시아로 동진하고 있다는 분석이다. 새 밀레니엄(New Millennium)은 동양의 시대가 될 것이다.

프랑스의 미래학자 자크 아탈리는 2000년대 들어 아시아 지역이 지금까지 선진국이 누려왔던 여러 특징을 한 데 모으는 지역으로 각광 받을 것으로 예기하고 있다. "오는 2050년이면 아시아는 120-130억 명에 달할 것이고, 세계 재화생산의 절반 이상을 감당할 것이다. 지구상의 가장 거대한 도시들이 아시아에 위치하며 세계제일의 금융중심지, 첫째로 손꼽는 경제강국도 아시아에서 찾아야 할 것이다. 아시아의 3대 화폐인 엔(일본), 유안(중국), 루피(인도) 등이 세계 제1통화그룹을 형성할 것이다. 아시아는 이렇게 유럽과 아메리카에 뒤이어 자본주의, 그리고 국제 경제개발 질서를 지배할 것이다. 아시아는 또 기술혁신, 문화개혁, 신상품 발명의 중심지가 된다. 이미 이러한 현상은 통신기기, 영화, 음악 등의 분야에서 나타나고 있다. 곧 이어 보건 분야 같은 다른 분야에서도 이 현상은 일어날 것이다. 아시아에서 넘어온 약전(藥典)이 국제 대형 제약회사에 의해 미래 의약품의 원천처럼 더 많이 이용될 것이며, 그 후에는 이것이 의약품의 구성성분을 유전인자의 재생산 영역에 활용하는 방안으로 이어질 것이다."[2]

아탈리는 서구문명의 쇠퇴에 관하여 언급한다. "유럽과 미국에서 이미 은유적 표현이지만 새로운 '황색 위험'을 환기하고 있다. 그들은 '백색서구' 즉 유럽-대서양 전체가 세계인구의 10%밖에 차지하고 있지 못하고, 세계생산의 3분의 1을 감당하는 데 불과하며 자신들의 퇴락이 분명하다는 것을 말하고 있다."[3] 그래서 그는 아시아가 지구촌을 인솔해나가는 기구들 속에 자신의 진정한 대표성을 확보하도록 경제적 능력에 상응할 만큼 안보리의 상임이사국 수를 늘려주어야 하고 아시아국가로서는 일본만 참여하고 있는 선진공업국 회의(G7)에 러시아, 중국, 인도 등에 점진적으로 문을 열어야 할 것을 제안하고 있다. 20세기는 기술진보의 시대였고 이 기술의 진보는 유럽 대서양 중심에서 옮겨와 아시아 태평양 지역을 중심으로 발전하고 있다.

미국의 미래학자 존 네이스빗(John Naisbitt)도 그의 저서 『메가트랜드』, 그리고 『메가트랜드 2000』에서 21세기는 아시아 태평양 지역의 영향력이 중대되는 아시아 태평양 시대가 될 것을 이미 예견하였다.[4] 그 실례로서 그는 1985년 이후부터 미국은 대서양쪽보다 태평양 연안 쪽과 더 많은 교역을 하고 있으며, 미국은 앞으로 태평양 연안국가들과 교역량을 유럽보다 몇 배나 늘릴 것으로 보았다. 더욱이 네이스빗은 중국의 괄목할만한 성장을 강조한다.[5] 중국은 1990년대에 13-14% 성장해 왔고 1994년도에 공식적으로 독일을 따돌리고 세계에서 세 번째 경제대국이 되었다. 그는 중국이 21세기 안에 일본과 미국을 앞지르고 세계최대의 경제대국이 될 것으로 전망하고 있다.[6]

2003년 10월 21일 폐막한 아시아태평양경제협력체(APEC) 정상회의에서는 50년 넘게 지속돼온 아시아 내 미국의 지배력이 쇠퇴하고 중국이 새로운 정치·경제적 지도국으로 부상하고 있음이 확인됐다. 2001년 중국은 동남아국가연합(ASEAN)에 자유무역협정(FTA)을 제안했고 러시아와 미국이 이라크전을 둘러싼 국제 현안에 골몰하고 있는 틈을 타 주도면밀하게 실크로드 복원사업을 추진, 중앙아시아 패권을 장악하려는 움직임을 보였다. 세계 경제의 흐름도 서서히 중국의 위안화가 쥐고 있다. 1978년 덩샤오핑의 개혁개방 선언후 중국 경제는 급속히 성장했다. 그로부터 25년이 지난 2003년 중국의 경제 규모는 미화를 기준으로 정확하게 5배만큼 확대됐고, 거액의 흑자를 계상한 국제수지와 20배로 불어난 외환보유액이라는 경제적 대성공을 거뒀다. 메릴린치 애널리스트 도널드 스트라자임은 "여태껏 미국이 세계 경제의 중추라고 생각해왔지만 어느새 중국이 경제 성장의 동력이 되고 있다."고 말했다.[7]

현재 중국은 피터 드러커(Peter Drucker)가 말했던 '단절의 시대'를 역동적으로 거치고 있다. 중국의 급성장은 국제 사회의 커다란 '기회'인 동시에 '도전'임이 분명하다. 중국의 경제적 부상은 정치적 부상과 함께 군사 · 문화적 영향력의 확대로 이어질 것이며, 그 과정에서 중국이 져야 할 국제 사회에 대한 신뢰와 책임 역시 커질 것이다. 기존의 세계 질서가 중국의 부상을 얼마나 유연하게 받아들일 것인가 하는 문제는 21세기 세계 질서 변화에서 가장 중요한 화두가 되고 있다.

(2) 이데올로기의 종언

20세기의 문명은 공산주의와 자본주의 이데올로기의 대립과 경쟁의 시대였으나 20세기 말 공산주의의 붕괴로 이제 이데올로기의 투쟁의 시대는 끝나고 자본주의 시장경제만이 지배하는 시대가 도래하고 있다.

이 사실은 이미 1960년대 미국의 사회학자 다니엘 벨의 저서, 『이데올로기의 종언』(*The End of Ideology*)에서 예견되었다.[8] 그리고 최근에는 일본계 미국학자 프란시스 후쿠야마가 1989년 여름 《내셔널 인터레스트》지 발표한 논문 「역사의 종언」(*The End of History*)에서 선언되었다. "냉전은 자유민주주의와 자본주의의 승리로 끝났고, 이념투쟁의 역사 변동은 종언을 고했다.", "자유 민주주의는 인류의 이데올로기의 진보의 종언"이며 "더 이상 새로운 이데올로기는 없다." 그가 끝났다고 본 역사는 사건으로의 역사, 사실로서의 역사가 아니라 이념으로의 역사, 진보로서의 역사다. 역사의 바탕을 이루는 원리나 제도에 앞으로 더 이상의 진보도 발전도 없다는 의미에서 역사가 끝났다고 본 것이다.[9] 후쿠야마는 그의 이론의 근거로서 20세기 마지막 25년 동안에 일어난 주목할 만한 변화를 들고 있다. 그것은 남미, 아시아, 소련, 동유럽에서 좌파이든 우파이든 일체의 전체주의 이념이 밑바닥에서 흔들리고 무너지면서 전 세계 어디서나 자유시장체제와 자유민주주의 이념에 대한 보편적인 동경이 파급되고 있는 현상이다.

20세기는 '전쟁의 세기' 였다. 20세기에 전쟁으로 죽은 사람 수는 그 이전의 모든 시대를 합친 전쟁사망자보다 많았다. 20세기는 국가의 시대였다. 20세기 초 50개 남짓하던 독립국가는 200개로 늘어났고, 국가란 이름으로 많은 비인도적 범죄가 실행됐다. 20세기는 민족주의의 시대였다. 신생한 독립국가는 민족주의를 부르짖으면서 자기주장을 하던 시대였다.

중국에서도 사회주의 체제 안에서 시장경제가 진전되면서 정치사회적 민주화 방향으로 나아가고 있다. 중국의 하드랜딩(불시착) 시나리오는 3-5%의 가능성이다. 이것은 중국의 민주화 과정에서 사회불안과 혼란이 야기되는 것인데 여기에 대해서도 대처하는 것이 필요하다. 중국 전역에 폭동이 벌어지면 넓은 면적이기 때문에 국제사회의 개입은 쉽지 않다. 중국의 소프트랜딩(연착륙)은 중국 정부와 공산당의 주도아래 자유와 민주화가 진전되는 것이다.

20세기 말 세계질서에는 세 가지 극적인 종언(終焉)이 찾아왔다.[10] 냉전과 지리와 역사의 종언이다. 냉전의 종언은 미국의 승리, 지리의 종언은 정보통신의 발달로 경제활동에서 거리의 소멸, 역사의 종언은 자본주의적 민주주의의 승리였다. 이러한 세기적 문화 환경의 변화는 다가오는 21세기로 이어질 것이다.

(3) 신문명의 도래

여태까지의 문명은 인간의 욕망을 충족시켜 줄 대상을 얻기 위해 자연을 일방적으로 정복하고 지배하려는 자연파괴와 약탈의 문명이었다. 20세기는 석탄, 석유 등 화석연료가 인류발전의 기초가 된 에너지의 시대였다. 그러나 21세기에는 인류활동의 주 엔진이 전자기기(electronic devise)로 바뀐다. 전자통신수단을 사용한 정보화가 인류의 활동의 주 엔진이 된다. 그리고 지구는 정보화에 의하여 실질적 의미에서 하나의 지구촌이 된다. 이러한 정보화는 컴퓨터 혁명에 의하여 가능하게 되었고, 컴퓨터 혁명은 양자이론에 의하여 가능하게 되었다. 그리고 이제 인류는 이 두 가지 혁명을 통해서 생체분자혁명으로 나아가고 있다.

생명공학기술의 발전에 의하여 인류는 새로운 생명공학의 시대에 접어들고 있다. 유전자 결함에 의해 발생되는 암, 기형의 병 및 각종 질환 등을 유전자 재조합에 의해 치료할 수 있다고 본다. 사람의 키, 피부색깔, 지능 등도 유전자 조작에 의해 조절이 가능하다. 그리고 생명의 질을 향상과 관련된 산업과 기업이 발전하고 있다.

지난 세기 동안 인류는 자연과 생태를 너무나 착취하였다. 그리하여 그 여파가 지구 온난화, 기후변화, 희귀종 멸종, 지구 사막화와 생태계 파괴 등으로 나타나고 있다. 그리하여 이제 인류는 이러한 정복과 지배의 누명을 거쳐 이제 환경을 보호하고 유지하고 생태계와 공존하는 것이 중요하다는 것을 각성하는 생태학적 문명의 시기에 즈음해 있다. 이제 인류는 지난 세기의 과오를 반성을 함으로써 삶과 생태에 대한 새로운 지혜를 얻고 있다. 지금은 '힘으로서의 과학' 이 아니라 '눈과 지혜로서의 과학' 이 필요한 시대이다.[11]

2. 문명의 새 패러다임

일본출신의 뉴욕시립대학의 석좌 교수인 미치오 카쿠(Michio Kaku)는 그의 저서 『비전 2003년』(*Visions: How Science Will Revolutionize the 21st century*)에서 21세기를 이끌고 갈 변혁의 주체를 컴퓨터 혁명, 생체분자혁명, 그리고 양자혁명으로 구분한다. 그는 "21세기 과학의 중요한 세 가지 주제는 원자, 컴퓨터 그리고 유전자이다." 라는 미국국립보건원장 헤럴드 비어스의 말을 인용하면서 21세기는 물질, 생명, 정보의 지배자가 주도하게 될 것을 예시하고 있다. "20세기 말에 과학은 이미 한 시대의 끝에 이르러 원자의 비밀을 풀고 생명을 구성하는 분자들을 밝혀내고, 전자컴퓨터를 만들어 냈다. 양자혁명, DNA혁명 그리고 컴퓨터혁명에 의해 촉발된 이 세 가지 중요한 발견과 더불어 물질, 생명, 계산의 기본법칙들이 마침내 대체로 밝혀졌다. 과학의 이러한 서사적인 시대가 이제 끝나고 있다. 한 시대가 종말을 맞는 가운데 새로운 시대는 이제 막 시작되고 있을 뿐이다."[12]

21세기는 이미 지식과 정보라는 새로운 형태의 에너지를 이용하는 사회에 들어섰다. 여태까지의 문명은 농경사회와 산업사회의 문명이라고 말한다면 새로운 문명은 정보, 지식사회의 문명이라고 말할 수 있다. 농경사회는 사람과 동물의 근육의 힘이라는 에너지를 이용하여 움직이고 농업생산과 자연생산을 하는 사회였다면, 산업사회는 석탄과 석유라는 에너지를 의존하여 노동과 생산으로 가동하는 공장생산을 하는 사회였다. 정보사회는 지식이 부가가치를 창조해내며 지적 재산권이 국제무역에서 중요한 이슈가 되고 경쟁력의 핵심이 되는 사회이다.

농경사회에서는 생산의 기본적인 요소가 땅이었기 때문에 지본(地本) 사회였다. 산업사회에서는 생산의 기본단위가 공장으로 바뀌면서 공장과 설비를 운영하는 자본이 핵심적인 요소로 등장하는 자본주의 사회가 되었다. 이제 다가온 21세기는 지식과 정보가 새로운 가치를 만들어 내는 지식사회, 지본(知本)사회가 도래한 것이다.[13] 지식사회에서는 거액을 투자해서 정보 초고속도로(information superhighway)를 건설하는 것은 지식의 원활한 교류를 위한 것이다.[14]

그리고 생명공학 기술의 발전에 따른 유전자 지도 완성, 이에 따른 유전자 치료 등 생명의학의 발전 및 삶의 질을 향상시키고 문화가 발전하고 있다. 이러한 두 가지 정보기술과 생명기술은 신소재 산업에 의하여 가능하게 되었다. 신소재산업이란 양자역학(量子力學)이다. 양자(量子)이론에서 전기는 전자들의 흐름으로 설명할 수 있다. 양자이론은 컴퓨터 혁명과 생체분자혁명을 촉발시키는 기폭제가 되었다. "양자혁명은 트랜지스터, 레이저, X선 결정학, 분자결정이론을 통해 컴퓨터혁명과 생체분자혁명을 탄생시켰다."[15]

양자역학, 컴퓨터 공학, 생명공학의 발전과 더불어 지구온난화로 인한 각종 기후변화와 생태계 이변을 방지하기 위해 화석연료에서 탈피하려는 문화, 환경을 중시하는 문화, 생명의 질을 중시하는 문화가 신 문명사회의 중요한 흐름으로 등장하고 있다.

신 문명사회는 디지털화, 지구촌화, 대중문화, 다핵화, 다원화, 질 중심, 환경문화, 생명문화, 범종교화, 현존 우주의 과학기술적 진화 등으로 특징지어질 수도 있다. 이명현은 신문명의 사고를 신 문법(a new grammer)이라는 열린 창문을 지닌 단자(Monad with Open Window, MOW)의 사고로서 표현하고 있다.[16]

3. 신문명 패러다임의 방향

(1) 디지털 문화

이제 세상은 물질인 원자(atoms)가 지배하던 시대에서 정보의 최소단위인 비트(bits)가 지배하는 시대로 변화되고 있다. 아날로그 시대에서 디지털 시대로 전이되고 있다. 『디지털이다』(*Being Digital*)의 저자로 유명한 미국의 MIT 공대 네그로폰테 교수는 "미래는 디지털 기술을 기초로 한 컴퓨터 네트워크에 의해 시간과 공간의 제약이 좁아지고 국가 간 국경의 의미가 희미해져서 문화의 교류가 활발해질 것"이라고 예측하고 있다.[17] 비트의 세계에서 가장 주목해야 하는 것은 전자 상거래의 비약적 발전이다. 전자 상거래가 미국, 유럽뿐만 아니라 동남아나 남미에서도 주목할 만한 발전의 조짐을 보이고 있으며, 1-2명이 아이디어만 있으면 추가비용을 들이지 않고도 전자 상거래 망을 통해 대기업을 상대할만한 효율성을 증대할 수 있다.

피터 드러커(Peter Drucker)가 일찍부터 지적했듯이 이 지구적인 서비스 경제는 전통적인 생산의 3요소인 자본 노동 토지에 대신해 '지식'이 핵심이 되는 경제다. 『사이버 기업』의 저자 제임스 마르틴(James Martin)은 이제 "잉여가치가 바로 지식을 일에 어떻게 적용하는가에 따라 창출된다."고 주장한다. 세계적 컨설팅 그룹의 회장인 제임스 마르틴은 이에 따라 인터넷에 대응하는 새로운 비즈니스 혁명으로서 사이버 기업의 출현을 역설한다. 고용의 본질이 변화하고 있으며, 변화된 일의 본질은 새로운 형태의 경영, 새로운 조직구조, 인간과 기술 간의 새로운 동반자 관계를 필요로 하고 있다는 것이다.[18]

디지털 문화는 '나는 접속한다. 그러므로 나는 존재한다.'라는 새로운 명제를 성립시킨다. 디지털 시대 속에서 인간 존재의 가치는 접속에 있다. 그렇지 아니하면 소외되어 버린다. 인터넷 접속을 통하여 가상 세계인 인터넷 세계의 시민이 되고 시공간을 초월하여 어느 누구와도 의사소통을 할 수 있기 때문이다.

디지털 문화 속에서는 '실재는 없고 광속만 흐른다.'[19] 디지털은 0과 1의 조화만으로 모든 것을 표현하는 정보처리방식이다. 메가(초당 1백만 회)에서 기가(초당 10억 회)로 확장된 컴퓨터의 연산처리능력은 이제 테라(초당 1천억 회)의 시대로 향하고 있다. 정보의 디지털화는 순식간에 무한한 복제품을 만들어 낼 수 있는 가능성을 열어주었기 때문에 디지털 문화에 저작권이란 새삼스레 중요해진다. 디지털 저작권이란 현실서 가치를 담아 가상공간에서 정보를 파는 권리이다. 컴퓨터 통신이나 CD롬을 통해 작품을 감상할 수 있도록 디

지털화하고 이에 대한 독점사용권을 보호하는 것이다.[20]

마셜 맥루한(Marshall McLuhan)이 말한 바 같이 미디어를 '신체의 연장'으로 본다면, 컴퓨터를 선두로 하는 디지털 문화는 '지능의 연장', '삶의 연장'이라고 할 수 있다. 디지털은 금융과 증권정보처리 등 경제 분야와 물류 통제, 생산 관리 그리고 예술 등 삶의 전(全)분야에서 혁명적인 변화를 가져오고 있다. 자연과 인간의 오감으로 분간할 수 없는 무한에 가까운 전자음계와 컴퓨터그래픽을 통한 환상적인 시뮬레이션(simulation)은 정교한 음과 미를 표현하도록 한다. 디지털 문화는 쌍방향 커뮤니케이션을 가능케 하고 온라인 정치를 가능케 한다. 분해와 합성이 생명인 디지털은 이미 사이버공간을 통해 누구나 작가가 될 수 있도록 하는 등 독자와 작가의 관계를 수평화 했으며 독자와 함께 만드는 공동창작, 독자가 줄거리를 선택하는 하이퍼텍스트형 문학을 가능하도록 한다.[21] 이제 인터넷 공간은 권력이 만든 인위적 국경과 이데올로기, 정보의 통제가 없는 권력 해체의 공간이다. 이 공간은 그러나 실재(實在)가 아닌 광속(光速)만이 흐르며 광속(光速)에서 정보와 감정이 자유롭게 오가는 무한한 영역이다. 이 디지털 문화 속에서는 섹스와 폭력이 넘치는 것은 사이버공간의 갖는 해방성과 만족감의 표출이다. 여기에 디지털 문화가 갖는 한계가 있다.

(2) 지구촌화: 세계화

첨단 과학기술의 등장으로 세계의 물리적 공간은 마을이라는 생활공간으로 축소되었다. 여태까지 지구 한 쪽에서 다른 쪽까지의 거리는 엄청난 여로(旅路)였다. 이제 첨단 항공기를 통하여 아시아에서 유럽, 북미, 남미, 호주, 아프리카까지 엄청난 거리는 몇 시간의 여행길로 축소되었다. 그리고 정보통신 기술의 발달로 인하여 거대한 지구는 하나의 지구촌(global town, earth village)이 되어 버렸다. 정보통신기술, 특히 인터넷(InterNet)의 발달은 지구의 각 지역 사이에 가로 놓여 있는 시간과 거리의 장벽을 허물었다.

한국사회는 이미 1,000만 명이 사이버 공간을 이용할 만큼 양적으로는 세계 10대 인터넷 선진국에 속한다. 그러나 사이버 윤리에 관한한 형편없는 후진국이다. 인터넷의 토론방에 상대방의 인격을 모욕하는 욕설이 나타나고 있다. 미국 브루킹스 연구소가 1992년 컴퓨터 윤리연구소(Compute Ethic Institute, CEI)에서 만든 '컴퓨터 윤리 10계명'을 발표한 것은 주목할 만하다.[22] 그 내용은 다음과 같다.

제1계명, 다른 사람을 해칠 목적으로 컴퓨터를 사용하지 말라.

제2계명, 다른 사람의 컴퓨터 작업을 방해하지 말라.

제3계명, 다른 사람의 정보파일을 훔쳐보지 말라.

제4계명, 절취목적으로 컴퓨터를 사용하지 말라.

제5계명, 거짓을 증명하기 위해 컴퓨터를 사용하지 말라.

제6계명, 돈을 주고 사지 않은 소프트웨어를 복제하거나 사용하지 말라.

제7계명, 다른 사람의 허락이나 적절한 보장 없이 타인의 컴퓨터 자원을 사용하지 말라.

제8계명, 타인의 지적 생산품을 도용하지 말라.

제9계명, 당신이 만드는 프로그램이나 시스템이 가져올 사회적 결과에 대해 생각하라.

제10계명, 다른 사람을 배려하고 존경하는 방향으로 컴퓨터를 사용하라.

컴퓨터 윤리 10계명은 사이버 공간에서 필요시 되는 윤리이다. 사이버 공간의 공동체 속에서도 윤리적 규범이 있어야 하며 그것은 실제 생활과 마찬가지로 일관성이 있어야 한다.[23]

72

(3) 대중문화

21세기는 문화의 세기라고 한다. 여기서 말하는 문화의 성격은 대중문화(pop culture)를 말하는 것이다. 이 대중문화는 정보통신기술의 발전과 더불어 실현되었다. 19세기와 20세기 중반까지만 해도 문화란 소수 귀족과 사회특권층의 전유물이었다. 그러나 사회의 민주화, 경제생활의 향상, 정보통신의 발달로 모든 대중들이 평등하게 문화를 누릴 수 있는 문화의 보편화가 20세기 후반부터 야기되기 시작한 것이다. 옛날에는 좋은 음악이나 강연을 듣거나 좋은 그림을 보기 위해서 먼 거리를 여행해서 비싼 입장료를 내야 했으나 이제는 라디오와 텔레비전 그리고 거의 완벽한 음질을 가진 테이프나 CD를 값싸게 구해 어디서나 반복해서 듣거나 볼 수 있다. 더욱이 20세기 후반부에 일어난 디지털 혁명은 사이버 공간을 창조하면서 무한한 대중문화가 숨 쉬고 있는 정보의 바다를 개척함으로써 대중문화는 21세기에 와서 그 본래의 시대를 맞이하였다고 볼 수 있다.

그러나 이러한 대중문화는 인류의 삶의 질을 높이고 의사소통을 가능케 하며 사회의 민주화와 다양성과 통합을 가져 오는 데 크나큰 기여를 하고 있는 것이 사실이다. 그럼에도 불구하고 이 대중문화는 부정적 측면이 있는 것도 사실이다.[24]

첫째, 문화의 대중화는 공동체와 자아의 상실을 유발시킨다. 삶의 공동체를 이루는 수단인 문화가 대중화됨으로써 문화와 삶을 분리시키고 문화가 생활의 수단이 아니라 목적으로 변질됨으로써 군중 속의 고독을 느끼게 한다.

둘째, 문화의 상업주의적 변질이다. 문화의 대중화는 대중들의 인기에 쉽게 영합함으로써 문화와 예술의 고유한 가치성은 도외시되고 하나의 상품으로 전락하게 되었다.

셋째, 문화가 기술과 결합으로써 기술문화가 되어 인간성을 소외시키고 공동체를 파괴하기에 이르고 있다. 과학기술은 실용적이고 공리주의적 관심을 가지기 때문에 기술문화는 인간성을 목적 아닌 수단으로 다룸으로써 인간성을 속박하는 부정적 역할을 하고 있다.

넷째, 대중문화는 종교를 거부하고 세속주의와 영합함으로써 인간성을 종교로부터 이탈하도록 했다. 이러한 문화의 세속화 속에서 현대인간은 대중문화의 향략성에 심취하고 탐닉함으로서 삶의 진정한 의미와 가치와 목적을 상실하고 있다.[25]

(4) 다원화

사회는 기구적으로 사고에 있어서도 획일성을 지양하고 다원화되었다. 이것은 정치, 경제사상, 문화 등 모든 영역에 있어서 하나의 이데올로기나, 하나의 기업이나, 하나의 사상이나 하나의 유행이 지배하지 않고 다양성이 지배하게 되었다. 더 이상 하나가 지배하는 시대는 지났다. 그것은 사회와 역사의 과정을 설명하는 거대한 담론의 시대가 지나갔다는 뜻이 되기도 한다. 당대를 풍미하는 유일의 정치가나 사상가나 영화배우 등 각 영역에서 일인(一人)이 지배하는 시대는 지나고 모두 조연(助演)과 같은 인물들이 서로의 특수성과 개성을 지니고 서로 보완하면서 이루어가는 시대가 도래했다. 다원적 기구나 다원적 기업, 다원적 사상, 다원적 문화가 지배하게 되었다. 여기서 종교도 이러한 다원화하는 경향의 영향을 받으면서 기독교 안에서 종교다원주의가 생겨났다. 기독교는 하나의 종교로서는 여러 종교 가운데 하나다. 목회자나 신학자는 이러한 관용성의 사고를 익혀야 할 것이다.[26] 그러하다고 해서 예수 그리스도도 여러 종교창시자 가운데 하나라는 상대주의에 빠질 수는 없다. 여기에 기독자로서의 목회나 개인이 자기의 신앙양심에 따라 복음을 증거해야 할 영역이 있다.

(5) 다핵화

정보화에 의한 세계화의 촉진은 나라와 나라 사이에 존재하는 각 영역에서의 국경이라는 장벽을 서서히 허물고 있다. 미국을 중심한 '세계무역기구'(World Trade Organization, WTO)의 출범은 경제적인 영역에서의 국경을 무력화 시키고 있다. 국제적으로는 국가의 연합체인 유럽연합(EU), 아태경제기구(APEC)가 들어서고 있으며, 국가 안에서도 중앙정부의 권한이 지방으로 옮아가고 있으며 각종 시민단체(NGO)들이 일어나고 있다. 그리고 사회의 각 영역의 직능단체들이 자기들의 권익을 보호하기 위해 단체(노동조합, 소비자보호단체, 교원연합회, 의사회, 약사회 등)를 구성하고 그 목소리를 내고 있다. 세계는 정치제도, 의식형태, 종교 신앙, 문화전통, 민족차이에 있어서도 다양성을 이룰 것이다.

기존 국가는 세계경제 앞에 무력하며 가족이나 결혼, 성, 남녀 관계의 변화들에 대해서도 속수무책이다. 미국이 미래학자 다니엘 벨(Daniel Bell)은 이러한 현상에 대하여 "세계화 시대의 국민국가는 큰 문제를 해결하기에는 너무 작고, 작은 문제를 해결하기에는 너무 크다."고 언급했다. 세계적인 국가 간의 질서에 있어서도 다극화 세계가 형성되어가고 있다. 20세기 말 소련이 무너짐에 따라 미국은 초강대국의 지위를 가지게 되었다. 미국은 과학기술의 우세, 체제의 우세, 종합국력의 우세 때문에 21세기 전반에는 초강대국의 지위를 누리지마는 금세기 후반부터 미국 독주에 제동이 걸리게 될 것이다. 점차 프랑스, 독일을 중심한 유럽 연합(EU)의 독립적인 유럽방위체계 건설, 일본, 중국, 러시아의 견제, 이란과 이락이 주도하는 회교권의 견제로 다극화 세계가 형성될 것이다.[27]

(6) 질 중심

산업화 시대는 규격화된 대량생산이 지배하던 시대였다. 소품종이 많이 생산되는 것이 산업사회의 목표였다. 그러므로 획일적이고 규격화되어 있으며 많은 양의 생산이 산업사회의 논리였다. 여기서는 물질 중심, 물질 만능의 사고가 지배한다. 그러나 새로운 문명의 시대는 양보다는 질, 욕망의 맹목적 충족보다는 보다 높은 질의 추구가 나타난다. 그리하여 후기 산업사회에서는 다품종 소량생산이 나타나게 된다. 그리하여 무분별한 소비보다는 절도 있는 소비와 가치와 품위를 추구하는 삶의 자세가 나타난다.

문화의 질과 내용이 중요시 된다. 그것은 음식이나 음료수 그리고 신발이나 옷 등 생활용품에서 주택, 자가용 차에 이르기까지 소비자의 기호에 맞는 상품이 제시된다. 질 중심의 문화는 교육과 보건과 복지 등 사회복지에 깊은 관심을 갖는다. 문화는 단순히 인간의 기본욕구 충족에 끝나지 않고 인간의 삶의 질을 향상시키는 방향으로 바뀐다. 그러므로 같은 제품이라도 그 기능과 질이 좋은 제품이라야 시장에서 환영을 받고 경쟁력을 가지게 된다. 더 이상 노동집약적인 제품은 소비경쟁의 한계에 부딪치고 부가가치가 높은 제품에 밀리게 된다.

(7) 환경친화

과학기술을 앞세운 개발과 성장우선주의는 우리의 생태계의 자원을 고갈시키고 생태의 균형을 파괴시키므로 생태계의 위기를 초래하였다. 이것은 인간 행복을 최대한으로 추구한 과학기술주의의 역설이며, 인간 쾌락주의의 역설(the paradox of hedonism)이다.

2000년 3월 17-22일에는 네덜란드 헤이그에서 제2차 세계수자원 회의가 열렸다. 급격한 인구증가와 수자원의 관리소홀로 인하여 지구촌의 물부족

사태를 경고하는 목소리가 날로 높아가고 있다. 세계은행(IBRD)은 20세기의 국간의 분쟁원인이 석유에 있었다면, 21세기는 물 분쟁의 시대가 될 것이라고 경고했다. 유엔개발계획(UNDP)과 유엔환경계획(UNEP) 등이 후원하는 '21세기 물 위원회' 는 2000년 3월 13일 발표한 보고서에서 전 세계인구의 50%인 약 30억 명이 위생급수를 받지 못하고 있으며 14억 명이 깨끗한 식수를 마시지 못하고 있으며. 매년 700여만 명이 물 부족이나 물 오염으로 인한 질병으로 사망하고 있으며, 더러운 물에서 비롯된 각종 질병으로 매일 5,000여 명의 어린이가 각종 질병으로 사망하고 있다고 지적했다.[28] 2005년 9월 26일 미국 국립설빙자료센터(NSIDC)는 미항공우주국(NASA)이 2005년 9월 21일 촬영한 위성사진을 1979년 사진과 함께 공개하였다. 이 사진에 의하면 북극의 빙하면적이 최근 4년간 연속해서 빠른 속도로 감소, 과거 평균면적과 비교할 때 무려 20%나 줄어들었다. 지난 4년 동안 한반도 면적(약22만km²)의 7.6배가 사라진 셈이다.[29]

자연과 환경이 보존되지 못한 곳에서 인간의 생존도 보존될 수 없다. 하나님은 인간을 우주의 생명 공동체의 일원으로 창조하셨기 때문이다. 자연과 인간의 공존 공생 상생이 문명전화의 새로운 패러다임이다. 환경친화적인 개발과 발전이 이루어져 한다. 개발은 환경보존내지 유지라는 테두리 안에서 이루어져야 한다. 우리 사회에서는 무분별한 개발에 대한 최후의 보루라고 일컬어지는 '환경영향 평가제' 는 개발로 인한 환경파괴를 최소화하기 위해 마련된 사전 평가제도이다. 그러나 자연을 지키는 이 제도가 허위내지 부실하게 작성되고 있기 때문에 우리의 낙동강 하구둑, 인공호수 시화호 등이 각종 개발 사업에 의하여 훼손되고 있다.[30]

21세기의 과학기술이 만들어낸 환경의 오염과 파괴를 극복하는 유일한 길은 생태학적 문화이념이며 그것은 발전과 진보의 개념을 재검토하고 탈(脫)자아 중심적인 가치관을 형성하는 것이다.[31]

(8) 생명문화

미국 셀레라 제노믹스사(Celera Genomics)는 2000년 4월 6일 "인간 유전자 염기서열 구조를 완전히 해독했다."고 발표했다. 그리고 이 회사는 "이제 밝혀진 유전자 정보들을 모아 정확히 배열하는 작업에 착수했다."고 밝혔으며 2000년 말까지 "각 유전자의 역할에 주석을 달아 유전자 지도를 완성하는 것을 목표로 한 작업을 시작한다."고 발표했다.[32] 인간 게놈 프로젝트(Human Genome Project)는 약 30억 개에 달하는 염기쌍과 10만여 개로 추정되는 인간 유전자와 그 배열방법을 파악하고 각 유전자의 역할을 규명하는 작업이다. 인간이 지닌 8만 개 DNA의 99.9%는 동일하다. 모든 사람은 단지 0.1%만 다를 뿐이다. 이 0.1%를 신이 아닌 인간이 마음대로 결정한다는 것이다.

유전자 지도 작성은 세포의 DNA정보를 규명하는 것이며 이것은 바로 생명의 설계도이다. 인체는 60-100조 개의 세포가 모여 조직과 기관과 몸체를 이룬 것이다. 이것은 세포 속에 있는 생명의 설계도인 DNA 정보에 의하여 구성된다. '인간 유전자 지도는 생물학의 주기율표' 이며 CD 한 장에 생명의 신비를 밝히는 정보가 담기는 것이다. 그리하여 이제 막바지에 도달한 이 게놈 프로젝트에 의하여 DNA 정보가 완전 해독되면 1만 개의 유전자 염기 배열을 동시에 테스트 할 수 있는 유전자 칩을 생산해 낸다. 그리하여 유전자 칩은 유전병을 비롯하여 각종 유전정보, 노화인자를 찾아내어서 인간의 수명을 연장시키는 획기적인 발전이 있을 것으로 내다보고 있다.

생명공학은 유전자 결함에 의해 발생되는 암, 기형의 병 및 각종 질환 등을 유전자 재조합에 의해 치료할 수 있다고 본다. 사람의 키, 피부색깔, 지능 등도 유전자 조작에 의해 조절이 가능하다. 성장 호르몬의 DNA와 산소운반능력을 담당하는 DNA를 각각 이용해 키를 조절하고 능력 있는 운동선수를 만들 수 있다는 것이다.

미국의 생명공학 기업인 몬산토사는 쌀에 담겨있는 유전정보 전체(게놈)을 거의 완벽하게 해독했다고 밝히고 있다. 몬산토사가 해독한 쌀의 게놈 정보 1차 초안에는 쌀의 모든 형질을 결정짓는 약 4만개의 유전자로 구성된 12개 염색체 전체에 대한 광범위한 기초정보가 담겨있어 쌀의 유전비밀이 사실상 밝혀진 것이다. 따라서 이 기초정보는 새 품종의 쌀을 개발하는 데 사용될 수 있다.[33]

이러한 생명과학은 식량, 질병, 환경, 보건 등 여러 분야에서 인간의 질적 삶을 높일 수 있는 첨단 과학이기는 하나 창조의 비밀인 DNA와 생명의 조작이란 두 가지 측면에서 신중한 규제가 필요하다. 게놈해독은 유전자 조작과 마찬가지로 우성(優性)인간에 대한 선호를 낳아 인간 존엄성을 해치는 우려를 낳게 하고 있다. 그리고 질병에 취약한 유전자를 가진 인간에 대한 차별을 조장할 우려를 안고 있다.

(9) 범종교 문화

지난 20세기에 과학, 기술과 경제의 발달로 인하여 세속화가 가속화됨으로써 사람들이 여태까지 당연시 여겨왔던 신의 존재가 어느 날 갑자기 사라져 버린 것을 발견하게 되었다. 막스 웨버는 이 현상을 '세계의 각성'이라고 불렀다. 그리고 물질적 풍요와 더불어 기성종교가 쇠하였던 것은 사실이다. 이미 19세기의 포이에르바허, 마르크스, 니체와 프로이드는 인류의 이성의 발달과 더불어 종교는 사라지고 말 것이라고 예언했고 하비 콕스(Harvey Cox)는 1960년대 이들의 사상을 그대로 수용하며 세속신학을 주창했고 밴부렌(van Buren) 등 사신 신학자들은 신의 죽음을 선언했다. 그러나 오늘날 기성 종교 안에서 영성운동, 종교권 밖에서는 개인의 초월을 추구하는 뉴 에이지(New Age) 형태의 종교운동, 불교, 도교, 힌두교 등 동양종교의 서양유입 등이 일어나고 있다.

미국 정치학자 헌팅턴(Samuel P. Huntington)은 공산주의의 붕괴에 따라 종교가 이념을 대체할 것이고 21세기의 국제분쟁은 종교 때문에 빚어질 것이라고 말했다.[34] 그러나 그의 견해는 부분적인 현상에 불과한 것으로 이것을 보편화하여 종교 간의 갈등과 대립을 필연적으로 본 것으로 옳다고 할 수 없다.[35] 이러한 헌팅턴의 견해는 동경대 하스미 시게히코 총장이 지적하는 것처럼 앵글러 색슨 중심적인 문화 구상으로 '아시아를 유교문화권으로 보고 그것이 이슬람 문화권과 제휴하여 유럽 문명을 위협하는 존재가 된다'는 견해로 위험한 발상이라고 할 수 있다.[36]

하랄트 뮐러(Herald Müller)는 정교문명의 핵심인 러시아와 유교문화의 핵심인 중국, 그리고 이슬람의 핵심인 터키 간의 반서구적 결탁은 보이지 않는다고 피력한다. "이슬람은 앞으로도 복수주의적일 것이며, 아시아도 마찬가지이다. 이들 간의 반 서구적 동맹은 즉흥적, 항목별, 일시적일 것이다. 위기가 닥치면 즉흥적 동맹이 위협적으로 보일 수 있다. 하지만 즉흥적 동맹에서 지속적인 세계정치 조직이 생겨날 수는 없다."[37]

다가오는 21세기는 서구중심적인 문화를 극복하고 동서가치를 초월하는 지구촌윤리를 세워나가야 할 것이다. 현재 중동지역, 발칸반도, 인도네시아처럼 종교간 대화와 이해의 부족으로 커다란 분쟁과 전쟁이 지속되는 곳이 많지만, 반면 남아프리카공화국이나 필리핀, 북아일랜드처럼 여러 종교와 종파가 연합해서 분규를 종식시키고 민주국가를 건설하고 있다. 스위스 신학자 한스 큉은 "21세기에는 동 서양종교가 상대지역에서 서로의 약점을 보완하며 공존하게 될 것"[38]이라고 전망한다.

(10) 현존 우주의 과학기술적 진화: 우주의 운명에 대한 이성적 예측

미치오 카쿠는 그의 저서 『비전 2003』에서 현대과학의 첨단기술의 진화를 신앙하면서 우주의 새로운 차원으로 발전을 예시하고 있다. 그는 인류가 발전시킨 3가지의 기술혁명, 양자이론, 컴퓨터공학, 생명공학의 결합으로 '신의 마음을 읽을 수 있는 모든 것의 이론'을 향하여 나아가고자 한다. "모든 것의 이론은 벌레구멍의 존재여부, 타임머신의 가능성 여부, 블랙홀의 중심부에서 벌어지고 있는 일, 빅뱅의 근원 등을 해결하는 데에도 엄청난 도움이 될 것이다. 우주학자 스티븐 호킹이 밝혔듯이 이 이론은 우리에게 '신의 마음을 읽을 수 있는' 능력을 줄 것이다."[39] 그는 양자 우주론에 의거하여 "우주가 여러 개의 평행한 상태에 존재할 수 있다"는 '다중우주'(multi-universe)를 상정한다. 그리고 '태초에 우주는 작은 거품이었다'고 상정한다. "태초에는 아무것도 없었다. 공간도 없었다. 시간도 없었다. 물질도 에너지도 없었다. 그러나 양자원칙들은 존재하고 있었다. 양자원칙에 의하면 반드시 불확정성이 존재해야 하므로, 아무것도 없는 무의 상태조차 불안정해져서 무엇인가 작은 입자들이 형성되기 시작했다."[40]

카쿠는 우주의 궁극 미래, 운명에 관하여 예측한다. 우주가 팽창하든지 수축하든지 어느 상태든 우주에 사는 인간은 우주와 함께 종말을 고할 수밖에 없다. "어느 쪽이든 우주는 죽을 것이다. 그리고 지능이 있는 모든 생물들도 운명을 같이 할 것이다. 우주 그 차제의 죽음으로부터 탈출할 수 있는 것은 아무것도 없는 것처럼 보인다."[41] 그러나 카쿠는 과학기술 IV 타입의 발전[42]에 탈출구를 제시한다. 그것은 '과학의 네 번째 기둥, 즉 시공연속체를 마음대로 조작할 수 있는 힘을 갖게 될 가능성의 존재'가 되는 것이라고 본다. "타입 IV의 문명은 다양한 우주들을 항상 연결하고 있는 현미경적인 벌레 구멍들을 넓혀서 우주와 우주 사이를 오갈 수 있게 될 것이다. 만약 타입 IN 문명이 우주와 우주 사이를 오갈 수 있는 커다란 벌레구멍을 만드는 데 필요한 엄청난 에너지를 마음대로 다룰 수 있다면, 이 벌레구멍을 통해 우주의 죽음으로부터 탈출시킬 수 있을지도 모른다."[43] 이 탈출을 가능하게 해주는 수단이 바로 양자역학, DNA이론, 컴퓨터공학이라는 것이다. 그리하여 그는 과학기술에 의한 진화론적 우주관을 제시하고 있다.

4. 변혁적 문화이념과 신문명

하나님을 알지 못하는 현대 저널리즘은 새로운 천년에 담길 내용물을 '21세기적 휴머니즘과 인간을 섬기는 정보화' 로서 제시하고 있다.[44] 그러나 진정한 휴머니즘이란 삼위일체적인 하나님 중심적인 문화일 때 가능하다. 하나님은 창조주시며 구속자이시며 역사와 우주의 완성자이시기 때문이다. 인간은 하나님의 형상으로 지음을 받았고 하나님 안에서만 진정한 삶의 의미와 가치와 행복을 발견할 수 있기 때문이다. 성경이 말해주는 골고다 사건은 신본주의적 인간구속을 말해주기 때문이다. 진정한 문화이념은 개혁신앙에 입각한 세계관에서 찾을 수 있다. 그것은 인간 중심이 아니라 하나님 중심의 세계관이다.

(1) 개혁신앙은 문화전환에 변혁적 역동성

첫째, 개혁신앙은 문화에 대하여 보수주의적 반문화를 주장하지 않고 오히려 문화에 대한 하나님의 일반은총을 인정한다. 개혁신앙은 대중문화를 하나님의 일반은총의 영역으로 인정하고 문화의 사명을 강조한다. 카이퍼(A. Kuyper)가 말한 같이 기독자는 문화영역에서 세속주의자에 대하여 영적 전쟁 속에 있다. 세상문화는 누가 그 문화를 지배하느냐에 따라서 주인이 결정되기 때문이다. 그리스도의 영이 지배하든 사단의 영이 지배하든 문화영역은 결단코 중립적이 될 수 없다.[45]

둘째, 개혁신앙은 문화에 대하여 세속주의적 영합성을 선언하지 않는다. 오히려 세속문화에 대한 변혁적 역동성을 강조한다. 개혁신앙은 대중문화를 세상의 권세 아래 맡기지 않는다. 오늘날 대중문화가 상업주의와 결합하여 포르노물과 폭력물로 주도되는 것에 관하여 이에 침묵하지 않고 건전한 윤리와 도덕과 공동선에 호소하면서 이를 비판하며 이에 대한 대안으로 복음의 문화를 제시한다.

(2) 인간중심이 아니라 그리스도 중심

디지털 문화는 우리에게 많은 편의를 가져다주지마는 어두운 측면도 있다. 그것은 보안문제와 사생활 보호문제이다. 모든 것이 자동화됨으로써 일자리를 잃게 되는 문제는 또 다른 일자리가 창조된다는 점에서 균형을 유지할 수 있으나 보안과 프라이버시에 관해서는 해야 할 일이 많다. 많은 사람들이 신용카드 번호를 도용당하거나 인터넷 번호를 도용당하고 있다. 마약거래상이나 테러리스트가 이런 개인정보를 도용한다면 안전이 위해를 받게 된다.

사생활의 보호가 디지털 시대의 과제이다. 소비만을 위한 것이 아니라 인간성을 위한 디지털 문화를 만들어야 한다. 인간이 비록 디지털 문화 속에 있다 하더라도 여전히 이기심과 탐욕 속에 있기 때문에 새로운 문명의 이기가 인간성을 변화시키는 것은 아니다. 문명의 이기는 바로 인간이 사용하는 그릇에 불과하기 때문이다. 디지털 그 자체는 선한 것이다. 디지털도 세속의 것이 아니라 그리스도의 것이다. 아날로그 방식이 하나님이 주신 것이듯이 디지털이란 방식도 하나님이 인류를 위하여 주신 것이다. 여기서도 여전히 그리스도는 디지털 문화의 주로서 통치해야 한다.

(3) 범신론이 아니라 하나님 주권

첫째, 개혁신앙은 자연에 대한 세속주의적 접근을 거부한다. 하나님은 인간을 자연의 청지기로 창조하셨기 때문이다. 자연은 인간의 소유물이 아니다. 그것은 인간이 마음대로 개발하고 착취해야할 대상이 아니다. 자연은 하나님의 것이다. 인간은 하나님이 만드신 정원의 청지기일 뿐이다.[46] 정원사로서 인간은 하나님의 정원인 이 자연과 우주를 관리하는 책임을 부여받았을 뿐이다. 그러므로 개혁신앙은 어떤 형태로든지 자연을 착취하는 인간의 시도를 비판한다. 현대 인류의 개발과 성장위주의 정책은 세속적 과학기술주의에 입각한 것으로 하나님의 자연인 정원을 파괴해버렸다. 그리하여 인간이 살 수 있는 동산인 지구가 생태적으로 파괴됨으로써 인간의 생존 역시 위협받고 있다. 오염된 물과 공기, 자원 고갈, 지구온난화, 기상이변, 지구의 사막화 등에 의하여 인간은 각종 질병과 재해에 시달리고 있다.

둘째, 개혁신앙은 범신론적 경향을 거부한다. 개혁신앙은 세속주의적 자연관과는 달리 자연을 신격화 하는 사상을 거부한다.[47] 자연은 신이 아니라 신의 창조물이요 그 자체가 신성한 것이 아니라 하나님의 창조의 영이 그 속에 거하시므로 신성하게 되는 것이다. 자연의 신성한 가치는 자신의 고유한 가치(Eigenwert der Natur)가 아니라 창조주로부터 부여받은 '이차적 거룩성'(sekundäre Heiligkeit)이다.[48]

장회익이 제시하는 온 생명(Global Life)사상은 환경친화적 사상이긴 하나 진화론에 근거하고 있다. 그는 다음같이 피력하고 있다. "지구상에 존재하는 모든 생명현상을 개별적 현상이 아니라 전일적 실체로 파악"하고 이것을 온 생명이라고 명명하고 있다. "150만년 지구의 역사에서 35억 년전 '온 생명' 이 탄생한 것은 지구사상 커다란 사건이었다. 자아를 가진 인류의 탄생은 '온 생명' 이 진화과정에서 두뇌를 갖고 깨어남을 의미한다."[49] 이러한 그의 온 생명사상은 진화론에 기반한 것으로 우주를 자연발생적인 것으로 범신론적인 것으로 보고 있다. 우주를 자연발생적인 것으로 보는 것은 하나님을 믿는 것보다 더 큰 세속적 믿음을 수반한다.

셋째, 개혁신앙은 자연과 환경과의 연대성을 강조하면서 하나님 중심적인 환경친화적 사상을 강조한다. 창세기는 인간의 환경친화 및 연대성을 가르쳐 준다. 인간은 자연과 동떨어져 지음 받지 않고 하나님이 아름답게 창조하신 동산 속에 그 동산의 한 부분으로서 창조함을 받았다. 인간은 자연의 주인이 아니라 하나님이 지으신 자연의 한 부분으로서 그러나 이 자연에 유기적으로 연대를 지니는 존재로서 지음을 받았다. 인간은 하나님이 주인이신 동산에 거하도록 그리고 그가 지으신 창조물의 이름과 가치를 알도록 지음을 받았기 때문에 인간은 자연에 대하여 하나님께 책임을 져야 한다.

(4) 기술의 신격화가 아니라 하나님 주권 인정

개혁신앙은 기술의 상업화나 신격화가 아니라 기술의 의미와 목적을 질문하는 생명문화를 창조해야 한다. 생명공학은 유익과 함께 해악을 지니고 있어 두 가지의 얼굴을 하고 있다.[50]

첫째, DNA는 하나님이 생명에 부여한 특별한 암호이기 때문에 이 암호는 하나님의 영광이 아닌 인간의 욕심을 채우기 위해 조작해서는 안 된다. 이러한 행위는 인간이 하나님의 영역을 침범하는 과학적 범죄이다. 비치료적인 유전자 조작은 하나님 형상대로 지음 받은 인간의 개인의 존엄성을 부인하며, 생명존중의 요구를 무시하며, 나와 너의 관계에서 파생되는 기본적인 인간관계를 증진시키기보다 파괴시킨다.[51] 그러므로 생명공학의 선언문 내지는 법적 규제가 뒤따라야 한다. 현재 한국에서는 생명공학 시행령 제15조에 의해 '사람을 대상으로 하는 유전자 재조합 등 인간의 존엄성을 해치는 결과를 가져올 수 있는 실험' 에 대한 지침을 규정하고 있을 뿐 구체적인 사항에 대해선 아무런 언급이 없다.

둘째, 인간의 생명을 인간개체를 임의적으로 조작하려는 시도는 하와가 선악과를 따먹으려는 교만한 행위이다. 이것은 침팬지에게 인간의 정자를 수정시켜 원숭이 인간을 만들려는 고의적 의도 내지는 복제인간을 만들려는 고의적 시도와도 같은 것이다. 더욱이 개체복제(individual cloning)는 신에 대한 제2의 반항이며 이것은 인간을 생물학적 멸망을 가져갈 위험성을 배제할 수 없다. 비정상유전자의 치료가 아닌 정상유전자를 바꾸는 행위는 창조주 하나님의 섭리를 인위적으로 거슬리는 것으로 이를 허용할 수 없다.[52] 이것은 기독교 윤리적으로 허용될 수 없다. 단지 유전자 치료를 위하여 인간의 중요기 관인 심장, 혈관 등이 형성되는 간세포를 얻기 위한 배아복제(embryo cloning) 는 제한적으로 허용 가능한 것을 고려할 수는 있을 것이다.

셋째, 생명과학을 절대시하여 생명 설계도를 모두 판독하면 생명 그 자체까지도 창조가 가능하다는 생명 기계론 주장이 대두되고 있다. 이들 생명 기계론자들은 물질을 완벽하게 또는 정교하게 조립하면 그 속에서 정신이 발 현한다고 주장한다. 그 정신은 DNA의 정보에 의하여 가능하다는 것이다. 이 러한 생명 기계론자들은 생명현상을 불러일으키는 것은 물질이라는 견해를 지니고 있다. 이것은 과학 지상주의의 표상이며 이것은 생명현상에 인간에게 영혼을 주입하시는 창조주의 초자연적 개입을 부인하는 것이다.

넷째, 생명공학기술은 이 기술의 부정적인 측면을 인식하면서 그 대책 을 강구해야 한다. 이미 프랑스의 기독교사회학자 자크 엘룰(Jacques Ellul)이 지적한 바같이[53] 오늘날 배아복제 줄기세포의 기술발전은 잘못 오용되어 동물 의 것을 인간에게로 이식하게 될 때 나타날 수 있는 반인반수의 기형물이 나타 나게 되는 인간의 실수와 오용을 심각하게 고려해야 한다. 그런데 과학기술에 대한 낙관주의자들은 그 긍정적인 면을 부각시키면서 그 부정적인 부작용을 고려하지 않고 있다. 이러한 인간의 탐욕적 시도는 판도라 상자를 여는 것 같 은 재앙의 시초이다.

(5) 문화의 종말론적 차원 설정

개혁신앙은 문화의 종말론적 차원을 설정해야 한다. 그것은 다음과 같다.

첫째, 문화는 하나님의 역사와 섭리 가운데서 그 가치와 한계를 가진 다. 문화는 하나님의 일반 은총으로 인간에게 선물된 것이다. 하나님은 인간 에게 "복을 주시고 생육하고 번성하여 땅에 충만하라, 땅을 정복하라, 바다의 고기와 공중의 새와 땅에 움직이는 모든 생물을 다스리라"(창 1:28)는 창조의 명령을 주셨다. 이 명령은 바로 문화명령(cultural mandate)이다. 하나님은 인간에게 역사를 문화창조의 시공간으로 허락하셨다. 오늘날 첨단과학기술과 정보화 기술, 생명공학의 기술의 문화야말로 하나님의 창조의 축복이 실현된 것이라고 볼 수 있다. 이러한 인간의 문화창조의 기준은 인간자신에게 있는 것이 아니라 인간에게 문화창조의 재능과 역사라는 시공간을 부여하신 하나님에게 있다. 창세기는 근본적으로 인간의 문화사역을 긍정한다. 그것은 하나님의 일반적 축복이며 창조의 명령(creation mandate)이기도 하다.

둘째, 문화업적이 하나님의 심판 앞에 있음을 인정한다. 인간은 문화의 청지기이다. 인간은 하나님으로부터 창조에 대한 청지기로서 삶의 환경을 보다 살기에 좋도록 개발하고 개간하는 자유를 부여받았다. 그러나 이 모든 것에 있어서 인간은 하나님에 대하여 책임을 져야 한다. 성경은 인간의 문화사역이 하나님을 거역하는 방향으로 나아가고 있음을 지적해주고 있다. 그 구체적인 예가 창세기 11장에 기록된 바벨탑의 사역이다. 이 탑은 단순한 탑이라기보다는 지그랏(Ziggrat)이라고 불리우는 제단의 일종이었고 그 꼭대기에는 난나(Nanna)라는 달신을 섬기는 제단이 있었을 것으로 추정하고 있다. 여기서 인간은 하나님 대신에 우상을 숭배할 뿐 아니라 인간 자신을 신격화하고 있다. 고대인간의 문화적 타락은 "성과 대를 쌓아 대 꼭대기를 하늘에 닿게 하고 우리 이름을 내고 온 지면에 흩어짐을 면하자"고 하는 표현에서 드러나고 있다. 여기서 문화 사역에 나타난 인간의 교만과 명예추구와 하나님에 대한 반역을 찾아 볼 수 있다. 그래서 하나님은 강림하셔서 인간의 언어를 혼잡케 하시므로 바벨탑 사역을 중단시키신다. 이것은 하나님을 반역하는 인간 문화에 대한 하나님의 심판이다. 인간 언어의 혼잡에 의하여 인간들은 같은 언어의 그룹끼리 공동체를 형성하고 다른 언어그룹과는 결별하게 된다. 이것이 역사상 인류 종족의 이동이라고 이해할 수 있다. 여기서 우리는 "세계사는 곧 세계심판이다."(Die Weltgechichte ist das Weltgericht)라는 쉴러(Schiller)의 말처럼, 인간의 문화 사역이 역사의 내적 심판에 맡겨지는 것으로 이해할 수 있다. 바벨탑 사건은 비록 하나님의 개입으로 인한 수직적인 사건의 측면이 있지마는 그 결과는 인간언어의 혼란이라는 역사적이고 경험적인 사건으로 나타났기 때문이다.

셋째, 문화의 종말론은 하나님의 나라다.[54] 미치오 카쿠는 그의 책의 말미에서 '무한한 가능성으로 가득 찬 새로운 미래가 열린다'[55]는 명제로 끝나고 있다. 그런데 이제 소멸된 우주로부터 탈출해 나온 인류가 정박해가야 할 곳은 어딘가? 여기에 대하여는 카쿠는 언급하고 있지 않고 막연한 '광대한 미지의 진리의 바다'에 인류가 나와 있으며 이것이야말로 21세기 새로운 문명의 전망이라고 보고 있다. 여기에 과학의 한계가 있다. 카쿠는 아인스타인이 논구했던 통일장 이론, 모든 것의 이론이 '신의 마음을 읽는 것'이며, '우주에서 살고 이는 지능 있는 생명체들의 구원'이 될 것으로 상정한다. 통일장 이론이 있다면 그것은 하나님의 우주섭리의 하나에 불과할 것이다. 그것으로 우주에 대한 무한하신 하나님의 마음을 인간이 알 수 없는 것이다. 소멸된 우주에서 탈출해 나온 인류가 정박해야 할 곳은 어딘가? 창조주 하나님의 품을 떠나서 인류는 우주의 블랙홀 속으로 무한히 추락할 수밖에 없는 것이 아닌가?

성경은 문화 그 자체가 인간에게 이상향을 가져다준다고 보지 않는다. 인간 문화의 시공간인 역사는 종말을 지니고 있다. 그 종말은 예수 그리스도의 재림과 더불어 성취될 하나님의 나라이다. 사도 요한은 역사의 종말에 대한 비전을 하나님으로부터 계시 받았다. 계시록은 처음 하늘과 처음 땅이 지나가고 하나님이 주시는 새 하늘과 새 땅을 보여주고 있다. "내가 새 하늘과 새 땅을 보니, 처음 하늘과 처음 땅이 없어졌고 바다도 다시 있지 않더라."(계 21:1) 하나님이 이루실 나라는 결단코 인간의 과학기술의 발전과 더불어 나타날 이상향(utopia)은 아니다. 그것은 현재 유대교, 이슬람교, 기독교에 의하여 서로 영유권을 주장함으로써 분쟁의 대상이 되고 있는 옛 예루살렘이 아니다. 하나님은 새로운 도성을 예비하고 계신다.

"거룩한 성 새 예루살렘이 하나님께로부터 하늘에서 내려오니"(계 21:2). 하나님은 말씀하신다. "내가 만물을 새롭게 하노라"(계 21:5). "이루었도 다. 나는 알파요 오메가요 처음과 나중이라"(계 21:6). 하나님은 인간 역사의 시작과 끝으로서 인간 문화를 주권적으로 통치하고 계신다. 그러면서도 하나 님의 나라는 불연속성 가운데서도 현세의 나라와의 연속성을 말하고 있다. 하 나님의 나라에서도 우리가 이 세상에서 가진 일반은총으로서 좋게 보존된 것 은 그 가치를 갖는다. "만국이 그 빛 가운데로 다니고 땅의 왕들이 자기 영광 을 가지고 그리로 들어오리라 … 사람들이 만국의 영광과 존귀를 가지고 그리 로 들어오겠고"(계 21:24-26). 하나님이 각 나라의 대표에게 부여해주신 영광과 고유성은 그 빛을 발하며 각 민족들의 고유한 풍습과 언어도 그 가치를 갖는 다. 그러므로 기독교 종말론은 인류가 남겨온 위대하고 가치 있는 모든 예술 적, 문학적, 기술적, 정치적, 법률적 업적으로 무효화하는 것이 아니라 그것을 총괄 갱신하는 것으로 보아야 한다.[56] 우리의 지상에서의 문화적 활동은 다가 오는 하나님 나라에서 폐지되는 것이 아니라 변혁적으로 완성되는 것이다.

그러므로 기독교신자들은 종말론과 관련해서 문화 비관주의나 문화 무용론을 주장해서는 안 된다. 우리가 일반 은총으로 창조하고 누리고 있는 고유한 문화는 하나님의 나라에 이르기까지 그 가치를 지닐 것이기 때문이다. 역사는 과거에 살았던 인간들의 행동들에 관한 것이기에 역사는 기호들(signs) 에 대한 연구와 자취들(traces)에 대한 해석이다. 그러므로 리꾀르는 말한다. "역사는 해석의 장이다."[57] 역사는 인간 정신을 출현시키는 무대이다.

*

지나간 20세기는 풍요일변도의 탐욕으로 점철된 세기였다. 그리하여 온갖 부작용이 잉태되었다. 그 역기능을 바로 잡을 새로운 문명의 패러다임이 요청된다. 그것은 지구의 환경과 생명을 중시하는 패러다임으로 전화해야 하는 것이다. 21세기는 신본(神本). 생명 환경의 세기가 되어야 할 것이다. 신본은 인간을 위한 것이 되며 인본(人本)은 결국은 한계에 처할 수밖에 없다. 인간은 유한하며 죄인이기 때문이다. 진정한 인본은 신본(神本)에서만 가능하다. 21세기 문화에 중요한 것은 서양이나 동양의 어느 문화가 패권을 갖는 것이나 문화간의 충돌이 아니라 문화 간에 진지한 대화를 나누는 문화공존의 세계질서 창조가 중요하다.

chapter 3
21세기 시대정신과 개혁신앙

21세기는 다가왔다. 21세기의 첨단 기술은 컴퓨터 혁명과 유전공학의 혁명, 그리고 양자의 결합으로 이루어지고 있다. 새 천년의 이러한 문명의 도전 속에 교회와 신자는 주어져 있다. 21세기의 시대정신은 신기술로 불리는 과학기술주의, 정보화 메커니즘, 포스트모더니즘, 생태주의, 생명공학주의, 과학기술의 이상향, 범종교적 영성으로 특징지어진다. 이러한 문화사상에 의하여 주도되는 시대에 교회와 신자들은 어떠한 문화적 대응을 해야 할 것인가? 필자는 먼저 7가지 주도하는 시대적 사상을 논하고 그것에 대응하는 개혁신앙적 문화사상을 제시하고자 한다. 이것은 복음주의 신앙의 수행해야 할 문화변혁 신학의 구체적인 과제이다.[1]

*

1. 21세기 시대정신

(1) 과학기술주의: 신기술

20세기는 분석의 시대였으나 21세기는 합성의 시대이다.[2] 분석의 시대에서는 역사, 물리 등 각 전공별로 갈라졌다. 합성의 시대에서는 문화와 과학이 합하면 새로운 분야가 나온다. 무궁무진한 조합이 가능하다. 조합을 통해 새로운 영역이 창출된다. 21세기를 이끄는 기술혁명의 두 가지 축은 이론적 기초지식의 혁명과 소재기술의 혁명이다.

첫째, 기초과학의 발전이다. 20세기에 들어서면서 물리학이라는 이론적 기초지식이 등장하면서 전자, 통신, 컴퓨터 산업을 발전시켰다. 그리고 21세기는 생물학의 발달로 인해 의학과 농업기술이 혁명을 맞이하고 있다. 앞으로 사회는 물리학이나 생물학과 같은 이론적 기초지식을 바탕으로 해서 발전할 것이다.

둘째, 소재(素材)기술의 발전이다. 그 예가 통신망의 소재로 구리를 대신하는 광섬유의 등장이다. 그리고 또 한 가지의 예가 1986년 스위스 취리히 연구소의 베드노르츠 박사에 의한 '고온 초전도(高溫 超傳導)현상' 의 발견이다.[3] 초전도 재료는 초고속 컴퓨터에도 필수적이다.[4] 기초과학과 소재기술은 21세기를 이끌어 가는 힘이 될 것이다.[5]

21세기 과학기술이 고도로 발달하면서 양자혁명, DNA 혁명, 컴퓨터 혁명으로 새로운 과학 기술시대를 열어가고 있다. 21세기는 변화를 가속화시키는 획기적인 전환의 시대이다. 이 변화를 가속화시키는 원동력은 첨단 기술이다. 오늘날 컴퓨터의 발전과 생명공학의 발전은 21세기를 더욱더 예측불가능한 시대로 몰아가고 있다. 21세기는 천연자원이나 자본이 아니라 지식과 기술이 부와 번영의 원천이 된다.

최근 출판된 저서 『비전 2003』(*Visions: How science will revolutionize the 21st century*)에서 일본 출신 이론 물리학자요 미국 뉴욕시립대학 교수인 미치오 카구(Michio Kaku)는 21세기를 끌고 나갈 첨단 기술로서 양자역학, 생명공학, 컴퓨터 공학을 든다. 그는 다음같이 피력한다. "양자이론이 생체 분자 혁명과 컴퓨터 혁명을 촉발하는 기폭제가 되었다."[6] "양자 혁명은 트랜지스터, 레이저, X선 결정학, 분자 결합이론을 통해 컴퓨터 혁명과 생체 분자 혁명을 탄생시켰다."[7]

그러나 컴퓨터 혁명과 생체분자 혁명은 1950년대에 양자이론의 도움으로 시작된 이래 독자적인 발전과 성숙을 거듭하였다. 이들의 발전은 대부분 양자이론과는 관련이 없는 독자적인 것이었다. 컴퓨터혁명과 생명공학 사이에는 별로 교류가 없었다. 그러나 21세기에 들어와 이 세 가지 분야가 결합하면서 공동으로 상승효과를 일으키고 있다. 이것은 "과학의 발전에 있어서 획기적인 전환점이 될 것이다."[8] 그 구체적인 예가 이번에 발표된 유전자 지도 작성에서 나타났다. 이것이 빠른 시일에 가능할 수 있었던 것은 유전자 서열 규명작업이 컴퓨터에 의하여 자동화될 수 있었기 때문이다.

2020년경에는 실리콘 칩의 기술의 한계 때문에 마이크로 프로세서의 시대가 마감되고 광컴퓨터, 분자컴퓨터, DNA컴퓨터, 양자 컴퓨터가 개발될 것이다. 2020년에서 2050년경에는 상식을 갖고 있고 사람의 언어를 이해하고 주변의 사물을 인식하고 조작하며 실수를 통해 학습을 할 수 있는 진정한 자동 로봇시대가 열릴 것이다. 생명공학도 2020년경에는 새로운 문제들에 직면하게 된다. 기본적인 기능도 잘 알려지지 않은 수백만 개의 유전자들은 전산화 작업을 할 수가 없다.

생명공학은 "DNA 서열규명에서 유전자의 기본적 기능을 이해하려는 연구로 초점을 옮길 것이다."[9] 여기서 생명공학은 여러 개의 유전자 사이에 복잡한 상호작용에 의해 발생하는 다(多)인자적 유전병과 유전형질을 이해하려는 데에 초점을 맞추게 된다.

(2) 정보화 메커니즘

컴퓨터 혁명은 강력한 원거리 통신망과 경제적 네트워크를 통해 전 세계 사람들을 연결해 주고, 궁극적으로는 인공지능을 가능케 해준다. 2020년 경 되면 '편재하는 컴퓨터'(ubiquitous computing) 시대가 도래해 건물의 벽이나 손목, 넥타이핀, 신발 등 손닿는 모든 곳에 보이지 않게 컴퓨터가 장착되고 메모지처럼 저렴한 컴퓨터가 등장하게 되어 PC와 워크스테이션이 사라지게 된다.[10]

한국에서도 인터넷 인구가 2006년 3,000만 명을 넘어섰다. 인터넷은 국가의 부를 창출하고 소비자 선택의 폭을 넓혀준다. 전자투표로 민주주의 확산에도 기여하게 된다. 토지, 노동, 자본은 제한적이지만 첨단 정보통신 지식은 축적될수록 더욱 큰 부가가치를 발휘한다. 정보사회에서는 이미 고등교육을 받은 이들이 지식발전을 쫓아가는 만큼 인터넷을 통해 평생교육을 받으며 지식 근로자(knowledge worker)들은 이를 토대로 자신을 상품화하게 된다. 미국의 피터 드러커는 "이렇게 획득된 지식은 이동 이전이 가능하며, 앞으로 평생교육을 위한 인터넷 온라인 시장이 폭발적으로 확대될 것"으로 전망하고 있다.[11] 정보사회의 정보와 지식은 건물이나 재산처럼 고용주의 소유물이 아니어서 이동이전이 가능하기 때문에 지식근로자가 이것을 상품화할 수 있다.[12] 언제 어디서나 네트워크 접속에 가능하기 때문에 '유비쿼터스'(ubiquitous)라는 새로운 용어가 등장하였다.[13]

디지털문화 속에서는 '실재는 없고 광속만 흐른다.'[14] 디지털은 0과 1의 조화만으로 모든 것을 표현하는 정보처리방식이다. 메가(초당 100만 회)에서 기가(초당 10억 회)로 확장된 컴퓨터의 연산처리능력은 이제 테라(초당 1,000억 회)의 시대로 향하고 있다. 정보의 디지털화는 순식간에 무한한 복제품을 만들어 낼 수 있는 가능성을 열어주었기 때문에 디지털 문화에 저작권이란 새삼스레 중요해진다. 디지털 저작권이란 현실에서 가치를 담아 가상공간에서 정보를 파는 권리이다. 그것은 컴퓨터 통신이나 CD롬을 통해 작품을 감상할 수 있도록 디지털화하고 이에 대한 독점사용권을 보호하는 것이다.[15]

마셜 맥루한(Marshall McLuhan)의 말한 바같이 미디어를 '신체의 연장'으로 본다면, 컴퓨터를 선두로 하는 디지털문화는 '지능의 연장'이요, '삶의 연장'이라고 할 수 있다. 디지털은 금융과 증권정보처리 등 경제 분야와 물류통제, 생산 관리 그리고 예술 등 삶의 전(全)분야에서 혁명적인 변화를 가져오고 있다. 인간의 오감으로 분간할 수 없는 무한에 가까운 전자음계와 컴퓨터그래픽을 통한 환상적인 시뮬레이션(simulation)은 정교한 음과 미를 표현하도록 한다. 디지털문화는 쌍방향 커뮤니케이션을 가능케 하고 온라인 정치를 가능케 한다. 분해와 합성이 생명인 디지털은 이미 사이버공간을 통해 누구나 작가가 될 수 있도록 하는 등 독자와 작가의 관계를 수평화 했으며 독자와 함께 만드는 공동창작, 독자가 줄거리를 선택하는 하이퍼텍스트형 문학을 가능하도록 한다.[16]

이제 인터넷 공간은 권력이 만든 인위적 국경과 이데올로기, 정보의 통제가 없는 권력 해체의 공간이다. 이 공간은 그러나 실재(實在)가 아닌 광속(光速)만이 흐르며 광속에서 정보와 감정이 자유롭게 오가는 무한한 영역이다. 이 디지털 문화 속에서 섹스와 폭력이 넘치는 것은 사이버공간이 갖는 해방성과 만족감의 표출에 기인한다. 여기에 디지털 문화가 갖는 한계가 있다.《이코노미스트》지는 인터넷 낙관론의 가장 과장된 것으로는 인터넷이 전쟁을 예방하고, 대기오염을 줄이며, 여러 형태의 불평등을 퇴치할 것이라는 주장이라고 지적하면서 인터넷이 보편화되고 수년이 흐른 뒤 정보화 천국의 낙관론과 새로운 부의 원천이라는 기대들이 싸늘하게 식어가고 있다고 보도하고 있다.[17]

(3) 포스트모더니즘

포스트모더니즘은 다음같이 특징지어진다.

첫째, 과학주의를 비판한다. 근대 과학은 '새로운 메타언어', 곧 사실 언어를 제공했다. 그것은 사실의 언어가 유일하게 참된 언어라고 선언했다. 객관적으로 보편적으로 실증할 수 있는 과학의 사실세계가 유일하게 참된 세계라는 것이다. 그러나 20세기의 물리학의 새로운 발견은 이러한 근대적 과학적 신념을 무너뜨리고 근대 과학주의의 막을 내렸다. 양자 현상(quantum phenomena)은 실재자체가 분명히 확정할 수 없는, 비결정적 성격을 지닌다는 사실을 보여 주었다. 물질의 본질에 대한 과학적 명제란 단지 근사치만을 보여줄 뿐이다.

둘째, 이성주의를 비판한다. 포스트모더니즘은 근대과학이 주장한 이성적 합리주의에 대한 비판을 제기하였다. 이성의 보편적 체계에 대한 회의를 시작한 것이다. 모더니즘은 대량 생산, 대량 소비, 거대 도시, 독재국가, 보기 흉하게 쭉 뻗어 있는 주택단지, 민족국가를 만들어 냈다. 그러나 이러한 모더니즘의 성과는 쇠퇴하고 있다. 그리하여 포스트모더니즘은 모더니즘이 주장한 이성론에 대하여 회의를 야기시켰다. 후기현대의 고도정보사회, 고도소비, 첨단 과학기술이 이러한 회의를 자극한다. 이러한 모더니즘의 성과 대신에 유연성, 다양성, 차별성, 유동성, 의사소통, 탈 중심화, 국제화 등이 증가추세에 있다.[18]

셋째, 진리와 가치의 상대주의를 주장한다. 부정적인 포스트모더니즘인 해체주의는 '본래적 의미', '의미 그 자체'와 같은 객관적인 의미를 부정한다. 의미란 사물에 있는 것이 아니라 사이에 있다. 의미는 상호 작용, 상호 연결, 교차, 교차로에 있다.[19] 의미는 상호관계적인 관점에서 반복적으로 나타나고 사라진다.

포스트모더니즘은 책의 관념을 제거하고 텍스트의 관념을 제시한다.

책의 관념은 서구의 전통적 신학적 사고의 산물이다. 텍스트의 개방성은 책의 닫힘(closure of book)을 찢는다. 모든 텍스트는 컨텍스트이다.[20] 텍스트는 텍스트 사이(inter-text)일 뿐이다. "텍스트 세계에서 원본은 없고 모두가 모두의 사본(寫本)일 뿐이다."[21] 텍스트란 곧 세계이다. 세계라는 텍스트는 같음과 다름이 무한한 연쇄성을 종횡으로 이어가면서 생기는 직물이요 티슈와 같다. 텍스트 외에는 사실이 없다. 텍스트 밖에는 실재가 없다. 현실이란 텍스트에 불과하다는 것이다.

(4) 생태주의

오늘날 우리 인류가 지상에서 산업화로 인하여 차츰 증가시키고 있는 자연의 파괴는 자연에 대한 우리 태도의 전향을 요구하고 있다. 생태학적 위기는 1992년 6월 브라질 리우 회의를 통하여 지구촌의 공동관심사가 되었다.

생태계의 위기는 근대적 데카르트적 사고에 기인하고 있다.[22] 데카르트적 사고는 맹목적 진보신앙(blinder Fortschrittsglaube)에 의하여 지배되었다. 진보신앙은 무제한한 생산, 절대적인 자유와 무제한적 행복의 3요소에 의하여 주도되었다. 그것은 인간의 지배요구를 자연에 대한 더 나은 지식의 근거 위에서 정당화하기 위해 자연에 대한 새로운 해석의 길을 찾고자 했다. 자연의 파괴란 자연이 인간의 기술적인 개발과 발전계획의 피할 수 없는 제물이 된 데 기인한다. 여기서 생태주의가 나왔다. 생태주의는 더 이상 자연을 지배하고자 하지 않고 인간 삶을 자연친화적으로 하는 삶의 지혜이다. 자연의 생태적 리듬과 삶을 파괴하지 않고 살리는 방향에서 '유지가능한 개발'(sustainable development)이라는 슬로건을 리우 회의는 내놓았다.

2005년 8월 29일 미국 뉴올리언스와 미시시피만(灣) 일대 저지역을 초토화시킨 허리케인 카트리나 재앙에 대하여 미국의 미래학자 제러미 리프킨는 이것을 단순한 자연재앙으로 보아 넘길 것이 아니라 미국이 저지른 환경오염에 대한 자연의 보복으로 보아야 한다고 피력한 것은 주목할 만하다. "풍속 233km의 허리케인 카트리나가 미국의 멕시코 만을 삼켜버렸다. 그리고 피해자들의 시신이 해변에 널브러져 있는 사이 이상한 정적이 흐른다. 워싱턴 관리들이 비밀이 새나갈 것을 두려워하며, 입을 다물고 있는 것이다. 살인 폭풍 카트리나는 늘어난 이산화탄소 방출과 지구 온난화의 엔트로피 계산서라는 비밀을……."[23] 그는 미국은 "차량 중 52%가 엄청난 이산화탄소를 내뿜는 SUV(소포트형다목적차량)"을 운행하고 있으며, "전 세계 연구의 5%도 안 되는 미국이 세계 화석연료 소비량의 1/4을 썼다."[24]고 지적하였다. 그리고 그는 미국이 이번 재앙을 계기로 에너지 소비패턴을 바꾸는 환경보호운동에 힘써야 할 것을 제언하였다.

생태주의에는 두 가지 방향이 있다. 하나는 인본주의적 생태 사상이고 다른 하나는 생태중심적 생태사상이다. 전자는 오늘날 과학기술적 생태사상으로서 생태위기는 더 첨단 과학기술로서 극복될 수 있다는 사상이다. 후자는 생태의 고유한 가치를 인정하고자 하는 사상으로 여기에는 가이아 이론이 있다. 가이아 이론은 범신론적 자연사상에 기초하고 있다.

(5) 생명공학주의

오늘날 유전공학 기술과 컴퓨터 기술이 결합되어 과학기술적이고 상업적인 강력한 생명공학이 형성되고 있다. 그리하여 '유전정보학'(bioinformatics)이 발전되고 있다. 2000년 3월 내한한 앨빈 토플러는 한국일보와의 인터뷰에서 "유전공학의 발달로 지능로봇이 등장, 사람과 같이 독자적으로 생각할 수 있는 시대를 제4의 물결시대라고 생각한다."고 밝힌 바 있다.[25]

이미 기본 작업이 끝난 인간 게놈프로젝트(Human Genome project)는 첫 단계로 인간을 구성하는 정보가 담겨있는 총 30억 쌍의 유전자(DNA) 염기서열을 해명하였다. 이 유전자 지도의 완성으로 사람을 구성하는 기본단위가 무엇인가를 알 수 있는 시대가 열리고 있다. 이 프로젝트는 개인의 서열이 어떤 차이가 있는지를 분석하는 비교유전체학(Comparative Genomics)과 유전자들이 각각의 기능이 무엇인지를 분석하는 기능유전체적 연구(Functional Genomics)의 단계로 나아가게 된다. 앞으로 전 세계적으로 유전자 서열의 정보가 공개되면 생명공학은 한꺼번에 수백 개의 유전자 기능을 분석할 수 있게 된다. 그리하면 대량의 유전자들을 이용하여 특정질환의 진단이 가속화하고 질병발생시기를 예측할 수 있는 시대가 열린다.

특정질환과 관련된 유전자들을 한 곳에 모은 유전자 칩(DNA Chip)으로 질병을 진단하는 시대가 오게 된다. 게놈서열정보가 무한히 공개됨에 따라 이들 정보로부터 유전자기능을 분석하는 데 유용한 정보만을 가공하는 게놈정보학(Genome-informatics)이 급속도로 발달할 것으로 예측하고 있다.[26] 또 유전자기능 분석용 소프트웨어 산업이 발전하고 유전자 자체가 지적 재산권이 되는 시대가 열리게 된다.

유전자 치료의 대상은 사람형체를 갖추지 못한 수정란 단계까지 거슬러 올라간다. 아예 부모의 정자와 난자, 또는 초기 수정란 단계에서 유전자를 검사해 아기가 병에 걸릴 싹을 제거하자는 의도다. 이 방법이 성공하는 순간, 대를 이어 집안을 괴롭혀 온 가족의 병력은 종말을 고한다. 수정란 단계에서 유전자 치료를 받을 경우 그 자손은 더 이상 질병유전자를 전달 받지 않기 때문이다.

영국정부가 체세포 핵이식과정 거친 후 배양된 융합 난자를 가리키는 배아(胚芽)복제(embryo cloning)를 허용한다는 사실이 보도되었다. 의료용 간(幹)세포(stem cell)를 만들기 위한 것이다. 간세포는 심장이나 신장, 간, 혈액, 신경 등 인간의 온갖 장기와 신체조직으로 발전할 가능성을 갖고 있는 줄기세포 내지 만능세포라고 불리어진다. 배아복제가 가능하게 되면 배아 간세포의 분화과정을 미리 통제 배양할 수 있다. 그래서 환자가 필요한 세포를 언제든지 환자에게 이식할 수 있기 때문에 어떤 질병이든 치료할 수 있게 되는 것이다. 예를 들면, 백혈병 환자라면 자신의 피부세포를 채취해 간세포를 복제한 뒤 이를 이식용 골수세포로 만들 수 있다. 그래서 배아복제가 갖는 의학적 잠재력은 무한하다고 생명공학자들은 말하고 있다.[27] 생명공학의 혁명이란 어떤 유전자를 삽입, 재조합, 삭제하여 자기 자신과 후손을 수정, 변형, 조작하는 기술적 처방이다. 이것은 예술이 아니라 교묘한 기술이다. 무제한한 소비자의 선택에 의거한다.[28]

그러나 제레미 리프킨(Jeremy Rifkin)이 말하는바 같이 생명공학의 세기는 세속의 명예와 쾌락을 얻는 대가로 악마 메페스토펠레스에게 영혼을 내어주는 파우스트의 거래와 같은 형태로 우리인류에게 다가오고 있다.[29] 유전공학은 역사상 그 어떤 기술혁명보다도 걱정스러운 문제를 야기시키고 있다. 유전공학적으로 처리된 생물체는 생태계에 유전자 오염을 초래하지는 않는가? 생명을 특허의 대상으로 삼는 것은 생명의 신성함과 본질적 가치를 부정하는 것이 아닌가? 아기들이 주문하는 대로 유전적으로 디자인하여 만들어지고 사람들이 유전자형을 기준으로 신원이 확인되고 분류되어 차별을 받는 세계에서 인간의 존엄성은 위험에 직면한다.

(6) 과학기술의 이상향

미치오 가쿠는 그의 저서에서 "21세기의 약속"을 말하고 있다. 20세기에 이미 놀라운 발전을 이룩한 첨단 기술은 21세기에도 지속적으로 발전하면서 인류가 상상도 하지 못했던 새로운 세상을 가져다 줄 것을 약속하고 있다. 물론 그는 첨단 기술이 인류에게 유토피아적 미래를 가져다준다고 주장하지는 않으나 미래에 대한 긍정적인 전망을 하고 있다.[30] 인류를 복지적 이상향으로 이끌게 될 도구는 다음 세 가지 첨단 기술이다. 그것은 컴퓨터 혁명, 생체분자 혁명, 양자 혁명이다. 세 가지 과학혁명에 의해 컴퓨터가 종이처럼 흔해지고, 각종 난치병의 치료법이 발견되고, 분자처럼 작은 기계들이 사람 대신 우주를 누비고 낯선 세계를 탐험하게 될 것이다.

미치오 가쿠는 2050년에서 22세기가 밝아 올 무렵 과학과 기술은 비약적인 발전을 하게 될 것으로 예측하고 있다. 로봇이 서서히 어느 정도는 자기의식과 나름대로의 의식을 갖게 될 것이다. 로봇들은 스스로 결정을 내리고 비서, 하인, 조수 등의 역할을 할 수 있기 때문에 사회에서 로봇은 더욱 쓸모 있는 존재가 될 것이다. DNA 혁명도 상당한 수준까지 진행하여 생체 유전학자들은 단순한 몇 개가 아니라 수백 개의 유전자들을 전이시켜 새로운 유형의 생명체를 만들어 낼 수 있을 것이다. 2100년 이후에는 인간 두뇌의 신경계를 컴퓨터에 복제할 수 있게 된다. 그리하여 인류는 새로운 생명체를 설계할 수 있는 능력을 가지게 될 것으로 내다보고 있다.[31] 그러나 여기에는 많은 윤리적 문제가 도사리고 있다.

미치오 가쿠는 앞으로 지구가 대규모 혜성 충돌 같은 거대한 천재지변을 겪지 않는다면 또는 천재지변을 미연에 방지 할 수 있는 기술을 갖춘다면 인류는 궁극적으로 지구를 벗어나 은하계를 향해 뻗어 나가는 문명을 이룩하게 될 것을 예견하고 있다. 여기에는 기계기술에 대한 그의 낙관론이 깔려 있다.

(7) 범종교적 문화

19세기와 20세기에는 전통적인 종교가 쇠퇴하고 무신론 내지 탈종교화가 점차 가속화 하였다. 이미 니체, 마르크스, 프로이드는 종교의 소멸을 주창했다. 이들은 기계기술을 신의 대용으로 간주하였다. 기계기술로 인간은 이 세계를 세속화 하면서 모든 신비적 영역을 비신화론화 시켰다. 그리하여 신의 영역은 인간의 세속화 과정 속에서 밀려나갔다. 인간 자율성과 인간 성숙성이 강조되면서 무신론과 탈종교화 시대의 도래가 선언되었다. 하비 콕스(Harvey Cox)는 세속도시를 종교가 없는 도시라고 규정했다.[32] 이미 1960년대 미국에서는 사신론 논쟁이 일어났다.

그러나 후기 산업사회에서 이들이 예언한 대로 종교의 소멸은 일어나지 않았다. 그 대신 일어난 것은 각종 이데올로기, 이상향주의, UFO 종교, 마약운동, 과학기술 신격화 운동 등 세속적 종교운동이었다.[33] 그리고 각종 점성술, 점, 미신, 요가, 명상, 뉴에이지 운동이 전통 종교의 자리에 들어서고 있다.[34] 점성술과 복술에 관한 서적이 세계적으로 크게 붐을 일으키고 있다. 1987년과 1989년 사이 이러한 신흥 종교그룹이 400개나 새롭게 생겨났다. 이들 신흥그룹에서는 매일의 삶과 초월적인 것과의 연계가 있다. 더군다나 뉴에이지 종교가들은 외면적 권위를 거절하고 눈을 내면으로 돌려서 그 속에서 영성의 체험과 영혼과의 접촉을 배우도록 강조하고 있다. 이러한 영적인 것의 체험이 급격한 변화 속에 있는 현대인들에게 안식을 주는 것이다. 1987년 미국 내에서는 전인구의 5-10%가 뉴에이지 운동에 속하고 있다고 추산되었다.[35]

미국의《오늘날의 기독교》(*Christianity Today*)의 협동편집자, 제프 M. 셀러스(Jeff M. Sellers)는 2003년 2월 "더 높은 자이가 기업으로 내려오다. 옛 운동이 기업계에서 새로이 나타나다."라는 글에서 21세기 뉴에이지의 모습을 보여주고 있다. 그것은 뉴욕 맨하탄 호텔에서 여러 기업인들이 모여서 하는 2012년 이상적인 기업 이사회의 모형적인 실연이다. 의장은 말한다. "우리가 오늘 내리는 모든 결정이 가치와 사랑에 의해 주도되기 바랍니다. 그것에 대해 명상합시다. 우리의 직관을 모든 수준에 맞춥시다." 그리고 세라톤 뉴욕호텔과 타워에서 '기업의 영 세계 대회'(the Spirit in Business World Conference)에 500명 이상의 기업인들과 각종 '변화 대행자들'(change agents)이 3일간 서로간의 내면적 힘의 해방을 돕기 위하여 모인다. 이들은 세계를 변화시키는 성인이 된 운동의 부분으로서 세계 끝까지 진출하고자 한다. 기업 영 집회의 어느 여성 참가자는 영적 낙원을 향한 신비적 진화에 대한 믿음을 암시한다. 그녀는 2012년의 이사회 모임의 세미나 그룹의 시각화의 부분으로 외쳤다. "우리는 의식적으로 변형되고 있다."[36]

이에 반해서 미국의 주요 기독교 교단에서 신자 수는 1960년대 이후

현격히 줄어들고 있다. 더욱이 대학졸업자들은 교회가 영적인 영양공급이 결여된 것에 대하여 특히 비판적이다.[37] 사람들의 신앙적 요구는 커지나 교회가 이러한 영적인 욕구를 충족시켜주지 못했기 때문이다. 미국 아칸사스 주 리틀록(Little Rock)의 감리교 주교 윌크(Richard Wilke)에 의하면 "주요 교단이라고 알려진 우리 교회들은 이제 '구식 교단' (old line)이라고 불리어진다.", "전통교회들은 어려움 속에 있다. 이제 신자 수는 더 이상 인구가 증가하듯이 늘지 않는다."[38]

2005년판 미국 캐나다 교회연감에 의하면 주류 개신교단 신자수가 감소한 것으로 밝혀지고 있다. 그리하여 보유 신자 수에서는 주류에서 밀려나고 있는 것으로 드러나고 있다. 주류 개신교회로 분류되는 교단들로 미국 복음주의 루터교회가 1.05%, 미국 장로교회가 4.87%, 루터교 미주리 시노드(Lutheran Missouri Synod)가 0.95%, 미국성공회가 0.57%, 미국 침례교회가 3.45%, 연합그리스도교회가 2.58% 감소했다. 주류 개신교단 가운데 연합감리교회는 2004년 연감에서 825만 1,042명의 신자수를 기록하고 2005년 연감에서는 825만 1,175명을 기록해 양호한 성적 0.002% 증가율을 나타냈다. 미국 가톨릭교회는 6,725만 신자수를 기록해 최대교단의 자리를 지키고 1.28% 증가율을 보였고 남침례교도 1,643만 신자로 두 번째 큰 교단이자 최대 개신교단이며 1.18%증가율을 나타냈다.[39] 2005년 북미 교회 연감은 미국주류교회가 흑인오순절 교회의 강세와 기독교계 신흥종교들의 공세에 백인 주류교회들이 쇠퇴하고 있는 형국을 보여주고 있다.

근본주의 교회, 복음주의 교회와 하나님의 성회 교단에서는 신자수가 늘고 있다. 그 이유는 이들 교회가 신자들의 영적인 욕구를 충족시켜주기 때문이다. 이처럼 21세기에는 제도적인 교회는 쇠퇴하나 영적인 힘과 비전을 보여주는 종교적인 운동은 부흥하게 될 것이다.

그리하여 하비 콕스 자신도 1995년 『하늘에서 내려온 불』이라는 저서에서 "오순절 영성의 발흥과 21세기에 있어서 종교재형성"에 관하여 논하면

서 1960년대의 종교소멸론의 입장에서 떠나고 있다.[40]

2. 개혁신앙이 제시하는 문화이념

(1) 인간성 있는 과학기술

과학기술은 주로 시장의 압력이나 과학적 혁신에 의하여 발전한다. 과학기술이 현대인의 삶에 미치는 영향은 엄청나다. 정보화와 생명공학은 인류에게 새로운 세계를 가져다주었다. 그러나 이러한 과학기술의 영향에 대하여 인간이 미치는 통제력은 매우 낮다. 인간은 과학기술에 대하여 대화적인 자세를 가지고 그 의미를 반성하며 그것이 인간성을 회복하는 방향으로 나아가도록 해야 한다. 그리하여 과학기술이 삶의 세계로 내면화 할 수 있도록 해야 한다. 과학기술은 열려 있어야 하고 신뢰성을 회복해야 한다. 첨단 기술과 인간성이 조화되어야 한다. 우리는 첨단 기술(high tech)을 포기하고 야만으로 되돌아 갈 수 없다. 이것은 되돌릴 수 없는 사건이다. 해결의 길은 첨단 기술과 인간성 사이에 균형을 이루는 일이다. 이것이 하이터치(high touch)이다.[41] 하이터치는 기술을 인간성에 적합하도록 적용하는 것이다. 인간이 쓰기에 편리하도록 기술을 개발하는 것이다.

그 구체적인 예는 장기이식의 기술이나 초음파 촬영장치, 컴퓨터 단층 촬영장치 등이다. 그리고 죽어가는 자의 임종을 돌보아 주는 호스피스(hospice)운동이다. 신장 질환자에 대한 인공신장과 인공(人工)혈액 투석장치 개발이다. 그리하여 대수술을 하지 않고 치료하는 경향으로 발전한다. 가정치료와 가정출산이 늘어가고 있다. 생명공학의 발전에 따른 장기이식이나 인공장기, 유전자 조작에 의한 질병치료에 있어서 더욱이 인간을 위한 과학기술의 정신은 강조된다. 그러나 진정한 인간을 위한 것은 인본주의 한계 내에서는 불가능하다. 인간은 죄인이어서 탐욕이나 명예심의 포로가 되기 때문이다. 여기서 개혁신앙의 인간론이 필요하다. 인간은 전적으로 부패한 죄인이기 때문에 과학 기술이 진정으로 인간을 위해 사용하기 위해서는 그것을 사용하는 인간이 새로워져야 한다는 것이다.

(2) 인간성 있는 정보체계

인터넷은 정보화기술에 의하여 생산력을 발전시키고 최장기 경제호황의 견인차 역할을 하고 있다. 그런 반면, 미국에서만 20만 명의 사이버 섹스광과 400만 명의 사이버 도박꾼을 양산하고 있다는 최근 조사결과가 나왔다. 미국 스탠퍼드대의 심리상담사인 앨 쿠퍼 박사 등은 최근 발간된 잡지《성적 탐닉과 강박》3월호에서 매일 섹스 사이트를 방문하는 미국인 2,000만 명 가운데 20만 명이 강박증 환자라고 추정했다. 그리고 미국의 AP 통신은 인터넷 슬로머신이나 룰렛, 블랙젯에 탐닉하고 있는 도박중독환자들이 미국에서만 400만 명으로 추정된다고 보도했다.[42]

정보화체계는 인간을 위한 것이어야 한다. 그러나 이러한 인터넷에 상업주의가 스며들어 포르노와 도박으로 사용될 때 인간을 노예화하고 인간성을 파괴하기에 이른다. 여기에 인터넷에 종사하는 자들의 윤리가 요청된다. 교회와 신자는 문화소비자 운동을 벌여야 한다. 문화소비자 운동이란 음란폭력 조장매체에 대하여 시정을 요구하고 음란물이나 폭력물을 사거나 소비하지 않는 기독교적 운동을 말한다. 이 운동은 이러한 매체를 내보내는 업체에 대한 경고와 더불어 소비자인 대중들에 대하여도 대중문화의 내용을 감시하도록 하는 모니터운동을 말한다.

물질은 인간정신과 가치관에 의해 규제받아야 한다. 컴퓨터와 새로운 통신기술은 인간의 삶을 편리하게 해주기는 하나 인간의 삶 자체에 의미와 목적을 부여하지는 못한다. 그것은 편리한 문명의 이기는 될 수 있으나 인간의 삶 자체를 풍부하게 해주지는 못한다. 정보사회의 신세대를 '사이버펑크'(cyberpunk)라고 부른다. 이 용어는 사이버네틱스(cybernetics)와 펑크(punk)의 합성어로서 컴퓨터 세대를 지칭하고 있다. 이들은 컴퓨터가 만든 가상현실에 탐닉하여 실재세계를 떠나 가상현실 속에서 기존가치와 권위를 부정하면서 살아가고 있다.

인간 정신의 풍요함은 물질과 기술적 기능에서 오는 것이 아니라 인간 내면으로부터 그리고 인간 정신의 창조자인 하나님의 말씀으로부터 나온다. 개혁신앙의 지성인은 이러한 인간의 정신적 지위와 존엄성을 다가온 시대를 향하여 증언해야 할 것이다.

(3) 다양성과 관용성으로서 포스트모더니티

해체주의는 텍스트 해석에 있어서 객관적 의미를 부정함으로써 극단적인 의미 무정부주의에 빠지고 있다. 우리는 의미의 다양성과 차이에 대한 관용성을 용인해야 한다. 여기에 포스트모더니티의 정신이 있다. 포스트모더니티를 다음같이 특징지을 수 있다.

첫째, 현대성의 지양(Aufhebung der Moderne), 즉 현대성에 대한 건설적 비판이다. 포스트모더니티는 세계에 대한 일률적인 해석이 아니다. 일률적인 해석(uniforme Interpretation der Welt)이란 총체성과 통합성의 의미에 있어서 전체성을 말한다. 우리는 이질적인 삶의 기획의 다양성을 인정하나 근본적인 사회적 일치를 배제하지 않아야 한다. 우리는 새로운 세계정황 속에서 통합적인 인간적 증언에 대한 근본일치(ein neuer Grundkonsens von integrierenden humanen Ueberzeugungen)를 추구한다.[43] 이것은 민주적인 다원사회가 최선을 다하여 지향하는 것이다. 우리는 현대적인 패러다임의 긍정적인 내용을 긍정하고 그것의 부정적인 내용을 수정하여 새로운, 다원적이고, 종교적인 전체적인 사고로 나아가야 한다.[44]

둘째, 포스트모더니티는 과정 속에 있는 하나의 패러다임(ein Paradigma im Prozess)이다.

1) 포스트모더니티는 사회적 노예화와 지성적 편파성에 대한 계몽의 비판적 힘을 보존하는 것이다.

2) 포스트모더니티는 현실의 더 깊고 영적이며 종교적 차원을 부정하는 현대의 환원주의를 부정한다. 이성과 학문과 진보에 대한 신앙을 부정한다. 이러한 신앙은 역사의 과정 속에서 파괴적인 힘으로 나타났다.

3) 모더니티는 포스트모던 패러다임으로 초월되어야 한다. 현대의 어려운 상황은 새로운 해방의 풍요한 상황으로 나아가야 한다.

4) 포스트모던 사고를 향한 기독교적 길은 새로운 해방의 힘을 종교개혁적 전통에서 발견한다. 종교개혁정신은 인간이성의 건전한 비판적 기능을 인정한다. 브룬너의 비판적 이성의 개념. 틸리케의 윤리적 이성개념이나 리꾀르의 해석학적 이성개념은 종교개혁적 정신의 우위성을 존중한다.[45] 이들은 신앙의 내면적 자유, 제도화에 대한 부정, 성경으로 되돌아가는 정신을 강조하기 때문이다.

5) 개혁신앙은 종교개혁의 정신을 계승하면서 포스트모던 정신을 비판적으로 수용한다. 따라서 기독교 신앙은 지금 형성되고 있는 포스트모던 사상에 기여할 수 있다.

여기에 개혁신앙의 역할이 있다. 개혁신앙은 하나님 말씀으로 되돌아가는 종교개혁의 전통을 문화적 유산으로 계승한다. 그러나 이 전통을 전투화하거나 교조화해서는 안 된다. 자신의 신념이나 전통을 교조적 형태로 주장하는 태도가 바로 근본주의요 원리주의이다. 오늘날 세계는 도처에서 이로 인한 불안 요인이 도사리고 있다. 근본주의가 맞부딪치면 보스니아의 참상, 전쟁의 위험 등이 뒤따른다. 근본주의는 오늘날 배타적 민족주의로, 인종청산의 발상으로, 남녀대립으로, 공동체 안에서 이견자들의 청산으로 나타난다. 2001년

9.11 뉴욕 세계무역센터 쌍둥이 건물 폭파 사건, 2005년 7.7 런던 지하철 폭파 사건, 2006년 8월 영국에서 사전에 적발된 제2미국행 비행기 대량 납치 폭파 사건 등도 이슬람 근본주의에 의한 것이다. 이것의 극복을 위해서는 하나님 말씀에 준거하면서도 관용성과 다양성의 사고가 필요하다.

(4) 유신론적 생태사상

현대의 기계·기술적 세계는 인간에 의하여 초래된 자연의 파괴에 직면해서 성경적인 창조신앙, 즉 유신론적 생태사상을 요청하고 있다. 그것은 기독교적 생태사고이다. 몰트만은 그의 『창조 속에 계시는 하나님』(*Gott in der Schoepfung*)에서 생태학적 사고를 제시하였다. "인간은 지배하기 위하여 더 이상 인식하지 않고 재구성하기 위하여 분석하거나 환원하지 않는다. 인간은 오히려 참여하고 생명있는 것의 상호관계 속에 들어가기 위하여 인식하고자 한다."[46] 유신론적 생태학적 사고는 하늘과 땅이 오로지 인간만을 위하여 만들어졌다는 데카르트적 세계상을 극복한다. 성경의 창조사상이 제시하는 창조공동체(Schoepfungsgemeinschaft), 전체성(Ganzheitlichkeit) 또는 연대성(Solidaritaet)의 표상은 인간주도적 세계상을 극복하는 데 첫걸음이다. 근세 이래 여태까지의 역사는 공작(工作) 인간의 세계상징(das Weltsymbol des homo faber)이었다.

근대의 지식의 길은 생태학적 사고가 제시하는 지혜의 길로 대체되어야 한다. 지식이 힘의 획득과 지배를 추구한다면, 지혜는 세계의 실재성의 압박 아래 그리고 사실의 양심 아래 오늘날 병들고 어려움 속에 있는 것을 밝히고 드러낸다. 지혜는 명상적인 인식(meditative Erkenntnis)의 새 형식을 추구한다. 지혜는 세계를 하나님의 창조로서 파악하며 세계를 더 이상 관조자의 소원(疏遠)으로부터, 다시 말하면, 외부로부터가 아니라 점차적으로 내면으로부터 세계와의 참여적인 관계 속에서 파악하고자 한다.

기독교적 생태학적 인식에서는 자연이해란 자연을 우리의 소유로 갖는 것이 아니다. 그것은 자연을 중립적인 세계로 알지 않는다. 기독교적 생태학적 인식은 세계의 존재(das Sein der Welt)보다는 세계의 되어감(das Werden der Welt)을 질문한다. 다시 말하면, 세계가 하나님의 창조의 명령에 일치하는가 아니면 모순되는가 질문한다. 그것은 자연을 역사적인 시간의 지평 속에서 지각한다. 그것은 인간을 주관으로서 대상인 자연에 마주 세우는 가능성을 거부한다. 인식하는 자로서 인간은 근대과학이 주장하는바 같이 세계사건의 단순히 중립적이고 비참여적인 관조자가 아니라 자연과 세계과정 속에 참여해 있다. 기독교적 생태학적 사고란 인간의 현실이해란 세계놀이에 우리가 참여하는 것에 의존한다는 것이다. 기독교적 생태학적 현실이해는 창조의 연대공동체에 우리 인간이 불가피하게 귀속하고 연결되어 있다는 것이다. 세계는 기독교적 생태학적 관점에서는 공동세계(Mitwelt) 내지 환경(Umwelt)이다. 자연과 인간의 만남을 통하여 자연은 공동자연이 되며 이 만남은 시간 속에서 이루어진다. 자연은 하나님의 창조로서 우리가 보존해야 할 삶의 공간으로 다가온다.

(5) 생명존엄의 생명공학

생명복제기술에 대하여 보수주의자들은 '배아 복제는 인간파괴의 시한폭탄'이라고 이런 생명복제기술이 더 이상 발전해서는 안 된다는 주장을 하고 있다. 배아 복제의 경우 그것이 치료용이든 생식용이든 간에 근본적으로 도덕적 권리를 지닌 인간주체가 언제 시작되는가라는 윤리적 물음이 제기된다. 정자와 난자 - (수정) - 수정란 - 전배아 - (착상) - 배아 - 태아 - (출생) - 아기로 이어지는 인간발생에서 도덕적 지위를 지닌 존재로서 인간의 출발시점이 어딘가라는 물음이 윤리학자들 사이에 제기되고 있다. 최근 영국에서는 치료용 배아복제를 허용하였다. 그러나 배아복제의 허용은 바로 인간개체복제인 복제인간의 생산으로 이어질 가능성이 크다는 우려를 지울 수 없다. 이것은 바로 미끄러운 언덕길 논증(the slippery slope argument)이다.[47] 배아복제, 태아복제, 개체복제 등은 하나의 연속성을 그린다. 배아복제가 허용될 경우 실천적으로 개체복제로 이어질 개연성이 높아진다. 인간복제의 허용은 복제된 개인의 유전적 동일성에 기인한 자아정체성의 위기를 야기한다. 복제인간은 원본인간의 복사판으로서 독립된 개체로서 지니는 고유성 내지 개성의 상실감을 갖게 될 것이다. 복제된 인간은 복제하는 인간의 비인간적 산물이므로 양자 사이 평등성은 실현될 수 없다.[48] 인간 복제술은 인간 생식의 개념을 태어남에서 제조로 바꾸어 놓을 것이다. 복제술은 인간 게놈 프로젝트와 결합하여 유전자 지도에 따라서 아기를 디자인할 수도 있을 것이다.

그리하여 인간복제술은 상업주의와 결합하여 유전자 조작을 통한 신인류를 출현시킬 것이다. 미국의 일본계 학자 후쿠야마는 유전자 조작을 통해 출현한 후인간(Post-humans)의 역사의 도래를 전망하고 있으며, 영국 캠브리지의 스티븐 호킹(Stephen Hawking)은 유전적으로 변형된 진보된 신인류의 출현이 필연적이라고 예견하고 있다.[49] 여기에 문제가 야기된다. 유전자 조작에 있어서 정상유전자 대신 '좋은' 유전자를 넣을 가능성이 있다. 자식이 우수하기를 바라는 것이 부모의 마음이기 때문에 부모는 높은 지능, 뛰어난 예술적 감성, 건강한 체력, 그리고 준수한 외모를 갖춘 '맞춤 아기'를 주문하고자 할 것이다. 현재의 기술로는 이를 실현하려면 수백만 달러가 들 것이다. 그래서 우수한 유전자를 갖춘 아기는 정부나 특정기업, 또는 몇몇 부자에 의해 우선적으로 실현될 것으로 추정된다. 그렇다면 미래는 소수의 우성(優性) 인간과 다수의 열성(劣性) 인간이 구분되는 새로운 계급사회가 될지도 모른다. 그렇다면 부모에게서 정상적으로 태어난 아이들은 당연히 열성으로 취급될 수밖에 없다.

제레미 리프킨(Jeremy Rifkin)은 생명공학의 실험에 대하여 깊은 우려와 대중들이 의견을 개진할 기회를 주기까지 모든 실험을 중지시켜 줄 것을 요구하는 소송을 제기했다. 리프킨은 다음같이 말한다. "유전공학은 인류라는 종 전체에 그 무엇과도 비교할 수 없을 만큼 중요한 윤리적 사회적 문제들을 제기하고 있다. 우리가 경계의 눈초리를 조금만 늦추면, 이 세상에서 어느새 불구자, 소수민족, 그리고 노동자들이 유전공학의 처리대상으로 전락하고 말 것이다.” 그리고 인간복제술은 부모자녀 관계에 근본적인 변화를 가져 올 것이다. 복제된 아기는 복제하는 인간의 지배를 받는 결과를 낳을 수 있다. 복제하는 자는 복제된 아기를 자기의 의도에 따라 만들려고 하기 때문에 복제된 아기의 자유와 자율성은 침해당하게 된다. 그래서 인간복제는 ‘천부적 인권파괴’, ‘인간의 종말’ 이라고 극단적으로 규정되고 있다.[50] 여기서 인간은 자신에 대한 신이 된다. 인간 자신이 자신 뿐 아니라 많은 생물학적 장래와 특징을 선택한다는 것이다. 여기서 인간은 제2의 선악과를 따먹고 생명공학을 통하여 스스로 신이 되고자하는 제2의 원죄를 범하게 된다. 그러므로 치료용 배아복제를 위한 엄격한 윤리적 규정을 만들어야 필요성이 제기된다.

그뿐 아니라 인간 유전자 정보에 대한 상업화도 윤리적인 문제를 야기시킨다. 1998년 10월 미국 특허청은 생명공학 벤처 기업인 인사이트사에 이 회사가 규명한 유전자에 대한 이색특허를 내줬다. 이후 미국과 유럽연합의 유수한 벤처 회사들은 유전자에 대한 특허를 먼저 내려고 경쟁하고 있다. 한 과학자가 유방암을 일으키는 유전자를 발견해 특허를 받았을 때 병원에서 유방암 진단용으로 이 유전자를 사용할 때 병원 측은 그에게 비용을 내야 한다. 이때 의료과학자는 마치 부동산처럼 유전자 소유권을 병원 측에 팔 수도 빌려줄 수도 있다. 여기서 인간 유전자는 상품처럼 거래되어 버린다.

여기서 유전자 특허에 대한 윤리적 문제가 되기 된다. 특허란 존재하지 않던 새로운 물질이나 기술을 발명하는 행위에 주어진다. 그런데 인간의 유전자는 발명이 아니라 발견의 대상이다. 여기에 다시 다음 질문이 제기된다. 이미 존재하는 유전자의 구조와 기능을 밝히는 기술이 과연 특허의 보호를 받을 자격이 있을까?[51] 따라서 DNA 이중(二重) 나선(螺線)구조를 발견하여 1962년 노벨 생리의학상을 수상하고 1988년 인간 게놈프로젝트의 총책임자로 임명된 제임스 왓슨(James Watson) 은 유전자에 특허가 매겨지는 일은 '완전히 미친 짓' 이라고 부정적인 평가를 하였다.

인간 게놈 프로젝트에는 정치 경제, 이데올로기, 편견 등 숱한 사회문화적 요소들이 내재되어 있다. 인간 게놈 프로젝트와 생명공학은 지금 만들어지고 있다. 이것들은 어디를 향하여 무엇을 위하여 만들어지는가의 결정이 열려있다. 인간 게놈의 지도를 작성하고 그 배열을 밝혀 정보를 인간존재에 적용하는 것은 도덕에 대한 강력한 위협이 될 것이다.[52] 여기에 인간은 천부적 존엄성을 가지고 참여해야 한다. 특히 신자와 교회는 하나님이 주신 생명의 청지기로서 이에 적극적으로 참여해야 한다.

우리는 인간 게놈 프로젝트가 근거하고 있는 유전자 결정론이 지니는 문제점을 다음같이 지적할 수 있다.[53]

첫째, 유전자가 나타나는 과정은 컴퓨터처럼 외부의 지시에 의한 타율적인 것이 아니라 전적으로 자율적인 과정이다.

둘째, 컴퓨터 프로그램이 결과에 대해 1대 1 대응하는 것과는 달리, 유전자는 개체를 이루는 많은 유전자들이 서로 상호작용하며 이러한 과정을 통해 개별유전자의 속성과는 전혀 다른 새로운 속성을 나타낸다.

셋째, 유전정보가 발현되는 과정에서 끊임없이 외부환경의 정보가 유입되며, 이러한 외부환경의 영향에 의해 새로운 발현과정이 나타날 수 있다. 그러므로 생물, 즉 인간의 유전자는 기계나 컴퓨터처럼 다루어서는 안 된다. 그럴 경우 전혀 예기치 아니한 생물학적 역습 내지 역기능에 당면하게 될 것이다.

1997년 11월 11일 파리에서 열린 유네스코 제 29차 총회는 '인간 게놈과 인권 에 대한 보편적 선언'[54]을 채택했다. 186개 회원국의 만장일치로 채택된 이 선언문은 "유전 연구가 인간의 존엄성과 인권보다 우선할 수 없다."고 명시하고 있다. 인류의 공동선을 위해 시작된 인간게놈 프로젝트가 선진국 일부 기업에 큰 이익을 제공하게 되는 것은 결코 바람직하지 않다. 이 프로젝트의 성과를 인류에게 유리하게 사용하게 위해서는 개인이나 몇 기업의 이익을 충족하고자 하는 탐욕에서 벗어나야 한다. 그리고 인류에게 유용하니까 한다는 공리주의적 사고에만 머물지 않고 하나님의 형상으로 지음을 받은 인간의 한계와 존엄을 같이 고려하는 의무론적 사고(deontological thinking)가 요청된다. 생명본질에 대한 윤리적 척도는 인간에게 유용한 것이 아니라 인간에게 생명을 주신 하나님의 뜻이다.

오늘날 생명공학은 동식물뿐 아니라 인간에게도 영향력을 미치는 하나의 거대한 과학기술적 권력체계가 되어버렸다. 우리는 이것이 인류만이 아니라 모든 지구상의 생명체에 막대한 영향력을 미칠 수 있는 생태학적 파괴력을 지니고 있다는 사실을 동시에 유의해야 한다. 그러므로 생명윤리의 정립이 필요하며 개혁신앙은 이러한 윤리 정립의 방향을 제시해 줄 수 있다. 생명윤리의 방향은 인간존엄성과 권리를 확보할 수 있는 테두리를 제시하고 생명공학이 하나님 중심의 창조질서에 순응하면서 하나님이 지으신 창조의 통일성, 다양성, 자기보존체계, 조화 균형을 존중하도록 이끌어가는 것이다.[55]

(6) 계시에 의존한 종말론

성경은 과학기술의 이상향을 하나님 나라와 동일시하지 않는다. 미치오 가쿠가 제시한 기계·기술적 이상향은 장밋빛에 조명된 미래상이나 오늘날 문명은 문명비평가들에 의하여 비극적으로 평가받고 있다.

미국의 문명 비판가 제레미 리프킨(Jeremy Rifkin)은 『21세기 보고서』에서 21세기를 유토피아 아닌 '디스토피아'(dystopia)로 진단하고 있다. 그는 『노동의 종말』에서 "정보화 사회의 빛에 홀려 그늘을 보지 못하는 우를 범해서는 안 된다."고 역설하고 있다. 첨단기술 사회는 밝은 면으로는 인간을 노동에서 해방시켜 보다 많은 향유의 시간을 제공하는 유토피아가 될 수 있으나,

소수의 첨단 기술자와 다수의 영구 실업자로 갈등을 빚는 디스토피아가 되는 측면을 배제할 수 없다. "미국에서는 매년 200만 개 이상의 일자리가 사라지고 있다 … 미국에서 새로이 창출되고 있는 일자리들은 대부분 저임금 부분이거나 임시직들이다."[56] 이러한 그의 현실적 견해는 토플러 류(類) 그리고 미치오 가큐 등의 낙관적인 미래학자들이 제시하는 비전과는 상반된다.[57]

성경은 단지 기계 · 기술적 파멸을 말하지 않고 위로부터 오는 묵시록적 종말론을 말한다. 기독교 종말론은 메시아에 의한 역사 심판을 말한다. 하나님의 아들 그리스도의 재림에 의하여 세계와 역사의 진정한 종말이 성취된다. 기독교적인 종말론은 과학기술 자체가 발전하는 나머지 이상향을 이룬다고 하는 과학기술적 유토피아 사상이나 인간 스스로 신격화되고 우주와 합일한다고 주장하는 뉴에이지 사상을 단호하게 거부한다. 성경적 종말론적 사고가 활성화 되어야 한다. 종말론은 신학의 말미에 붙는 부록이 아니다. 그리스도 교회의 사고는 철저히 종말론적이어야 한다.[58] 우리는 인간의 제한적 신학적 사고 너머서 우주론적 사건으로써 인간의 세계와 자연을 완전히 새롭게 하심으로 새 하늘과 새 땅을 창조하실 하나님 나라의 종말론적 사건에 신앙의 눈을 돌려야 하겠다.[59]

(7) 개혁신학적 영성

현대인들은 서구 물질문명에서 채우지 못한 정신적이고 영적 공허를 아시아의 신비종교에서 메우고자 한다. 그리하여 요가운동과 선험적 명상, 뉴에이지 운동 등 혼합적 영성이 현대인의 정신세계를 지배하게 된다. 여기에 기독교는 현대인을 향하여 진정한 영적 공허를 채우는 길은 창조주 하나님과 그의 보내신 예수 그리스도를 발견하는 것이라고 제시해 주어야 한다.

영성이란 본질적으로 살아계신 하나님에 대한 신앙으로부터 나오는 삶의 방식이다. 나의 종교성이 아니라 성령이 주시는 중생의 영이야말로 개혁신학적 영성의 출발점이다. 영성이란 성령의 인도하심 가운데서 그리스도를 닮는 것(conformity to the image of Christ)이다.[60] 진정한 영성이란 신비주의나 세속주의의 영성이 아니라 성경적인 영성이다. 성경적 영성은 초인간성(a superhumanity)을 추구하는 것이 아니라 회복된 인간성(a restored humanity)을 추구하는 것이다. 진정한 영성이란 현대주의적 세속적 영성도 아니다. 세속적 영성은 세상으로의 침잠을 추구한다. 그리고 여기서는 인간의 본능적인 충동과 권력과 성공의 의지를 축하하는 자연주의적 신비주의(a naturalistic mysticism)가 지배한다. 여기서 기도란 세계를 통한 초월적 존재로 들어감(the penetration through the world to a transcendent being)이다. 이 길은 니체와 칼 융에 의하여 준비되고 슈바이처와 로빈슨 등에 의하여 지지되었다.[61]

진정한 기도란 거룩한 하나님 앞에 인격적인 기원이요 간구이다. 성경적인 영성이란 물질을 포함하면서 동시에 그것을 초월한다. 여기서 영적인 것은 물질로부터 도피하지 않고 물질로 들어간다. 동시에 물질의 목적을 영적인 것으로 고양시킨다. 성경적 영성은 세상에서 도피하지 않고 이 세상 속에서 자신과 이웃과 이 세상을 하나님 말씀을 따라 변혁시킨다. 이것이 세속적 초월이요 세속적 성화이다. 여기에는 성령의 충만히 부어주시는 역사가 필요로 된다. 성경적 영성은 말씀과 성령으로 이루어지는 중생, 새사람에서 출발하여 경건이라는 성화의 과정을 수행하여 하나님의 형상을 온전히 회복하는 영화의 차원을 지향한다. 성경적 영성은 윤리적 행위를 추구하나 윤리주의로 환원되지는 않는다. 성경적 영성은 하나님과의 신비적 교제를 추구하나 신비주의로 해소되지는 않는다.[62]

*

21세기의 시대정신은 신기술로 불리어지는 과학기술주의, 정보화 메커니즘, 포스트모더니즘, 생태주의, 생명공학주의, 과학기술의 이상향, 범종교적 영성으로 특징지어진다. 21세기의 이러한 문화적 도전 속에서 개혁신앙은 도피하거나 영합하는 것이 아니라 신앙적 지성을 가지고 이에 창조적으로 응답해야 한다. 그것의 정신은 변혁적 문화 신학의 정신이다.[63] 그것의 구체적인 표현은 인간성 있는 과학기술, 인간성 있는 정보화 기술, 다양성과 관용성으로서 포스트모더니티, 유신론적 생태사상, 생명존엄의 생명공학, 성경적 계시에 의한 종말론, 개혁신앙적 영성이다.

창세기에 보고된 시나르 광야의 바벨탑 이야기나 21세기의 생명공학의 이야기나 문화의 본질에 대하여서는 다른 것이 없다. 여기서 주요한 것은 문화의 본질이 무엇이냐 하는 것을 밝히는 것이다. 다시 말하면, 문화의 이념이 인본주의적이냐 아니면 신본주의적이냐 하는 것이다. 진정한 인본주의는 신본주의에 기초를 두고 있다. 그러나 세속적 인본주의는 인간의 원죄에 의한 부패성과 죄성을 모르기 때문에 신기루적인 낙관주의에 떨어져 버린다. 그것은 종국은 인간의 자기 명예욕이요 자기 욕망의 충족이다. 문화와 문명의 부패는 바로 이러한 부패한 인간성에서 비롯하는 것이다. 진정한 신본주의는 인간성과 인간 문명을 심판하고 동시에 회복한다. 여기에 21세기를 향한 새로운 문명의 길이 있다.

chapter 4
21세기 세속문화와 개혁신앙

21세기의 문화는 하나님이 세상 창조 시에 인간에게 내리신 문화적 명령(cultural mandate)이 실현된 것이라고 말할 수 있다. 문화적 명령은 다음과 같다. "생육하고 번성하여 땅에 충만하라, 땅을 정복하라, 바다의 고기와 공중의 새와 땅에 움직이는 모든 생물을 다스리라"(창 1:28). 하나님께서 인간에게 도구를 사용하는 지혜를 주서서 자연의 재난과 맹수의 위험에서 쫓기고 원시적 동굴에서 살던 인간은 과학기술을 발전시키고 오늘날 하나님이 복을 주신 대로 하나님의 창조를 다스리는 위치에 서게 되었다.

오늘날 인류는 첨단전자공학을 통신기술과 통합하면서 즉각적인 접속의 세계를 창출해내었다 이것이 바로 컴퓨터에 의하여 현대인의 전자신경조직이 된 사이버세계이다. 즉각적인 접속의 혁명은 지식과 학문, 인간의 생명, 생태환경, 심지어는 종교에 이르기까지 변화를 일으키고 있다. 정보과학기술은 전자신경조직을 통하여 인간의 신체에서부터 지구촌이라는 세계의 모든 영역에 지도를 만들어 놓고 있다.[1]

다음의 글에서는 역사의 어느 시기보다 하나님이 창조 시 부여하신 문화적 명령을 실현한 시대인 21세기 문화의 특징을 기술하고 이에 대응하는 기독교문화의 방향을 제시하고자 한다.

*

1. 21세기 문화의 다섯 가지 특징

21세기 문화는 다음 다섯 가지로 특징화 된다. 첫째는 정보기술에 의한 사이버 공간으로 특징화 된다. 둘째는 모더니즘의 위기와 한계를 극복하고자하는 흐름으로 나타나는 전통과 권위에 대한 해체와 진리와 가치의 상대화의 흐름으로 특징화 된다. 이것들은 정보사회가 가져다 준 지식의 홍수에 의하여 촉진되었다. 셋째는 유전자 공학 기술의 발전으로 인한 생명으로 특징화 된다. 넷째는 생태계의 위기로 인한 생태환경에 대한 관심으로 특징화 된다. 다섯째, 풍요한 과학기술사회 속의 삶의 의미상실로 인한 종교에 대한 새로운 관심으로 특징화 된다. 이것을 다섯 가지 문화적 영역으로 표현하면 사이버 문화, 포스트모던 문화, 생명의 문화, 생태문화, 종교문화로 불리어진다. 이들 문화의 특징을 분석해보기로 한다.

(1) 사이버 문화

정보기술의 발달은 사회에 혁명적인 변화를 가져왔다. 이 변화의 원동력은 고도지식 집약적 생산기술과 그에 따른 정보처리 전달기술의 전 지구적 확대이다. 그것은 제2물결 사회인 대량생산과 대중소비와 국가 경제체제에서 제3의 물결 사회인 소량생산, 고부가가치, 유연 생산, 소중화(de-massified)의 사회, 범지구적 경제체제로의 전환이다. 정보와 지식은 범지구적 산업 재구조화의 동인이 됨으로써 제3의 권력자원이 되었다. 문화활동에서, 기업조직 안에서, 국내 및 국제 관계에 있어서 지식과 정보의 생산과 흐름에 따른 권력의 대 이동이 시작되었다고 토플러(Alvin Tofffler)는 피력하고 있다. 여기서 권력이란 그 전통적인 지주였던 물리적 힘(군사력), 재산(경제력)에다 또 하나의 새로운 지주로 등장하는 지식과 정보이다. 권력은 이 세 가지 자원의 역학 관계에 따라서 이동하고 있다.[2]

정보와 지식은 사이버 공간을 통해서 이동한다. 사이버 공간은 익명성, 보편성과 자기도피성을 가지고 있다.[3] 그리하여 사이버 공간 안에서 육체노동력, 토지, 지폐자본 같은 실물의 소유, 재생산, 분배를 둘러싼 계급간, 국가간, 지역간 간격과 갈등은 무의미해진다. 사이버 문화에서는 지식계급(cognotariat)이 무산노동계급(proletariat)을 대체하고 화폐의 양이나 그 귀속과 이전은 가상공간에 나타나는 전자부호의 상징으로 대체된다. 사이버 문화 시대에서 물리적 파워는 사회 권력의 새로운 원천인 정보와 지식에 의하여 대체된다.

미디어와 커뮤니케이션은 21세기 경제성장의 가장 중요한 두 기둥이다. 그러나 뉴미디어는 대체가 아니라 보완이며, 올드 미디어(old media)가 당장 사라지는 것은 아니다. 디지털 시대에 뉴 미디어(new media)가 성장해도 종이는 살아남을 것이다. 브리태니커 백과사전 한 질이 작은 CD에 들어가듯 미디어 형태도 바뀐다. 그러나 본질은 그대로다. 친한 사람에게 직접 펜을 들어 편지를 쓰는 행위도 계속된다. 종이건 인터넷이건 최고언론인, 창조적인 예술가는 계속 진가를 발휘할 것이다.[4] 통신수단의 디지털화(digitalization)는 문화공간을 혁명적으로 변화시켰다. 빠르고 개방적인 네트워킹의 인프라(infrastructure)인 광(光)통신망 구축은 전자 상거래 등 사이버 경제와 사이버 문화를 탄생시키고 있다.

디지털 문화는 기존 수직적 네트워크를 해체하고 남과 함께 짜는 수평적 그물을 창출한다. 디지털 문화는 원자(atom)가 아니라 비트(byte)에 의하여 지배되는 세계이다. 아톰(atoms)의 원리가 실제로 만지고 경험하는 아날로그의 세계를 창출했다면, 비트(byte)의 원리는 실제 이상의 '하이퍼 리얼'(hyper-real)한 것으로 다가오는 디지털 세계를 창조한다. 1995년의 저서 『디지털이다』(*Being Digital*)에서 디지털문명 전도사로 자처하고 있는 미국의 네그로폰테(Nicholas Negrofonte)는 "디지털화 하지 않으면 21세기에 생존할 수 없다."[5]고 역설하였다.

디지털이 가져온 세계의 변화상이란 PC 통신과 인터넷, 그리고 PCS(개인휴대통신)과 컴퓨터를 매개로 한 '사이버 커뮤니케이션'(cyber-communication)의 일상화이다. 물리적인 육체노동이 컴퓨터를 이용한 사이버 워크(cyber-work)로 일의 양태가 급속히 바뀌고 있으며, 전자상거래가 경제행위의 중심으로 떠오르고, 돈은 현금개념에서 온라인망을 타고 달리는 사이버 머니(cyber-money) 개념으로 바뀌고 있다. 네그로폰테(Nicholas Negrofonte)는 개인휴대통신은 단순히 전화가 아니며 지금은 주로 음성서비스로 제한되어 있으나 실제로는 확장가능성이 열린 컴퓨터라고 본다. 그는 비트로 이루어진 컴퓨터와 아톰으로 이루어진 인간의 만남을 말하면서 '디지털 인간'(digital human)을 역설한다. 오늘날 인간은 원자로 구성된 자연 생태 환경 안에서 살고 있음과 동시에 점차 가속적으로 확장적으로 비트화해 가는 '커뮤니케이션-미디어 환경' 안에서도 살고 있다. 이 두 환경은 서로 배타적이기보다는 통합되길 요구하며 실제로 비트와 아톰의 결합 속에서 하나의 '에코-커뮤니케이션 환경'(eco-communication environment)을 이루어가고 있다.[6]

(2) 포스트모더니티

현대의 위기는 전체성을 요구하는 이데올로기의 종말을 선언하면서 다원성을 표방하는 포스트모더니티를 야기시키고 있다. 현대의 모순과 위기란 현대의 출현을 가능케 했던 인간 주체성의 모순과 위기에서 비롯되었다. 포스트모더니티 대두는 현대가 야기한 모순과 위기 때문이었다. 포스트모더니티는 인간의 소외를 야기시킨 현대가 내포하고 있는 위기를 극복하는 새로운 이성과 학문의 패러다임을 모색하고자 한다. 프랑스의 사상가, 료타르

(Jean-François Lyotard)는 현대의 포스트모던적 조건(the postmodern condition)을 밝히고 있다. 그의 논의는 현대에 일어난 사건의 의미를 반성하는 현대후기(post-modern)의 작업이다.[7] 포스트모더니티는 긍정적으로는 다원화, 윤리책임성. 감정, 전체적 조망의 특성이 있으며 부정적으로는 진리와 가치의 객관화를 부정함으로써 상대주의와 허무주의에 빠지고 있다.

1) 다원화 사고

모더니티가 획일화와 통일성을 강조하는 데 반해서 포스트모더니티는 다양성과 다원화를 강조한다. 21세기에 들어와 가족, 직업, 공중생활에 있어서 남편과 아내의 동반자적 관계(partnerschaftliches Verhaeltnis)가 발전하고 있다. 오늘날 20-30대 젊은 세대에서는 이러한 경향이 더욱 지배적이다. 세계 정치와 경제와 문화의 축이 유럽 아메리카 중심에서 아시아 태평양 중심으로 옮아오고 있다. 유럽이 유럽공동체로 발전하고 있다. 유엔의 활동이 강화되고 있으며 제3세계의 목소리와 역할이 커지고 있다. 중국이 사회주의 체제 안에서 시장경제를 수용하고 사유재산권을 인정하면서 점차 개방을 가속화하고 있다. 환경과 생명이 중요시되면서 생태사회적 시장경제(oeko-soziale Marktwirtschaft)가 발전하고 있다. 선진국에서 서비스 사회 및 교류사회(Kommunikationsgesellschaft)가 형성되고 있다. 종교적으로도 개신교의 분열된 교파들이 연합을 이루고 있다. 각자의 교리를 인정하면서 연합하는 다원고백적인 연합적인 세계공동체(eine multikonfessionale oekumenische Weltgemeinschaft)가 이루어지고 있다.[8] 한국에서도 한국기독교교회협의회와 한국기독교총연합회가 협력 사업을 하고 있고 제도적인 연합을 위하여 각종 공동프로젝트를 벌이고 있다.

2) 윤리책임성의 강조

모더니티가 능률성만을 강조한 나머지 윤리성에 대하여는 등한시하였다. 이것이 바로 두 차례 있었던 세계대전과 특히 각종 국수주의, 나치즘의 인종청소로 인한 600만 유대인 학살로 이어졌다. 그러므로 포스트모더니티는 가치의 변화를 모색한다. 가치의 변화란 자유로운 윤리의 사고에서 책임윤리적인 사고로 옮아감이다. 인간을 지배하는 기계기술에서 인간에 봉사하는 기계기술로의 가치의 변화이다. 환경을 파괴하는 산업에서 자연과의 일치 속에서 인간의 진정한 관심과 필요를 촉구하는 산업으로의 가치 변화이다. 형식권리적인 민주주의로부터 자유와 정의가 화해하는 살아 있는 민주주의로의 가치변화이다. 여기서 사회적 변화란 학문과 기계기술, 산업과 민주주의로부터 멀어지는 변화가 아니다. 옛날은 절대화 되었으나 이제는 상대화된 사회적 권력과의 제휴 속에서의 변화를 말한다.

3) 감정을 중요시

그러나 포스트모더니티는 모더니즘의 효율성을 전적으로 부정하지는 않는다. 모더니티 사회의 특수한 가치들인 근면, 합리성, 질서, 철저성, 시간 지킴, 깨어 있음, 능력, 효능 등은 단순히 없어지는 것이 아니다. 그것을 새로운 맥락에서 해석한다. 포스트모더니티의 새로운 가치들이란 상상력(Imagination), 감수성(Sensibilitaet), 정서(Emotionalitaet), 따뜻함(Waerme), 유약성(Zaertlichkeit), 인간성(Menschlichkeit)이다.[9] 여기서는 가치의 파기가 아니라 균형과 대응운동이 중요하다.

4) 전체적인 조망

포스트모더니티는 모더니티의 부분적이고 국부적인 사고에서 전체적인 조망을 하는 사고로 나아간다. 전체적 사고는 개발사고로부터 환경의식에 이르는 사고이다. 그것은 인간의 이성적이고 정서적이고 감성적인 경향들 사이의 균형적 사고를 말한다. 그것은 다양한 차원에 있는 세계와 인간에 대한 전체적인 조망(holistische Sicht)을 말한다. 그것은 서구적 미국적 사고와 동양적 아시아적 사고 사이의 균형을 가능하게 한다. 인간 삶의 영역에는 경제적이고 사회적인 정치적인 차원과 더불어 인간과 인류의 감성적이고 윤리적이고 종교적인 차원이 있다. 전체적 사고는 전자의 기능적인 차원뿐만 아니라 후자의 더 깊은 인격적 차원을 균형적으로 파악하고자 한다.[10]

5) 해체주의의 위협

포스트모더니티는 상대화와 다원화를 지나치게 강조하면서 전통과 권위, 진리와 가치를 해체하는 방향으로 나가고 있다. 그리하여 사회의 정신이 해체되고 있다. 개인의 행위에 관한 합의뿐만 아니라 전쟁, 군비, 부의 분배, 의학윤리, 형사 정의 등의 사항에 관한 이성적 논의의 기초를 상실하고 있다.

프랑수아 료타르는 보편적인 가치를 구현하는 주체로서의 지성인 시대는 끝났다고 진단한다. 그의 진단은 현대가 추구했던 보편적인 가치에 대한 회의이다. 그리하여 오늘날 포스트모던인들은 각자가 스스로 옳다고 생각하는 바를 행해야 하는 사사의 시대(the time of Judges)에 살고 있다. 지식이 선하다는 현대의 신념은 무너졌다. 지식과 그것의 선한 사용 사이에는 본래적 연관이 없다는 사실이 밝혀졌다. 그것은 남용 가능성이 염색체 공학이나 핵의 사용 등에서 논란이 되고 있다. 포스트모던사회는 인간이 발전시킨 과학기술이 인류를 위하여 선하게 사용된다는 데 대한 확신보다는 인류를 파멸에 넣을 수 있다는 두려움에 사로잡혀 있다. 극단적인 복수주의나 상대주의는 진리나 정의나 인간성은 없다고 주장한다. 해체주의의 특징은 임의성, 다원성, 이것저것의 혼합, 사고방향과 스타일의 무정부상태, 어떤 것도 될 수 있다는 방법론적인 상대주의, 모든 것이 허용되는 도덕적 상대주의이다. 해체주의는 윤리적이고 도덕적 상대주의를 주장하면서 전통적인 윤리와 도덕을 해체시키고 있다.[11]

(3) 생명의 문화

21세기는 생명문화의 세기이다. 유전자의 인위적인 조작기술 및 이를 응용한 생산활동을 하는 바이오테크(Biotech)산업이 발전하고 있다. 생명공학을 이용한 제품들이 농산물과 의약품 분야에서 본격적으로 나오게 될 것이다. 미국에서는 생명공학을 이용한 에이즈 백신이 개발되고 있으며 암 치료제가 개발되고 있다. 독감에 대한 유전자 예방주사가 개발되고 있다. 유전자를 이용한 치료제는 인체 면역체계를 효과적으로 활용한다. 유전자 치료법은 암세포를 억제하는 면역시스템을 강화함으로써 인체의 자연치료 능력을 회복시켜 준다. 그것은 암세포와 싸워 이기는 유전자를 인체 외부에서 배양하여 인체에 주사하는 방식을 사용한다. 유전자 지도의 해독과 더불어 유전자 정보를 이용하면 1시간 안에 각종 질병의 유무를 측정하는 유전자 칩(genetic chip)의 개발이 진행되고 있다.[12]

현대인간은 유전공학을 이용하여 멸종위기의 휘귀종 동식물의 종(種)을 보존하며 더 나아가 인간에게 유용한 유전자 변형 동식물을 만들어내어 이를 복제술을 통해 대량생산해 냄으로써 인류의 식량난이나 질병치료에 획기적인 도움을 받고자 한다. 지방질이 줄어든 고기가 개발되고, 잘 상하지 않는 채소가 나온다. 홍수에 잘 견디는 벼, 포기당 2배 이상의 쌀알이 열리는 슈퍼쌀, 병충해에 강하고 향긋한 냄새가 나는 향기미 등이 연구된다. 이를 통해서 벼생산량도 대폭 늘어난다.

21세기 생명공학의 최대의 성과란 미국과 영국에서 진행되고 있는 생명의 신비를 캐는 인간 게놈프로젝트(Human Genome Project)이다. 게놈(Genome)이란 생물의 모든 유전형질정보가 담겨있는 생체물질을 말한다.[13] 게놈 프로젝트는 생물의 모든 유전자 정보를 밝히는 작업이다. 인간의 경우 유전자정보는 모두 4종류의 염기가 30억 개씩 배열된 상태로 저장되어 있다. 이중 두사람끼리 염기서열이 다른 숫자는 불과 500만 개, 전체의 0.08%밖에 안된다.[14] 인간의 유전자(DNA)에는 인체에 관한 모든 역사가 축적되어 있다. 유전자 검사를 통해서 어떤 변이가 생겼는지 예측이 가능하다. 이것은 수천개의 인체 유전자에 대한 정보를 저장하여 한번에 이들 유전자들의 특성을 읽어낼 수 있는 바이오 칩(bio-chip)의 실용화를 통해서 실현된다. 바이오 칩은 개인의 유전자 변이나 이상 여부를 쉽게 진단할 수 있게 되고, 암, 고혈압 등 난치성 질병과 당뇨 등 유전적 질병을 분자 수준에서 치료하는 유전자 요법도 가능해질 전망이다. 1990년에 미국에서 최초로 유전자 치료가 실시되었다. 유전자 결함으로 면역력이 약해진 4세 여자 어린이에게 정상 유전자를 성공적으로 삽입한 것이다. 유전자 치료는 인간 게놈 프로젝트의 성과를 활용해 21세기 최첨단 의학으로 등장하게 될 것으로 전망하고 있다.[15]

1997년 영국 로슬린 연구소의 윌무트 박사에 의한 체세포 복제에 의한 복제 양 돌리(Dolly)가 탄생한 이래 인간은 정자와 난자의 수정없이 체세포 핵이식(somatic cell nuclear transfer) 복제기술을 통한 생명체 복제(life cloning)에 본격적으로 접어들고 있다.[16] 체세포를 통한 배아복제는 대체세포나 조직을 생산함으로써 난치병 치유에 효과적으로 이용될 것으로 기대된다. 체세포 복제는 모든 사람들이 우려하고 있는 인간복제가 아닌 배아 복제의 초기단계에서 효과적으로 이용되는 단계에 도달하고 있다. 그것은 최근 미국의 존스 홉킨스대와 위스콘신대, 그리고 제론(Geron)사와 AST(Advanced Cell Technology)사에서 인간 배아에서 특정한 기관, 심장, 간, 신장, 뇌조직으로 발전할 수 있는 간(幹)세포를 분리배양하는 데 성공한 것이다. 이것은 장기부족 현상, 장기밀매 및 생체거부 반응 등 각가지 문제점을 수반하는 대체용 장기를 생산하지 않더라도 세포나 조직차원에서 난치병을 치유할 수 있는 획기적인 전환점이 되고 있다.[17]

오늘날의 생명공학은 실제로 인간복제(human cloning)를 시도하고 있다. 이것은 1993년 미국 조지 워싱턴 대학 메디컬 센터에서 인간 17개 배아의 세포를 분리하여 48개의 배아를 산출한 데서부터 일어났다. 배아복제는 인간

배아(胚芽)[18]들이 분열되어 임신하는 동안에 유전적으로 동일한 실체를 만들어 가는 것을 의미한다.[19] 이것은 인간이 유전공학이라는 문명의 이기를 자기의 분수를 넘어서 신의 영역에까지 사용하려는 인간의 교만이다. 여기서 윤리적인 문제가 야기된다.

(4) 생태문화

21세기는 생태의 세기라고 할 수 있다. 지난 세기에 일어난 생태계 파괴에 대한 인간의 반성이 일어나고 있다. 지난 20세기의 과도한 개발과 자연환경에 대한 착취로 인하여 지구 온난화, 오존층 파괴, 기상이변과 물과 공기의 오염, 산림의 황폐화, 생물종의 다양성 감소가 야기되고 있다. 그리하여 최근 수십 년 동안에 회복할 수 없을 정도로 매년 사라져간 생물들은 수만 종에 이르고 있다.[20]

호주의 워윅 폭스(Warwick Fox)는 그의 저서 『개인의 한계를 넘어서는 생태학을 향하여』(*Toward a Transpersoanl Ecology*)라는 저서에서 보다 다음같이 상세히 기술하였다. "지구오염: 민물과 바다의 환경오염: 지역적 영향에서부터 산성비, 온실효과, 오존층의 감소와 같은 세계적인 관심사들에 이르기까지 그 범위가 다양한 대기오염: 살충제, 제초제 등과 같은 생물에 유해한 화학물질들(biocides)의 광범위한 사용으로 인한 부작용: 맹독성 화학물질과 핵폐기물의 장기간 보관: 핵실험 및 핵 발전과 연관된 위험들: 핵전쟁과 그 이후에 생길 핵겨울(nuclear winter)에 의하여 유발될 즉각적인 파괴와 중기적 및 장기적인 파괴: 유전적으로 조작된 유기체의 환경유입과 관련된 위험들: 어족, 숲, 농경지, 목초지 등의 황폐화 및 고갈, 그리고 이것들과 관련된 토양 침식, 사막화 및 도시 팽창 또는 도시화와 연관된 문제들: (광야나 사막 같은) 인간 이외의 생물들이 서식하는 거주지의 파괴: 특이한 식물과 동물의 종들(species)의 멸종과 멸종 위기, 그리고 더 넓게는 놀랄만한 이러한 멸종의 속도: 농장 공업화와 과학적 연구와 과정에서 짐승들에게 가해지는 잔인성: 원시인간 문화의 타락과 소멸: 그리고 마지막으로, 함수적인 인구의 증가와 연관된 문제들의 과잉."[21]

2000년 유엔 지구상태의 보고서는 지구 생태계를 산림, 생수체계, 연안유역, 잔디영역과 농업지역 등으로 나누어 보고하면서 심각한 결론에 도달하고 있다.[22] 이에 대한 대책으로 생태계보존을 위한 운동들이 야기되고 있다. 문화전반에서 녹색운동이 전개되고 있다.

지금 세계적으로 첨단기술과 자본의 힘 그리고 정책의 변화로 환경위기를 극복할 수 있으리라는 낙관이 팽배해 있다. 그러나 생태문화는 보다 근본적인 방향전환으로 나아가야 한다는 각성이 환경운동가들 사이에 펼쳐지고 있다. 환경오염에 대한 이성적인 인식에서 더 나아가 감성적으로 느끼는 것이 필요하다. 그것은 자본주의 산업질서에 대항하고 그것을 견제하는 환경 친화를 생활화하고 정책화하는 일이다. 이산화탄소 과다배출, 에너지 낭비, 대규모 기업농, 신품종 종자수출, 목재산업과 관련 산업을 위한 삼림벌채 등의 배후에는 언제나 다국적 기업들이 있다.

1972년 로마클럽은 「성장의 한계」라는 보고서에서 제로 성장의 경제를 제안하였다.[23] 로마클럽은 양적 성장 대신에 질적 성장을 주장한 것이다. 그러나 이러한 견해는 진보주의 사상가들과 저개발 국가 학자들로부터 심한 비판을 받았다.[24] 오늘날 대규모 기업농과 화학비료로 대표되는 녹색혁명은 식량의 위기를 극복했다. 그러나 이러한 대규모 기업농은 토양의 황폐화, 에너지 소비의 극적 증가, 수출용 단일작품 재배에 매달리게 되는 제3세계 농민들의 궁핍화, 작물의 질적 저하 등 순한 병폐를 낳았다. 무역자유화와 기업형 농업정책을 강력히 지지해온 미국의 농무부는 1998년 「소농의 공적 가치」라는 획기적 보고서를 통해 생물 다양성과 환경적 혜택, 자립성과 공동체의 책임성 등의 이점을 들어 소농을 계속 육성해야 한다고 발표했다. 유전자 조작식품 규제도 이러한 자본주의적 농업정책에 대한 반성에서 비롯된 것이다.

최근 스페인에서는 '어두운 하늘 찾기' 운동이 펼쳐지고 있다. 이것은 도시의 과도한 조명과 에너지 낭비 및 술집들을 제한하려는 목적도 있지만 그보다 짐승과 새들을 조명과 소음으로부터 보호하려 한다는 점에서 한 단계 높은 환경운동이다. 이 운동은 '차 없는 캠퍼스, 차 없는 도시' 운동 등과는 달리 사람만이 아닌 동물의 입장에서 인간의 문명을 되돌아보는 시각이기 때문이다.[25] 이러한 운동은 생물종 다양성을 보존하고 자연생태계의 속성을 보존하고자 하는 원초적인 운동들이다.[26]

(5) 종교문화

1) 새로운 세속종교

19세기의 포이에르바허, 마르크스, 니체와 프로이드는 인류 사회의 발전과 더불어 종교는 사라지고 말 것이라고 예언했다. 하비 콕스는 1960년대 이들의 사상을 그대로 수용하며 세속신학을 주창했고 벤부렌 등 사신 신학자들은 신의 죽음을 선언했다. 그러나 이러한 예언은 틀린 것으로 나타났다. 서구사회에서 지난 수십 년간 제도적인 기독교의 쇠퇴와 더불어 시민들의 교회 출석률이 매우 낮고 성직자 지망생이 계속적으로 줄어든 것은 사실이다. 그러나 종교의 소멸화(the extinction of the religion)는 오지 않았다. 그 대신 일어난 것은 각종 이데올로기, 이상향주의, UFO 종교, 마약운동, 과학기술 신격화 운동 등 세속적 종교운동이었다.[27] 오늘날 기성 종교 안에서 영성운동, 종교권 밖에서는 개인의 초월을 추구하는 뉴에이지 형태의 종교운동, 불교, 도교, 힌두교 등 동양종교의 서양유입 등이 일어나고 있다. 오늘날 서구의 기독교가 쇠퇴기에 접어든 시점에 불교, 도교, 힌두교 등 동양종교가 종교적인 공백기를 메우고 있다. 그리고 각종 점성술, 점, 미신, 요가, 명상, 뉴에이지 운동이 전통 종교의 자리에 들어서고 있다.[28] 점성술과 복술에 관한 서적이 세계적으로 크게 붐을 일으키고 있다.

이들 신흥그룹에서는 매일의 삶과 초월적인 것과의 연계가 있다. 더군다나 뉴에이지 종교가들은 외면적 권위를 거절하고 눈을 내면으로 돌려서 그 속에서 영성의 체험과 영혼과의 접촉을 배우도록 강조하고 있다. 이러한 영적인 것의 체험이 급격한 변화 속에 있는 현대인들에게 안식을 주는 것이다. 1987년 미국 내에서 뉴에이지 운동에 속하는 사람들은 전 인구의 5-10%로 추산되었고, 2000년대에 들어와 증가 추세를 보이고 있다.[29]

21세기에는 뉴에이지 운동의 근본 특성 - 인간 중심의 영성 그리고 이상하게 비교되는 신이교주의적 사촌 은 기업계, 서점 등 일상의 주요 흐름에 유입된다. 1999년 11월《주간 기업》(BusinessWeek)은 작업장에서 영성에 관한 79종의 책을 확인했다. 2003년 아마존 컴(Amazon.com)에 '기업영성'에 관한 조사는 116개 제목에 달한다. 새 천년기에는 뉴에이지 딱지(the New Age label)는 스스로 떨어져 나간다. 침례교나 다른 교회들이 그들을 '공동체 교회'로서 제시하기 위하여 그들의 교단적인 이름을 바꾼 것처럼 포스트모던 뉴에이지 신자들(postmodern New Agers)는 뉴에이지 상호명칭을 접어두는 것에 방해를 받지 않을 것이다. 신과 인간 사이의 경계가 허물어질 것이다. 뉴에이지 영성의 코드단어는 직관, 변혁, 상호연결이나 뉴에이지 저널도 극단주의나 부정적 함축을 떨기 위하여 2002년 그 이름을 '몸과 영혼'(Body & Soul)으로 바꾸었다.[30]

2) 종교문화 간의 충돌

미국 정치학자 헌팅턴(Samuel Huntington)은 공산주의의 붕괴에 따라 종교가 이념을 대체할 것이고 21세기의 국제분쟁은 종교 때문에 빚어질 것이라고 말했다. 그에 따르면 세계사는 국가 간의 대립과 이데올로기 간의 대립을 끝내고 이제 문명 간의 대립단계로 들어섰다. 그는 21세기를 종교에 기반한 서구와 비서구 문명 간의 갈등시대라고 보고 있다.[31] 그는 국제 문제에 있어서 현대의 지정학적(地政學的)인 갈등에 대한 종말을 선언하고 있다. 21세기의 국가 간의 갈등은 '문화지리적인 마찰' 내지 '문명 간의 충돌' 이라는 것이다.

헌팅턴은 다음같이 피력한다. "미래의 전선은 서구와 동아시아의 유교사회나 다른 회교국간의 국경 같은 문명 간의 경계선들에서 형성될 가능성이 높다. 1648년 웨스트팔리아 조약으로 등장한 근대 국제체제하에서의 갈등은 처음에는 군주들 간에 일어났고, 다음에는 국가들 간에, 금세기에는 이데올로기의 싸움이었다. 자유민주주의와 마르크스-레닌주의간의 오랜 냉전을 포함, 이런 갈등들은 서구사회의 냉전으로 불리기도 했다. 이제 냉전은 끝났다. 국제정치는 서구에서 그 중심을 옮겨가고 있다. 지금부터 세계정치의 중심은 서구와 비서구문명의 상호작용이 될 것이다. 이러한 미래갈등의 전선은 유라시아지역에서 분명하게 보인다. 유럽의 이데올로기적인 분할이 끝나자, 서구 기독교신앙, 그리스 정교회와 이슬람교간의 문화적 분할이 다시 고개를 들고 있다. … 서구의 개인주의, 자유주의, 인권, 평등, 자유, 법률, 민주주의, 자유 시장, 정교분리 같은 서구개념들은 기본적으로 이슬람, 유교, 힌두교, 불교문화권의 기본개념들과는 다르다. 서구가치를 보편적이라고 주장하는 것은 많은 이슬람 국가에서 뿌리를 내리고 있는 원리주의자들의 과격한 행동을 자극할 뿐이다."[32]

헌팅턴은 그 실례로 중동에서는 아랍민족주의와 사회주의 실패로 이슬람화 운동이 기름을 붓고 있으며, 인도는 힌두교화 위험에 있으며, 일본에서는 '신 대동아 공영권' 이라는 구호가 들리며, 천안문 사태이후 인권탄압에 대한 미국과 서구의 항의, 등소평은 미국에 '새로운 냉전' 의 가능성을 경고한 사실을 들고 있다. 그래서 헌팅턴은 이슬람, 유교독재와 인종적 원리주의가 21세기 서구 자유 민주주의가 맞이해야 할 세 가지 문명갈등의 도전이라고 보고 있다. 그는 서구와 러시아가 냉전 이후 군사력을 감축하고 있는 데 비해 이슬람, 유교, 힌두교와 불교권에서는 군사력을 증대시키고 있다는 점이 우려된다고 보고 있다. 이러한 문명갈등의 시대에 서구의 자유민주의 국가는 비서구의 인권탄압 지역에 적극적으로 개입해야 할 것을 주장하고 있다.

　이러한 헌팅턴의 견해는 국제정치의 분석에 종교를 중요한 요소로 도입한 것은 좋은 시각이다. 그러나 그의 견해는 냉전의 해체에 따라서 일어나는 부분적인 현상에 대해 언급한 것으로 이것을 보편화 하여 지구상의 종교 간의 갈등과 대립을 필연적으로 보는 것은 옳다고 할 수 없다.[33] 독일의 하랄트 뮐러(Harald Müller)은 헌팅턴의 견해는 '서구를 공동의 적으로 삼아 유교문명권과 이슬람 문명권이 동맹을 맺는 악몽이 현실로 다가온다고' 비관적으로 본다고 비판한다. "문명의 충돌, 그것은 강력한 대립, 다층적인 영토 분쟁, 확산 일로에 있는 대량 살상 무기 때문에 종국에는 온 지구를 핵전쟁의 소용돌이로 몰아넣을 지도 모른다. 끔찍한 시나리오이다."[34] 그러나 현재 중동지역, 발칸반도, 인도네시아처럼 종교간 대화와 이해의 부족으로 커다란 분쟁과 전쟁이 지속되는 곳이 많다. 반면 남아프리카 공화국이나 필리핀, 북아일랜드처럼 여러 종교와 종파가 연합해서 분규를 종식시키고 민주국가를 건설하고 있다. 하랄드 뮐러는 정교문명의 핵심인 러시아와 유교문화의 핵심인 중국, 그리고 이슬람의 핵심인 터키 간의 반서구적 결탁은 보이지 않는다고 피력한다. "이슬람은 앞으로도 복수주의적일 것이며, 아시아도 마찬가지이다. 이들 간의 반서구적 동맹은 즉흥적, 항목별, 일시적일 것이다. 위기가 닥치면 즉흥적 동맹이 위협적으로 보일 수 있다. 하지만 즉흥적 동맹에서 지속적인 세계정치 조직이 생겨날 수는 없다."[35] 21세기 우리는 종교 간의 대립과 갈등을 필연적으로 보기보다는 서로 관용하고 대화하고 협력하고 공존하는 것을 지향해야 할 것이다.

　헌팅턴은 다양한 문명권이 충돌을 일으키기 때문에 문명 간의 충돌을 피하기 위하여 문명 다원주의는 끝나야 하고 단일 문명국가를 세워야 하며 국경을 넘어선 선교활동은 중지되어야 하고 종교를 확산시키려는 선교든, 인권이든 국가와 신앙의 분리, 여성해방 등 문명적 성취를 확신시키려는 시도를 막아야 한다고 주장한다. 문명 간의 경계를 명확히 그어 다른 문명과의 갈등을 일으킬 수 있는 면적을 최소화하는 정치만이 숙명적인 전 지구적 대결을 막을 수 있다고 본다. 그러나 이러한 헌팅턴의 견해는 서구문명 우월주의적 사고요 이분적인 사고로서 포스트모던 사회에서 통용될 수 없고 타당하지 못하는 이론이다.

2. 21세기 문화에 대한 기독교문화의 방향

21세기 문화의 다섯 가지의 특성에 직면하여 교회와 신자가 형성해야 할 기독교문화의 방향은 다음과 같다. 그것은 기독론적 사이버 윤리와 인터넷 선교, 포스트모던 신학, 신본적 생명윤리, 삼위일체적 생태윤리, 타종교에 대한 포용적 변혁적 태도이다.

(1) 기독론적 사이버 윤리와 인터넷 선교

만프레드 란슈타인은 다음같이 말하고 있다. "디지털 시대에도 중요한 것은 여전히 사람이다.", "새로운 미디어 탄생주기가 1,000년에서 수백 년, 다시 수십 년으로 단축되면서 이제 미디어, 커뮤니케이션, 정보가 생산 활동에 가장 중요한 영향을 미친다.", "엄청난 빠르기로 진행되는 변화에 적응하지 않으면 공룡처럼 될 것이다."[36] 사이버 공간에서는 익명성을 이용한 포르노물과 폭력물이 정보의 내용을 지배할 가능성이 많다. 특히 청소년들은 이러한 충동적인 정보물에 영향을 받을 가능성이 많다. 사이버 공간에서 열린 광장은 이용자들이 만나는 장소요 질문과 답변이 자유롭게 이루어지는 열린 소통의 장이다. 그러나 실제로는 본래의 취지와 달리 사이버 공간의 익명성과 비대면성이라는 특성 때문에 감정적인 대립과 인신공격, 심지어는 언어폭력의 장으로 악용되는 경우가 비일비재하다. 인터넷 바다가 욕지거리 바다가 되고 있을 정도이다.[37] 폭력난동까지 일삼는 광적인 축구팬을 지칭하는 홀리건(hooligan) 처럼 사이버 공간에서 폭력적인 언어를 집단적으로 구사하는 사이버 홀리건 들이 나타나고 있다.[38] 이들은 인터넷을 광적으로 좋아하며 자신의 생각과 다 르면 즉각 독설과 입에 담지 못할 험담을 하는 등 폭력성을 지녔다. 정보를 받 는 자들의 컴퓨터 체계를 파괴해버리는 컴퓨터 바이러스 공격과 더불어 상대 방의 정보체계에 비밀리에 들어가 정보를 빼내는 해킹 등 각종 사이버 범죄가 난무하다.

지구촌을 강타한 신종 컴퓨터 바이러스는 해가 갈수록 그 파괴력이 커 지고 있다. 지난 10년 동안 출현한 바이러스는 1991년 3월의 미켈란젤로 (Michelangelo), 1999년 3월의 멜리사(Melissa), 1999년 4월 체르노빌 바이러스 (Chernobyl Virus) 그리고 2000년에 접어들어서 미국과 독일과 영국을 강타한 러브 바이러스(The Love-Bug)[39]이다. 정보의 바다는 무한한 보고가 있는 가능 성의 공간이기는 하나 동시에 엄청난 사이버 재난과 범죄가 득실대고 있는 정 글이라고 할 수 있다. 이러한 사이버 공간에서의 재난과 범죄의 특징은 그것 의 피해의 규모가 순식간에 전 지구촌에 해당한다는 점이다.

사이버 문화에서 윤리는 중요하다. 인터넷 문화를 이끄는 10대와 20 대의 올바른 네티켓(네티즌의 에티켓)을 정립해야 한다. 현재 미국에서는 인터 넷 사용자 수준에 따라 다양하게 접근할 수 있는 네티켓 사이트가 1만여 개가 있다. 최근에는 '네티켓 칼럼니스트' 들도 생겨났다. 한국사회에서도 인터넷 기술뿐 아니라 네티켓 운동에 관심을 기울여야 한다. 네티켓 운동의 기본은 모든 사용자들이 실명화하는 것이다. 이것은 일반 윤리 운동과 다를 바 없다. 이러한 운동은 일상세계에서 전개되는 윤리실천운동의 연장선상에서 단지 네 티즌을 중심으로 사이버세계에서 전개하는 것이다.

사이버 공간도 어디까지나 인간이 조정하는 세계이기 때문에 문제는 인간의 나쁜 의도에 의하여 일어난다. 이러한 사이버세계는 신앙적으로 별천 지가 아니라 여전히 그리스도가 통치하시는 영역이다. 여기서 우리는 기독론적 명제를 말할 수 있다. 예수 그리스도는 사이버 공간에서도 여전히 왕이시며 사이버 문화의 변혁자이다. 사이버 공간에서 행하는 사이버 행위도 여전히 일반윤리의 규범에서 벗어 날 수 없다. 여전히 그 행위를 행하는 주체는 인간이기 때문이다. 사이버인물(cyber character)이 사이버 공간에서 말과 행위를 하더라도 그 인물을 도입한 자는 바로 인간이다. 사이버 인물 배후에는 반드시 실재 인간이 있는 것이다.

신자는 오늘날의 미디어에 대한 비판적 성찰을 하여야 한다. 프랑스의 미디어 사회학자 장 보드리야(Jean Baudrillard)가 이미 현대의 미디어에 대하여 비판적으로 언급한 바 같이[40] 미디어가 과잉되어 실재를 압도하는 것은 오늘날 현대사회가 갖는 자화상 중의 하나이다. 미국의 수잔 손탁(Susan Sontag)은 2004년에 출판한 『타인의 고통』(Regarding the Pain of Others)에서 고도의 정보사회가 고통의 재현물인 전쟁과 폭력을 미디어를 통하여 얼마나 왜곡시키는가를 분석하고 있다.[41] 그녀는 저서에서 고통을 둘러싼 이미지의 역사를 분석한다. 그녀에 따르면, "회화를 포함한 고통의 재현물이 과거에는 도덕적 교훈적 의미를 갖고 있었다. 하지만 사진을 통한 이미지의 혁명이 일어난 후 고통의 재현물은 미적 욕망의 대상으로 변모했으며 그 결과 고통이 하나의 소비의 대상 내지 스펙터클로 전락하게 되었다."[42] 손탁은 미디어가 세계를 재현하는 방식을 제시하고 성찰함으로써 실제 현실의 참담함을 자각하고 타자의 고통에 대한 연민을 넘어서자고 주장한다. 교회와 신자는 오늘날의 미디어와 정보의 바다에서 떠다니는 영상과 정보들을 그것의 진정한 모습에서 볼 수 있는 비판적 시야를 연마해야 하고 이를 위해서는 미디어비평에 친숙해야 한다.

사이버 공간은 오히려 선교의 장이다. 1세기에는 하나님이 바울의 로마 선교를 위하여 군사의 힘을 이용하여 로마로 가는 길을 닦아 놓으셨지만 오늘날에는 광섬유를 이용하여 순간적으로 전 세계로 향하는 정보고속도로를 닦아 놓으신 것이다. 여기에 인터넷 선교의 정당성이 있다. 무한한 정보의 바다는 선교학적으로 보면 선교의 길을 무한히 개척할 수 있는 선교의 바다요 선교의 광장이다. 인터넷 선교에 대한 필요성이 절실한 것을 인식한 나머지 요즈음 웹 공간에서 활동하는 기독교 문화인들이 많이 나타나고 있으며 이들의 활동은 대중문화운동부터 복음성가 운동에까지 다양하다.[43]

(2) 포스트모던 문화신학: 기독교 진리의 포스트모던적 표현

포스터모더니즘을 극단적으로 세속주의로 몰아부치는 것은 근본주의적이고 편협한 시각이다. 우리는 포스트모더니즘의 부정적 측면인 해체주의를 비판하고 대안을 제시하여야 한다. 그러나 우리는 긍정적 측면인 감성의 강조, 윤리적 책임성, 전체적 조망을 긍정적으로 수용하면서 기독교 진리를 증거해야 한다. 이것이야말로 변혁적 신학으로서의 포스트모던 문화신학의 과제이다.[44]

1) 권위와 진리와 가치에 대한 새로운 인식

해체주의는 권위와 경전을 부정함으로써 가치와 지식의 무정부상황으로 가고 있다. 포스트모더니즘은 우리 시대의 딜레마에 대한 응답이며 사람들을 획일화하고 억눌렀던 지난 시대의 구도에 대한 문제 제기이긴 하다. 그러나 삶과 죽음, 선과 악, 사랑과 증오 등 양극 대결은 여전히 지속되고 있다. 그리고 진리추구, 신의 탐구는 포기할 수 없는 문제이기 때문이라고 밝히고 있다.[45] 모더니즘이 주장한 독단적인 권위와 인위적인 경전은 비판되고 다시 음미되어야 한다. 그러나 권위와 경전 자체가 부정될 때 인간의 사고와 행동은 그 방향을 상실하고 허무주의에 빠지게 된다. 다가오는 21세기에서 기독교 신앙과 신학의 정체성 확보는 기독교 경전인 성경이 하나님 말씀이라는 사실에 대한 재발견에서 시작된다.[46]

프랑스의 해체주의자 데리다와 푸코가 주장하는바 전통에 대한 극단적인 해체와 문화적 허무주의는 진리와 실재를 하나의 해석으로 환원시켜 버

리는 극단적인 표상주의에 빠지고 있다. 이들은 실재를 부인하고 텍스트만을
인정하고 있다.[47] 여기서 진리와 현실의 사실성이 부인되고 표상인 텍스트만
이 있게 된다. 이러한 텍스트는 엄격한 의미에서 텍스트가 아니라 하나의 컨
텍스트요 보편적 의미의 가능성을 부정하고 있다.

기독교인으로서 우리는 보편적 진리, 보편적 의미, 보편적 가치, 보편
적 윤리가 없다고 주장하는 료타르의 포스트모던 착상을 수용할 수 없다. 비
록 사고방식과 문화와 풍습이 다르다고 할지라도 인류가 추구해야하고, 추구
할 수 있는 보편적인 진리와 의미와 가치와 윤리는 있다.[48] 진리와 의미와 가
치와 윤리는 인간이 자의대로 설정하는 것이 아니라 하나님의 창조 질서와 뜻
에 비추어 해석되어야 한다. 가치나 윤리의 상황적 맥락이 인정될 수 있다. 그
러나 상황윤리자들이 말하는 바 같이 상대주의에 떨어지는 것이 아니다. 하나
님의 무한한 요청과 가치판단과 윤리적 행위가 요구되는 인간적 상황 사이의
역설적인 관계 속에서 가치와 윤리는 역동적으로 조명되어야 한다.

2) 책임을 중요시하는 윤리

요나스(Hans Jonas)는 그의 저서 『책임의 원리』(*Das Prinzip der
Verantwortung*)에서 20세기 기술중심적 문명의 종말론적 위기를 긴박한 문제
로 다루면서 책임의 윤리를 제시하면서 기술독점을 비판하고 있다. 요나스에
따르면 책임의 윤리는 인류중심적 윤리가 아니다. 책임의 윤리는 지구 위의
인간과 자연을 보존시키기 위한 생태이상사회의(ecotopian) 윤리이다.[49] 이러
한 윤리는 자녀에 대한 부모의 책임과 비슷하다. 부모의 책임은 '모든 책임 있
는 윤리의 원형'이다. 이것은 상대방의 허가를 받은 후에 사랑을 베풀거나 서
로 호혜적으로 은혜를 주고받는 관계가 아니다. 부모가 갖는 책임윤리의 기본
적 유형은 다행스럽게도 어떤 원리에서 도출되는 것이 아니다. 이것은 모태
속에서 심어진 인간애, 즉 모성애(maternal humanity)이다. 이러한 윤리는 자기
주장이 아니라 자기초월적이다.[50]

3) 전체를 추구하는 균형 잡힌 사유

우리가 모색하는 후기현대의 길(ein nach-moderner Weg)은 현대의 어려움으로부터 나오면서 겸허하고 침착하게 이것을 극복하는 길이다. 그것은 표면적이고 표상적인 문화와 기술의 차원 속에서 종교적이고 심층적이며 윤리적인 차원을 향한 조망을 여는 것이다. 그 길은 전체적인 조망(eine holistiscle Stickt)을 얻는 것이다. 이 조망은 인류의 사고를 과학기술적인 기능적 차원으로부터 벗어나도록 하여 인간의 정서와 감정에 상응하고 환경에 친화하도록 하는 것이다.[51] 이 조망은 균형잡힌 사유를 사도록 한다.

(3) 신본적 생명윤리

생명공학은 인류에게 필요한 기술이면서도 많은 문제를 안고 있다. 이 기술은 비도덕적으로 조작할 가능성이 있고 개인의 유전적 고유성을 해칠 가능성이 있으며 우생학적으로 오용됨으로써 인권을 침해할 소지가 많다. 유전자 정보의 독점 그리고 유전자 변형동식물을 무분별하게 개발하는 데 대한 우려가 크다. 사람의 유전자 정보를 이용해 특정 질병에 걸릴 우려가 높은 사람을 부적격자로 판정하는 유전자 차별이 사회적인 증후군으로 나타날 것이다.

동식물의 복제 내지 유전자 조작 동식물이 생태계와 인간 생명 및 삶의 질에 미치는 영향은 아직도 과학적으로 입증된 단계에 이르지 못하고 있다. 그러므로 동식물의 복제에 대해 가급적 신중을 기하며, 유전자변형 동식물에 대하여 그 긍정적 효과와 부정적 효과가 과학적으로 검증될 때 까지 일종의 유예(moratorium)를 선언할 필요가 있다.[52] 이러한 생명복제는 윤리적인 문제를 수반하고 있다. 그것은 동식물 복제술이 유전학적 문제를 야기하기 때문이다.[53] 유전자 변형 동식물 복제는 자연에 새로운 유전자를 지닌 동식물 종(種)의 출현을 가져올 뿐 아니라 특정유전자를 지닌 동식물의 복제로 인하여 자연 질서가 지니고 있는 유전적 다양성을 훼손할 것이기 때문이다. 더욱이 유전자 변형식품이 인간에게 미치는 영향이 아직도 과학적으로 입증되지 않은 단계에서 섣불리 이를 허용할 경우 질병감염 등과 같은 예측 불가능한 사태가 인간에게 일어날 수 있다. 그리고 쥐나 소나 돼지의 유전자를 변형시켜 의학적으로 거부반응이 없도록 만들어진 동물장기조차도 인간에게 이식될 경우 그 장기가 가져올 질병과 유전자적 교란에 대하여 심각한 우려를 불식할 수 없다.

그리고 인간개체 복제는 판에 박은 붕어빵처럼 핵 제공자의 복사판으로 개인의 자아정체성을 상실케 하고, 무성생식으로써 자녀출산의 의미를 상실케 하고, 인간에 의한 인간의 지배 등의 윤리적 문제를 야기하기 때문에[54] 허용되어서는 안 된다. 오늘날 세계 각국은 대체로 수정 후 14일까지의 전(前)배아(胚芽)에 대한 연구를 허용하고 있는 실정이다.[55] 그 이유는 인간의 개체성은 착상과 더불어 시작한다는 주장에 근거하여 착상 전배아는 도덕적 지위를 지니지 못한다고 보기 때문이다. 보통 수정 후 14일 착상 때 원시선(primitive streak)이 나타나야 비로소 하나의 개체가 형성되는 데 전배아는 미결정의 단계로서 여러 개체로 발전할 수 있는 가능성을 지니고 있다고 진보주의자들은 보고 있다.[56] 두 개체로부터 유전자를 물려받아 전혀 새로운 유전자를 지닌 전배아 조차 도덕적 지위를 지니지 못한다면 유전적 독립성조차 지니지 못하는 복제된 배아는 말할 것 없이 도덕적 지위가 없다고 진보주의자들은 보고 있다. 이러한 견해에서는 전배아를 통한 장기생산이 윤리적으로는 합리화되므로 허용될 수 있다.

생명공학은 신본적 윤리에 따라야 한다.[57] 하나님이 모든 생명의 창조자이신만큼 그분의 뜻에 순응하는 과학기술이 필요하다. 다음 가이드라인이 필요하다.

첫째, 생명공학은 창조의 질서에 따라야 한다. 인간 복제란 하나님의 창조행위에 대한 명백한 도전행위이다. 그것은 하나님이 주신 생식의 질서인 성을 통한 번식을 거부하는 것이며 인간의 생물적 체계를 뒤흔들어 놓는 것이다. 인간 복제는 장기생산에 한정시킨다고 하더라도 인간수명을 무진장 연장하고자 하는 인간의 욕망에 의하여 지배되며 장기생산에 사용되는 복제 배아의 존엄성은 여지없이 유린되는 것이다.

둘째, 생명은 인본적으로 조작될 수 없다. 생명공학은 유전병을 고치는 목적 등 인간유익을 위하여 사용될 수는 있으나 인간의 호기심이나 이기심이나 상업적인 목적을 충족하는 방향으로 나아가서는 안 된다.

셋째, 생명공학은 자신의 한계를 인정하고 인위적인 것과 자연적인 것을 명료히 밝혀야 한다. 유전자 조작식품과 천연식품은 구별되어야 한다. 양자가 혼돈됨으로써 인간과 자연 생명의 질서에 혼란이 초래되어서는 안된다.

넷째, 생명공학분야의 분명한 가이드라인이 설정되는 것이 필요하다. 인간 복제에 관한 연구는 엄격한 정부차원의 법령 하에 규제하고 체세포 복제기술을 통한 난치병 치료차원의 배아의 간세포 배양 등의 연구문제는 공개적인 논의를 거침으로써 기독교 윤리적인 차원에서 그 가이드라인을 제시해야 할 것이다.

'원칙 있는 맥락주의'(principled contextualism)가 고려될 수 있다. 생명윤리가 너무나 인간의 존엄성과 창조의 질서라는 원론적인 것에 너무 치중할 때 시대에 역기능을 초래할 수도 있다. 유전병이나 암 등을 치유하기 위한 목적으로 생명에 대한 연구는 허용되어야 한다. 그리고 유전자 연구를 위한 불가피한 경우에는 배아 이전 단계에서 복제허용이 검토될 수 있다.[58]

(4) 삼위일체론적 생태윤리

개혁신앙은 오늘날 자연친화적인 문화를 정립하는 데 기여할 수 있다. 개혁신앙은 자연을 하나님의 창조로 보기 때문이다. 창세기는 인간이 하나님이 창조하신 지구라는 동산의 청지기로 지음을 받았음을 말해주고 있다. 인간은 자연과 분리해서 존재할 수 없고 자연과의 조화 속에서 살도록 지음을 받았다. 그러므로 21세기의 환경친화적인 운동은 개혁신앙의 환경운동과 근본적으로 그 맥을 같이 할 수 있다.

환경운동가들은 지구와의 약속 10가지[59]를 제안하고 있다. "대중교통을 이용합니다. 유기농산물을 먹습니다. 모피 옷을 입지 않습니다. 절수기기(변기 수도꼭지 샤워기)를 이용합니다. 에너지효율 1등급 제품을 사용합니다. PVC 장난감을 사지 않습니다. 일회용 장난감을 사지 않습니다. 일회용 제품을 사용하지 않습니다. 쓰레기는 분리수거하고 재활용합니다. 1년에 나무를 한 그루 이상 심고 가꿉니다. 환경단체에 회원으로 가입합니다." 기독교인들에게도 이러한 약속을 매일 실천하는 것이 요청된다.

그러나 개혁신앙은 이러한 지구와의 약속을 실천하는 것을 넘어서서 생태윤리의 기본이념을 제시하고 있다. 그것은 자연이란 가이아 이론에서 말하는 바 같이 지구 오염을 스스로 정화하는 능력을 지닌 신이 아니라 하나님의 창조물이라는 것이다. 개혁신앙은 환경친화적이나 가이아 이론처럼 자연을 신적인 존재로 보는 범신론적 자연관이 하나님 아닌 피조물을 신격화하는 그릇된 것임을 보여준다. 그 뿐 아니라 오늘날 환경재앙을 초래한 지난 20세기의 환경이념인 세속주의적 자연관에 대해서도 인간이 자연의 주인이 아니라는 점을 역설한다. 자연의 주인은 그 대지에 대하여 법원의 등기소에 등기를 필한 인간이 아니라 창조자 하나님이시라는 것이다. 인간은 땅의 주인이 아니라 단지 하나님의 청지기로서 하나님이 인간에게 위탁한 자연을 관리하고 하나님에 대하여 책임을 지고 있는 청지기에 불과하다는 것이다. 땅의 주인이신 하나님은 성부, 성자 성신이신 삼위일체 하나님이시다. 성부는 땅을 창조하신 분이시며, 성자는 인간에 의하여 소외되고 황폐한 땅을 십자가의 희생을 통하여 구속하신 분이시며, 성령은 창조자 성부와 구속자 성자의 영으로서 오늘날 자연 환경 가운데서 하나님의 생명의 힘과 영으로서 만유 가운데 계시는 분이시다. 개혁신앙의 생태윤리는 이 자연을 창조하시고 구속하시고 관리하시는 삼위일체 하나님에 대한 인격적 신앙에 근거하고 있다.

(5) 타종교에 대한 포용적이며, 내면적으로 충만한 열린 기독교

1) 종교개혁적 영성

현대인들은 서구 물질문명에서 채우지 못한 정신적이고 영적 공허를 아시아의 신비종교에서 메우고자 한다. 그리하여 요가운동과 선험적 명상, 뉴에이지 운동 등 혼합적 영성이 현대인의 정신세계를 지배하게 된다. 여기에 기독교는 현대인을 향하여 진정한 영적 공허를 채우는 길은 창조주 하나님과 그의 보내신 예수 그리스도를 발견하는 것이라고 제시해 주어야 한다.

영성이란 본질적으로 살아계신 하나님에 대한 신앙으로부터 나오는 삶의 방식이다. 나의 종교성이 아니라 성령이 주시는 중생의 영이야말로 개혁신학적 영성의 출발점이다. 영성이란 성령의 인도하심 가운데서 그리스도를 닮는 것(conformity to the image of Christ)이다.[60] 진정한 영성이란 현대주의적 세속적 영성도 아니다. 세속적 영성은 세속으로의 침잠을 추구한다. 그리고 여기서는 인간의 본능적인 충동과 권력과 성공의 의지를 축하하는 자연주의적 신비주의(a naturalistic mysticism)가 지배한다. 여기서 기도란 세계를 통한 초월적 존재로 들어감(the penetration through the world to a transcendent being)이다. 이 길은 니체와 칼 융에 의하여 준비되고 슈바이처와 로빈슨 등에 의하여 지지되었다.[61] 진정한 영성이란 신비주의나 세속주의의 영성이 아니라 성경적인 영성이다. 성경적 영성은 초인간성(a superhumanity)을 추구하는 것이 아니라 회복된 인간성(a restored humanity)을 추구하는 것이다. 성경적 영성은 말씀과 성령으로 이루어지는 중생, 새사람에서 출발하여 경건이라는 성화의 과정을 수행하여 하나님의 형상을 온전히 회복하는 영화의 차원을 지향한다. 성경적 영성은 윤리적 행위를 추구하나 윤리주의로 환원되지는 않는다. 성경적 영성은 하나님과의 신비적 교제를 추구하나 신비주의로 해소되지는 않는다.[62] 그것은 종교개혁적 영성으로 내재와 초월이 균형잡힌, 새로운 세상성을 실천하는 참 인간성이다.

2) 타종교에 대한 포용적인 변혁적인 태도

유럽에서는 기독교시대가 지나고 기독교 이후시대(post-christian era)와 더불어 종교다원주의 시대가 도래했다. 아시아는 이미 존재하던 재래 종교 가운데 기독교가 들어왔으므로 이미 현실적으로는 종교다원적 현실에 처해 있다. 오늘날 이슬람 근본주의의 타종교에 대한 배타주의와 테러는 21세기에 종교의 충돌을 가져 오는 계기를 만들 수도 있다. 이미 아시아에서는 인도네시아 등지에서 이슬람과 기독교 사이의 충돌이 있어왔다. 이러한 종교의 충돌에는 광신주의와 근본주의의 태도가 지배하고 있다. 기독교는 선교에 있어서 타종교를 비방하거나 폄하하는 태도를 버리고 타종교를 고등종교로서 존중하고 그들의 경건성을 배우며 타종교와 공존하는 포용적 태도를 함양해야 한다. 그리고 특히 대사회문제에 있어서 타종교와 공조를 취할 수 있어야 한다.

기독교, 이슬람교, 불교, 힌두교, 유교 등 고등종교들은 그 가르침에 있어서 비폭력과 생명에 대한 존중, 관용과 진실성, 연대와 정의로운 경제질서, 남녀의 평등관계 등 세계윤리를 만들려고 공동보조를 취할 수는 있다.[63] 이런 점에서 개혁신앙은 보편윤리의 형성의 면에서 타종교를 인정하고 공동보조를 취한다. 그러나 이러한 보편윤리가 과연 우리 지구촌에서 실현될 수 있다고 보지는 않는다. 그것은 전혀 실현 불가능한 계몽주의적 환상이 아닌가?[64] 인간은 자기를 신격화 하는 이기적 욕망을 이기지 못하는 타락한 근본악성을 지니고 있기 때문이다. 그것은 바벨탑의 사건, 십자군 전쟁, 제 1차 2차 세계대전에서 가장 명료히 나타났다. 여기에 종교 간의 협력을 통한 윤리형성 노력의 한계가 있다.

개혁신앙은 21세기의 종교문화 속에서 타종교에 대하여 포용적 변혁적 태도를 갖는다.[65] 그것은 내면적으로는 예수 그리스도만이 구세주라는 신앙적 정체성을 확립하고, 외면적으로는 세계종교문화 속에서 기독교는 하나의 종교라는 사실을 겸허하게 받아들이는 열린 태도이다. 포용적 변혁적 태도는 제도적이고 기구적 측면에서는 기독교의 상대성을 인정하면서 인간의 죽음과 영생에 관여하는 복음의 메시지를 하나님의 말씀으로 조금도 타협 없이 전파하는 것이다. 이러한 태도는 인간적으로는 타종교인들과는 융화하고 공존을 시도하면서 기독교가 지닌 종교를 넘어서는 하나님의 복음, 영생과 부활에 관해서는 타종교가 지니지 아니한 복음을 전하는 것이다. 사회사업적인 측면에서 기독교인은 타종교인들과 공동선을 위한 사업을 같이 할 수 있다. 그러나 한 개인이 지니는 죽음과 영생의 문제에 대하여 기독교신자 자신이 체험한 하나님을 증거하는 진지한 진리에 대한 증언의 태도를 보여준다.

*

21세기는 하나님이 창조시 인간에게 부여한 문화적 명령이 실현되는 세기이다. 그러므로 개혁교회는 오늘날의 문화가 지닌 부정적인 면, 반신론적이거나 무신론적이거나 세속적 인본주의적 문화의 부정적인 측면만을 보면서 오늘날의 문화에서 퇴각해서는 안 된다. 개혁교회와 신자는 오히려 삼위일체 하나님은 세상문화의 구속자이시며 변혁자이시며 완성자라는 문화신학적 명제를 실천해야 한다. 그리하여 오늘날 인류를 지배하는 5개 중요한 문화의 영역, 사이버 문화, 포스트모던 문화, 생명의 문화, 생태문화, 종교문화에서 삼위일체 하나님의 문화적 명령을 실현시키는 문화의 대사가 되어야 한다.

교회와 신자는 사이버 공간에서 사이버윤리를 실천하고 인터넷 선교를 하고 미디어 비평을 해야 한다. 해체적 현상을 거스르며 진리와 가치의 존재와 다양성과 감수성, 개인 윤리와 전체적 조망을 갖는 포스트모던 문화를 창출하는 것이 요청된다. 창조의 질서에 순응하는 신본적 생명윤리를 제시하는 것이 요청된다. 창조주 앞에서 자연의 청지기가 되는 삼위일체적 생태윤리를 제시하는 것이 요청된다. 타종교에 대해 열리면서 복음의 진리를 증거하는 포용적 변혁태도를 지니는 것이 요청된다. 여기에 지구촌 윤리가 하나의 담화의 기준이 될 수 있다.

지구촌 윤리란 인간이 제정할 수 있고 실천가능하다는 의미가 아니라 인간 담화와 실천의 이상향적 지향점이 되고 목표설정이라는 점이다. 이 현대 문화의 5가지 영역에서 교회와 신자들은 우리의 문화로부터 도피해서도 안 되며 이 시대의 문화에 영합해서도 안 된다. 교회와 신자는 하나님의 말씀이 제시하는 문화적 지침에 따라서 이 시대의 문화를 하나님이 원하시는 뜻대로 변혁시키는 시대적 사명을 감당하여야 한다. 개혁신학은 이러한 과제를 문화신학적으로 반성하는 작업을 해야 할 것이다.

chapter 5
포스트모던 문화와 복음주의 신앙

오늘날 우리는 포스트모던 문화 속에서 살고 있다. 다원성을 표방하는 포스트모더니티는 전체성을 요구하는 모더니티의 위기를 선언하고 있다. 모더니티의 위기란 모더니티의 출현을 가능케 했던 인간 주체성의 모순과 한계에서 비롯된다. 포스트모더니티는 인간의 소외를 야기시킨 모더니티가 내포하고 있는 위기를 극복하는 새로운 이성과 학문의 패러다임을 모색하고자 한다. 여기서 포스트모던 문화는 반드시 반(反)현대성이나 초(超)현대성의 작업이기보다는 현대에 일어난 사건의 의미를 반성하는 현대후기성(post-modern)의 작업이다.[1] 료타르(F. Loytard)에 의하면 포스트모더니즘이란 '모더니즘의 종말이 아니라, 모더니즘의 지속적인 탄생'이다.[2] 그는 포스트모더니즘의 포스트(post)는 '원천적으로 망각된 것을 찾아내는 분석, 상기, 재생, 그리고 변형의 과정'이라고 본다.[3]

다음으로 포스트모더니티의 형식적 특성을 살펴보면서 이것을 복음의 빛 속에서 비판적으로 조명하고 재구성하여 구체적으로 포스트모던 복음주의 문화를 찾아보고자 한다.

*

1. 포스트모더니티의 형식적 특성

- 반현대성이나 극단적인 현대성이나 해체적 현대성이 아닌
  현대성의 비판적 지속

첫째, 후기현대성은 반현대성이 아니다. 하버마스가 그의 저서 『현대성의 철학적 담론』(*Philosophischer Diskurs der Moderne*)에서 우려하는 것처럼 현대성과 결별하고 전현대성으로 되돌아가는 것(Abschied von der Moderne als Rueckkehr zum Vormodernen)이 아니다.[4] 이것은 반현대성(Gegenmoderne)이다. 반현대성이란 현대를 반대하고 과거로 되돌아가는 것이다. 이것은 복구적인 반현대주의이다. 이것은 유럽 상황에서는 교황 요한 바울 2세가 말한 바 로마 가톨릭적인 의미에서 유럽의 재복음화이다. 이것은 구교와 신교와 정통주의 사이의 신앙고백적인 경계를 바르게 유지하는 유럽의 영적 통일의 복고적인 이상향을 말한다.

가톨릭 신학자로서 2005년 교황 베네딕토 16세가 된 라징거(Ratzinger)는 그의 신앙보고서(Glaubensrapport)에서 우리의 퇴폐적 근대와 근대를 주도한 종교개혁에 대하여 교부시대와 중세의 정신성의 우위를 말하고 있다.[5] 그러나 이러한 복고주의는 비판, 자유, 다원주의와 관용이라는 현대적 가치를 수용하지 않는다. 복고적 억압적 종교는 미래를 가지고 있지 않다. 후기현대성은 이러한 복고적 정신을 말하지는 않는다.

둘째, 후기현대성은 극단적인 현대성(Ultramoderne)이 아니다. 후기현대성은 하버마스가 주장하는 바 현대의 '비완성된 과제'(unvollendetes Projekt)도 아니다. 하버마스는 1980년 아도르노(Theodor Adorno)상(賞) 수상 연설로 발표된 '현대성, 미완의 사업'(*Die Moderne - ein unvollendetes Subjekt*)이라는 글에서 현대사회는 과학, 도덕, 예술의 자율적인 영역으로 분화되었지만 이 자율화 과정에서 축적된 이성의 능력을 통해 보편적인 메타언어를 창출할 수 있다고 주장하였다.[6] 그러나 하버마스는 료타르(F. Lyotard)가 논평하듯이[7] 인간의 유한성을 진지하게 고려하지 않는 계몽주의적 환상에 머물고 있다. 보편적인 현재성에 고착된 현대주의도 시대적 위기를 해결할 수 없다. 현대성의 철학적 전개와 완성도 시대적 위기를 진지하게 다루지 못한다.

이성은 단순히 이성에 의하여 고쳐지지 않는다. 과학의 미흡이나 기술의 손상도 단순히 과학이나 기술로써 치유되지 않는다. 자연과학이나 기술은 여태까지의 덕성을 해소시킬 수 있으나 새로운 윤리를 정초할 수 없다. 후기현대성은 데리다나 푸코가 주장하는바 전통에 대한 극단적인 해체와 문화적 허무주의가 아니다. 이러한 포스트 구조주의자들은 진리와 실재를 하나의 해석으로 환원시켜 버리는 극단적인 표상주의에 빠지고 있다. 이들은 실재를 부인하고 텍스트만을 인정하고 있다.[8] 여기서 진리와 현실의 사실성이 부인되고 표상인 텍스트만이 있게 된다.

이러한 텍스트는 엄격한 의미에서 텍스트가 아니라 하나의 컨텍스트요 보편적 의미의 가능성을 부정하고 있다. 극단적인 복수주의나 상대주의는 객관적으로 존재하는 진리나 정의나 인간성은 없다고 주장한다. 이 주장은 해체주의의 특징이다. 그것은 임의성, 다원성, 이것저것의 혼합, 사고방향과 스타일의 무정부상태, 어떤 것도 될 수 있다는 방법론적인 상대주의, 모든 것이 허용되는 도덕적 상대주의이다.

셋째, 후기현대성은 현대에 대한 내재적 비판이다. 그것은 계몽에 대한 계몽이다. 그것은 과거로 돌아가는 후퇴나 퇴보가 아니라 미래를 향한 깨어있고 바른 길이다. 후기현대성은 인간 자율성과 과학적 객관성이 문화의 기초라고 주장하는 현대성의 계몽주의를 비판한다. 그러나 후기현대성은 현대의 위기를 비판하는 것이지 현대성이 지향한 인간주의 이상과 인간 자율성과 이성적 비판과 사회적 자유라는 가치를 여전히 다른 면에서 신봉하고 있다. 이런 면에서 후기현대성은 현대성의 연속선상에 있다. 후기현대성은 현대성의 지양(Aufhebung der Moderne)으로서 현대성에 대한 건설적 비판이다.

2. 포스트모던 문화의 특성

(1) 이성주의 불신

포스트모더니티는 과학주의에 대한 비판과 더불어 근대 과학이 주장한 이성적 합리주의에 대한 비판을 제기하였다. 이성의 보편적 체계에 대한 회의를 시작한 것이다. 이성적 합리적 사고는 이제 더 이상 만능 해결사의 역할을 하지 못하게 되었다. 이미 현대에 와서 순수 이성이란 근대의 세계상이 만들어 낸 허구에 불과하다는 것이 드러나게 되었다. 인간의 이성은 역사적 문화적 환경의 제약을 받는다는 것이다. 지식사회학, 생의 철학, 역사적 상대주의, 실존주의, 해석학이 이 사실을 분명히 보여주었다.

오스트리아 출신 과학철학자 파이어아벤트(Paul Feyerabend)도 과학연구에 있어서 과학자 개인의 기호와 태도를 강조한다. 과학개념 선택에는 과학자 개인의 논리적 선택이나 기호가 작용한다. 따라서 객관성과 합리성은 일종의 신화(myth)에 지나지 않는다고 본다.[9] 유대계 영국 과학철학자 폴라니(Michael Polanyi)도 객관적 인식과 주관적 인식 사이의 구분이라는 데카르트적 시도는 단지 환상에 불과하다고 선언한다. 그는 자연과학적 지식과 경험조차도 개인의 가치판단과 인격적 개입을 통해 획득한 인격적 지식이라고 주장한다.[10] 즉, 인식이란 가치를 공유하는 집단 내에 있는 인식자의 헌신행위에 의존한다는 것이다. 이리하여 과학이 주장하는 소위 객관적 합리성이란 사실(fact)이 아니라 허구(fiction)임이 드러났다. 그것은 단지 주관적 감정에 불과하다는 것이다.[11]

프랑스의 사상가 푸코(M. Foucault)는 "역사는 의미관계의 형식이 아닌 권력 관계의 형식을 띤다."고 하였다.[12] 그는 여기서 지식-권력의 상호관계를 말하고 있다. "지식의 장(場)을 동시에 구성하지 않고는 어떠한 권력관계도 존재하지 않는다. 또한 동시에 권력 관계를 전제하지 않거나 구성하지 않는 지식도 존재하지 않는다."[13] 푸코는 권력을 단일한 관계라기보다는 오히려 사회체제 전체에 침투해 들어가는 다양한 관계로 본다. 권력은 개인을 억압함으로써 작동하는 것이 아니다. 오히려 개인들을 구성함으로써 작동한다. 권력은 편재(偏在)한다.

(2) 메타담론의 거부

거대체계를 거부한다. 프랑스의 사상가 료타르(F. Loytard)가 대표적이다. 료타르는 포스트모던을 절대정신의 변증법, 의미의 해석학, 합리성 등 메타담론(metadiscourse)에 대한 불신으로 정의하였다.[14] 헤겔의 사변적 체계나 유물주의 등과 같은 이념이나 개념을 가지고 현실을 포괄적으로 설명하는 거대체계는 무너졌다. 전체 담론을 묶을 수 있는 메타담론이란 없다. 데리다(J. Derrida)는 현실 내지 실재는 존재하지 않고 의미의 맥락만이 있다고 주장한다. 다만 텍스트만이 존재할 뿐이다.

미국의 포스트모던 철학자 리차드 로티(Richard Rorty) 역시 철학이란 인류에게 유익을 주는 대화일 뿐이라고 본다. 로티는 그의 신실용주의(neo-pragmatism)란 18-19세기의 진리중심의 담론에서 오늘날 예술 또는 정치중심의 담론으로 전진적으로 이동하는 과정을 표현하는 사상이라고 말하고 있다.[15] 로티는 현대철학의 그릇된 자기 상 그리고 역할에 대한 근본적 오해를 버려야 한다고 주장하고 있다.[16] 이러한 입장은 문화상대주의로 귀결한다. 이것이 포스트모던 시대의 정신적 특징이기도 하다.

(3) 다양성과 다원화의 강조

포스트모더니티의 고도정보, 고도소비, 첨단 과학기술은 모더니티의 획일성과 단일성에 대한 회의를 촉진시켰다. 모더니티의 성과 대신에 유연성,

다양성, 차별성, 유동성, 의사소통, 탈 중심화, 국제화 등이 증가추세에 있다.[17] 오늘날 세계는 정치 경제의 다원화로 나아가고 있다. 경제 이념적으로는 후기 자본주의와 후기 사회주의 경제가 발전하고 있다. 포스트모더니즘은 모더니즘이 가졌던 전통적 실재에 대한 폐쇄적 이해를 비판한다. 획일성, 단일성, 중심화, 지역화의 특성이 퇴색하고, 차별성, 다양성, 다원성, 국제화의 특성이 중시되고 장려된다. 오늘날 런던, 뉴욕, 파리 등에서는 다양한 인종이 결집하여 다양한 문화를 이루는 것을 볼 수 있다. 아시아의 동경, 서울, 북경 등에서도 다양한 인종들과 문화의 물결이 밀려오고 있다.

(4) 윤리책임성의 강조

문화의 패러다임의 변화는 가치의 추락보다는 근본적인 가치의 변화를 내포한다. 가치의 변화란 자유로운 윤리에서 책임적인 윤리로, 인간을 지배하는 기계기술에서 인간에 봉사하는 기계기술로, 환경을 파괴하는 산업에서 자연과의 일치 속에서 인간의 진정한 관심과 필요를 촉구하는 산업으로, 형식권리를 주장하는 민주주의로부터 자유와 정의가 화해하고 살아 있는 민주주의로의 가치변화이다. 유대계 독일 철학자 한스 요나스(Hans Jonas)는 오늘날 기술문명의 위기 상황에서 지구 위의 인간을 보존시키기 위하여 인류중심의 윤리가 아닌 생태이상적인 윤리[18]로서의 책임윤리를 제시하고 있다. 이 책임윤리는 모성애에 심겨진 자기초월적 윤리라고 본다.[19]

(5) 통전적인 조망

통전적 조망은 전체를 조망하는 새로운 환경의식에 이르는 사고이다. 그것은 인간이 가진 분석적이고 논리적인 경향들과 정서적이고 감성적인 경향들 사이에 균형을 잡는 사고이다. 그것은 다양한 차원에 있는 세계와 인간에 대한 통전적인 시각(holistic view)이다. 통전적 조망은 인간 사고의 경제적이고 사회적인 정치적인 차원과 감성적이고 윤리적이고 종교적인 차원을 균형있게 파악하는 사고이다. 다시 말하면, 기능적인 차원과 인격적인 차원을 함께 보는 것이다. 그리고 부분적으로 국부적으로 보지 않고 통전적으로 파악하는 사고방식이다. 그리하여 현대성이 가진 표면적이고 표상적인 문화와 기술의 차원에서 벗어나 종교적이고 심층적이며 윤리적인 차원을 향한 통찰을 갖는 것이다. 이것은 부분적인 시각에서 벗어나 전체적인 시각으로 나아가는 것이다. 이 통전적인 조망은 인류의 사고를 기능적 차원으로부터 벗어나도록 하여 인간의 정서와 감정에 상응하고 환경에 친화하도록 하는 것이다.

(6) 종교에 대한 새로운 요청

포이에르바하, 마르크스와 니체가 진단하고 예견한 종교의 소멸은 후기현대에 일어나지 않았다. 전통종교의 신자가 감소되는 것은 사실이나 이것은 제도적 종교의 나약성 때문이지 종교자체가 환상이거나 무력한 것 때문은 아니다. 근대의 무신론자들이 외친 '종교의 소멸' 이란 거대한 환상이었다.[20] 오늘날 복음주의 교회, 오순절 교회, 은사교회는 지속적으로 성장하고 있으며 세속적 형태의 종교들도 번성하고 있다.[21] 미국을 위시하여 세계적으로 개신교 안에서 일어나고 있는 제3의 물결 운동은 이러한 현대주의적 종교비판이 환상이었다는 것을 단적으로 보여준다.

독일의 비판사회철학자, 호르커하이머(M. Horkheimer)는 모더니티의 난관에 직면하여 '전적 타자' (das ganz Andere)에 대한 종교적 요구를 피력했다. 종교 없이는 참과 거짓, 사랑과 증오, 도움의 자세와 이윤욕, 도덕과 비도덕 사이를 구분하는 기반이 없어진다. 전적 타자 없이는 온전한 정의에 대한 향수는 충족되지 못하고 궁극적으로는 살인자가 죄 없는 희생자들에 대하여 승리한다. 신이라고 부를 수 있는 궁극적 현실 없이는 위로에 대한 우리의 요구는 충족되지 못한다.[22] 따라서 철학은 종교에 지시되어야 한다. 신앙적 유대인 레비나스(E. Levinas)는 다음같이 말하고 바르게 말하고 있다. "종교는 훨씬 더 많이 안다. 종교는 훨씬 더 많이 안다고 믿는다. 철학이 위로할 수 있다고 나는 믿지는 않는다. 위로는 전혀 다른 기능이다. 그것은 종교적 기능이다."[23] 종교의 신비적 측면이 다시 부각되어야 한다. "오늘날 철학과 우주론에서 실제적으로 신을 가리키는 근본적 발전이 있다."[24]

3. 복음주의의 문화적 태도 유형

포스트모더니티, 즉 후기현대성에 대한 복음주의적 문화적 태도는 다음 네 가지 유형으로 분류될 수 있다. 첫째는 후기현대성을 실용주의적 태도로서 이해하는 실용적 유형이다. 이 유형은 주로 대형교회 목회자들을 중심으로 취해지고 있다. 둘째는 후기현대성을 반기독교적으로 보고 현대성뿐만 아니라 후기현대성에 대해서도 반대의 입장을 취하는 근본주의 유형이다. 이 유형은 주로 복음주의 안에 있는 근본주의 그룹에 의하여 대표되고 있다. 셋째는 후기현대성을 적극적으로 환영하면서 심지어는 기독교회 및 신학의 이해도 후기현대성의 패러다임에 따라서 개조하는 프로그램을 제시하는 진보적 유형이다. 이에는 스탠리 그렌츠(Stanley Grenz)를 비롯한 복음주의 내(內) 좌파(左派, the Evangelical Left)가 속한다. 넷째는 후기현대성을 공헌을 종교개혁의 정신 아래서 비판적으로 수용하면서 교회와 신학의 새로운 이해를 시도하는 변혁적 유형이다. 여기에는 개혁주의 전통에 서 있는 복음주의 그룹이 속한다.

(1) 실용주의 성향의 복음주의

미국 버지니아대의 사회학 교수인 제임스 헌터(James D. Hunter)는 복음주의 계통의 16개 대학교의 학생들과 교수진들을 분석하였다. 그 결과에 대하여 헌터는 "67%가 자기들이 불신자들에게 복음을 받아들이는 이유에 대해서 설명할 때 제시할 첫 번째는 '인생의 의미와 목적에 대한 인식'을 들거나 '하나님이 내 삶에 변화를 주셨다.'는 것임을 말하고 있다." 그리고 복음주의 신학생들이 "46%가 대부분 상황에서 사람들에게 회개하지 않으면 지옥에 갈 것이라고 말하는 것을 '아주 밥맛없이' 느끼고 있다." 말하고 있다.[25] 오늘날 실용주의 복음주의자들은 기독교 메시지가 가졌던 구원, 이신득의, 하나님과의 화목, 심판, 지옥 같은 주제들에 관해서 큰 관심이 없다. 오늘날 실용주의 복음주의자들에게는 진리의 기준이 참이냐 아니냐가 아니라 효험이 있느냐는 것이다. 실용주의 복음주의자들은 기도도 하나님과의 인격적인 관계라기보다는 하나님을 조작하고 조종하는 일종의 테크닉으로 변모될 위험성을 안고 있다. 여기에 대표적인 주자들이 미국의 수정교회를 담임하며 가능성의 복음을 선포하는 미국의 텔레비전 전도자들과 로버트 슐러(Robert Schuller)와 한국어의도 순복음교회의 조용기이다.[26]

실용주의자들은 회심을 하나님의 초자연적 개입보다는 수단의 올바른 사용으로 본다(찰스 피니). 구원은 하나님의 주권적이고 성스러운 일이 아니라 하나의 테크닉이 되어 버린다. 신앙치유가들(faith healers)은 믿음을 우주적 능력의 스위치를 누르는 손가락이라고 말한다. 패트 로버트선(Pat Robertson)은 신자들에게 번영의 법칙을 활용하라고 권한다. "그것은 마치 라디오 주파수나 텔레비전의 채널을 맞추는 것과 같아서 바른 주파수를 맞추기만 하면 그 프로그램을 잡을 수 있는 것과 마찬가지다."[27] 여기서 기적이란 하나님이 일으키시는 주권적인 초자연적 사역이라기보다는 우리가 우주적 능력의 스위치를 바로 누르기만 하면 하나님의 치유력은 이에 꼼짝할 수 없이 따를 수밖에 없는 영적 공식이 되어 버린다. 치유란 하나님의 신비스럽고 주권적인 능력이라기보다는 올바른 원리와 테크닉과 방법에서 필연적으로 따르는 결과와 같은 것이 되어 버린다. 실용주의자들은 하나님과 우주를 마음대로 조작할 수 있다고 하기에 이른다. 그리하여 실용주의자들은 기적이란 초자연적 사건이라기보다는 자연법칙과 마찬가지로 예측 가능한 것으로 본다.

(2) 근본주의 성향의 복음주의

근본주의 성향을 지닌 복음주의의 그룹은 아직도 현대를 반대하고 과거로 되돌아가자는 복구적인 반현대주의 입장에 서 있다. 이 그룹은 각종 국제 기구에 대하여 좌경(左傾)이라고 하여 교류를 끊음으로써 신학적으로 선교적으로 고립에 처해 있다. 이 그룹의 복음주의자들은 문화와 현실에 대하여 매우 부정적이고 은둔적 전투적 자세를 지닌 복음주의자들이다. 이들은 미국의 국제 복음주의 협의회(I.C.C.C.) 계열에 주로 속한 그룹으로서 한국교회의 복음주의자들 가운데 이에 속하는 자들이 적지 않다.

미국의 침례교 복음주의자 칼 헨리(Carl F. Henry)는 1976년의 저서 『정체성을 찾는 복음주의자들』(*Evangelicals in search of Identity*)에서 근본주의의 사고방식을 다음같이 피력한다. "복음주의 주요흐름으로 하여금 극우익 근본주의자들에 관하여 슬프게 하는 것은 그들의 개인적 율법주의, 진보교육의 중지, 성서비판 자체의 경멸, 신학토론에 대한 부정적 태도, 에큐메니칼에 관계한 교단에 있는 자들에 대한 정죄적 태도, 기독교 반공주의와 기독교 자본주의로 정의된 무비판적인 정치적 보수였다. 그리고 그들은 복음을 우익적으로 정치화하면서 좌익적으로 정치화하는 것을 개탄하였다."[28] 칼 헨리가 지적하는 것처럼 근본주의는 부정(否定)과 비판을 통해서 현상을 유지하고자 하였다. 그리하여 긍정적인 세계관을 제시하는 데 실패함으로써 근본주의는 종교적 운동에서 하나의 종교적 사고방식(*a religious mentality*)으로 변질되었다.[29]

(3) 진보주의 성향의 복음주의

밀라드 에릭슨(Millard J. Erickson)은 그의 1997년 저서 『복음주의 좌파』(*The Evangelical Left: Encountering Postconservative Evangelical Theology*)라는 저서에서 1990년대의 미국 복음주의 현황을 분석하였다. 이에 따르면 미국의 보수주의 신학자 가운데 램, 피노크, 그렌츠는 후기 보수주의(postconservativism) 경향을 나타내고 있다.[30]

그렌츠(Stanley Grenz)는 램과 피노크보다 포스트모더니티, 즉, 후기현대성을 보다 적극적으로 수용하고 있다. 1993년 그의 저서 『복음주의 신학의 수정』(*Revisioning Evangelical Theology*)에서 그렌츠는 신학을 하는 새로운 접근을 제시한다. 그는 신복음주의는 복음주의의 유일한 표현이 아니라 단지 하나의 표현이라고 본다. 그는 복음주의의 정체성을 특별한 영성과 관련하여 정의하고자 한다. 교리는 체험에서 나오나 교리는 체험을 형성한다. 그렌츠는 체험과 교리의 상호관계성을 말한다. "복음주의의 덕성은 어떤 세대나 어떤 표현에서나 신학에 자리 잡은 체험적 경건이다."[31] 그는 수정된 복음주의를 제시하기 위하여 전통적 복음주의를 개조한다. 독일의 복음주의 신학자 보크뮐(Klaus Bockmuehl)이 시도한 바 성경에서 발견되는 교리를 체계화 하는 것이 고전적 형식의 복음주의였다. 그렌츠는 "이것은 성경의 권위를 바르게 붙잡고 있으나 이 접근은 수정된 복음주의 신학을 위한 촉매로서 기능할 수 없다."라고 피력한다.[32] 이러한 고전적 접근은 자유주의자와 신정통주의자들에 의하여 공격을 받았다.

그렌츠는 서사(敍事)적 접근(a narrative approach)을 제시한다. 여기서 이야기란 역사 안의 하나님의 사역에 대한 이야기이다. 이것은 신학이 '신앙 공동체 안에서'(within the faith community)만 수행될 수 있다는 것을 의미한다.[33] "수정된 복음주의 신학은 실재의 모델을 구축하기 위하여 신앙하는 공동체의 신앙 헌신에 대한 반성을 추구한다."[34] 여기서 그렌츠는 교리의 본질에 대한 미국 예일의 역사신학자 린데벡(George Lindbeck)의 후기자유주의의 이해에 명료히 동의하고 있다.[35]

그렌츠가 시도하는 서사적 시도는 신앙공동체의 헌신에서 나오는 것으로 본다. 그러나 서사적 접근은 하나님의 말씀을 형성하는 인간 공동체의 역할을 강조함으로써 계시의 초역사성, 다시 말하면, 말씀과 성령과 성례전에 의하여 이루어지는 초인간 신앙공동체적 성격을 등한시 한다. 그리하여 서사적 접근은 신학을 하나님의 계시적 사건에 대한 기술(記述)이 아니라 하나님의 사역에 대한 인간적 서사로 다룸으로써 신학의 객관성과 초월성을 약화시키는 위험성을 지니고 있다.

그렌츠는 전통적 복음주의가 단지 성경에서만 신학 자료를 찾는 것과는 달리 신학 자료를 세 가지로 제안한다. 그것들은 성경과 신앙공동체와 현대문화이다. 그러나 그는 자료와 규범을 일치시킨다. 여기서 그렌츠는 신학의 자료와 신학의 규범을 구분하지 않고 일치 내지 혼동함으로써 성경 유일의 복음주의 원리에서 멀어지고 있다. 그 자신도 신학이 문화에 너무나 적응하는 위험성을 경고하고 있다.[36] 그러나 그는 신학이 항상 특수한 역사적이고 문화적인 맥락에서 그것의 역할을 다한다고 봄으로써 신학과 교리의 역사적 상대성을 강조하고 있다. 그의 신학 개념은 현대 문화에 너무 적응함으로써 복음주의의 역사적 정체성을 약화시키고 있다.

(4) 문화변혁 성향의 복음주의

문화변혁 성향의 복음주의는 후기현대성을 현대성에 대한 내재적 비판으로 이해한다. 후기현대성을 현대성에 대한 계몽으로 본다. 후기현대성을 과거로 돌아가는 후퇴나 퇴보가 아니라 미래를 향한 깨어있고 바른 길로 본다. 후기현대성이란 한편으로는 인간 자율성과 과학적 객관성이 문화의 기초라고 주장하는 현대성의 계몽주의에 대한 수정을 본다. 그러나 후기현대성은 현대의 위기를 비판하는 것이지 현대성이 추구한 인간주의 이상과 인간 자율성과 이성적 비판과 사회적 자유라는 가치를 여전히 다른 면에서 신봉하고 있다. 이런 면에서 현대후기성은 현대성의 연속선상에 있다. 문화변혁의 복음주의는 후기현대성을 현대성의 지양(Aufhebung der Moderne)이요 현대성에 대한 건설적 비판으로 평가한다. 그러므로 변혁적 복음주의는 후기현대성에 대하여 비판적이며 긍정적인 자세를 동시에 갖는다.

미국이나 한국에서 복음주의 진영은 사회적 영향력의 측면에서 '제2의 절정기'를 맞고 있다. 전반적으로 보수적인 색채를 보이는 이들은 거대한 세력을 형성해 국가정책 결정과 사회적 주요의제에 영향을 미치고 있다. 2005년 6월 28일 미국 《오늘날의 기독교》(Christianity Today)는 사설을 통해 '미국 복음주의자들이 전성기를 맞았다'고 평가하며 기독교인들의 사회적 책임이 더욱 확대되고 있다고 피력하였다. 이 사설에 따르면 지미 카터(Jimmy Carter)가 대통령으로 선출되었을 때 《뉴스 위크》지는 1976년을 '복음주의의 해'라고 이름 붙였다. 1976년을 카터 대통령을 위시해 성경을 진지하게 받아들이는 군중들로 말미암은 미디어 탄생의 해라고 볼 때, 2005년은 29년을 맞은 복음주의자들의 시대라고 할 수 있다.[37]

이러한 가운데 미국 동침례교신학대 교수인 복음주의 신학자 론 사이더(Ron Sider)가 2005년 그의 저서 『복음주의 양심의 추문』(The Scandal of Evangelical Conscience)에서 피력한 미국 복음주의에 대한 비판은 주목할 만하다.[38] 마크 놀(Mark Noll)이 1995년 『복음주의 지성의 스캔들』(The Scandal of Evangelical Mind)이라는 저서에서 미국의 복음주의가 지성에 등을 돌리는 반지성주의적 추문에 빠져 있다는 것[39]을 지적한 데 대하여, 사이드는 현재 미국 복음주의의 위기는 정신과 마음을 포괄하는 것이라고 지적한다. 사이드는 미국의 복음주의 운동이 위선으로 가득 차 있으며 진지한 변화의 시기에 즈음하고 있다고 말하고 있다. 그는 《오늘날의 기독교》(Christianity Today) 잡지사와의 인터뷰에서 그의 저서에서 논한 비판에 관하여 다음같이 설명한다. "문제의 핵심은 우리가 설교하는 것대로 살지 않는다는 추문적 실패이다. 비극이란 갤럽과 바나에 의한 여론조사가 복음주의자들이 바로 세상사람들처럼 살고 있다는 것을 보여주는 것이다. … 성경적 신앙과 우리의 실천이 연결되지 못함(disconnect between our biblical beliefs and our practice)이 바로 가슴이 터지는 일(heart-rending)이다."[40] 그는 예를 들기를, 미국의 복음주의 신자들 그리고 중생한 신자들이 일반 사람들보다 더하지는 않으나 자주 이혼한다. 바나 조사에 의하면 이혼한 중생한 신자들의 90%가 그들이 그리스도를 영접한 후에 이혼한다는 것이다. 성적인 문란에 있어서 복음주의 신자들은 일반 사람들보다 조금만 좋을 뿐이라는 것이다. 조시 맥도웰은 복음주의 청년은 아마도 10% 좋을 뿐이라고 평가한다.[41]

한국에서는 복음주의 기독교 세력이 연합진영을 형성하며 70, 80년대 이후 상실한 대사회적인 영향력을 점차 키워가고 있다. 이와 같은 현상은 한국기독교 총연합회와 기독교사회책임의 연대, 그리고 기독교계 실업인 등 평신도들과 중진급 목회자들이 주축이 되어 일으킨 '신보수'의 기치를 내건 뉴라이트 운동의 양대 산맥을 통해 드러나고 있다. 특별한 것은 1970년대, 80년대 한국사회 변혁의 목소리가 주로 민중신학을 기반으로 한 진보진영에서 나온 반면, 현재 일고 있는 한국사회 변혁과 화합의 움직임은 복음주의 진영의 영성이 시민사회의 운동역량으로 이어지면서 일어나고 있다는 점이다.[42] 2005년 7월 25일 대학로에서 가진 복음주의 진영의 모임에 수만 명이 참석했는데 여기에 보수 진영의 연합단체인 한기총이 북한인권개선과 핵폐기를 촉구하였다. 이처럼 한국복음주의자들이 사회적 이슈에 관심을 표명하는 것은 이들의 사회적 책임의식 각성 상태를 나타낸다. 바람직한 일이다. 더 나아가 복음주의자들의 개인적인 삶 그리고 교회 공동체의 삶 그 자체가 사회에 대하여 모범이 될 수 있어야 한다.

4. 포스트모던문화에 대한 복음주의적 대안

변혁적 복음주의는 후기현대에서 복음주의가 나아가야 할 신학적 길이다. 변혁적 복음주의의 과제는 다음과 같다.

(1) 텍스트 배후에 실재는 있다

개혁신학적 입장에 의하면 우리는 불변하는 현실보다는 변화하고 도전해오는 창조적이고 구체적 실재를 찾아야 한다. 이 실재는 하나님이 창조하신 세계이며 그가 섭리하시는 현실이다. 보편적 실재란 추상적이다. 구체적 실재가 더 중요하다. 추상적 실재가 아니라 구체적 실재가 우리에게 의미를 지닌다. 그것은 하나님의 주권적 섭리가 시행되는 우리들의 구체적인 생활세계의 현실이다. 거대담론에 대하여 말할 수는 없다고 하더라도 작은 경험, 작은 주체에 대하여 말하는 것은 옳다고 말할 수 있다. 작은 경험이란 무엇이 실재이며 현실이라는 것과 분리하여 생각할 수 없다.

그런데 포스트모던주의자들은 현실과 실재보다는 텍스트나 가상을 더욱 중시하고 있다. 이것은 마치 예수의 부활사건의 의미만을 중요시하고 그것이 실제로 일어난 사건이 아니라고 하는 현대 자유주의 신학자들의 입장처럼 모순적이다. 모든 이야기나 담론 배후에는 구체적 사실, 실재가 있다. 성경이 이야기에서 그것은 하나님이 우리에게 보여주신 구속사적 계시사건이다. 만일 언어가 그것이 가리키는 사실이나 실재를 지시하지 못할 때 우리는 진리에 관하여 아무런 말도 할 수 없게 된다.

(2) 실재는 상호작용(interaction)을 통하여 존재한다

사실 배후에 있는 현실 또는 실재 사건이란 단지 사실의 총합이나 집합

이상의 가치를 가지고 있다. 이 현실 또는 실재 사건은 우리를 자극하기도 하는 아름답기도 하고 지루하기도 하고 추하기도 한 가치를 가지고 있다. 그래서 단순한 사실이나 대상조차도 단지 사실이나 대상으로만 있는 것이 아니라 수많은 의미 차원을 가지고 있다. 이야기와 사건, 담론과 사건, 텍스트와 사건 사이에 어떤 이원론이 있다는 것은 아니다. 예컨대 예수의 부활사건은 단지 과거에 일어난 역사적 사건에 머물지 않고 우리의 신앙과 삶을 결단하게 하는 의미의 사건으로 우리 교회와 신자들에게 다가온다. 구속사적인 부활사건은 한편으로 우리의 신앙과는 독립적으로 객관적으로 일어난 사건이나 다른 한편으로 그것은 동시에 우리의 신앙을 일으키고 우리에게 소망을 주는 역동적인 사건으로 다가오는 것이다.

(3) 텍스트의 규범성이란, 텍스트 배후를 가리키는 실재연관성이다

리꾀르 말처럼 좋은 텍스트란 재해석의 가능성 있는 텍스트이다. 텍스트는 현실을 해소시키는 것이 아니다. 텍스트는 그것이 지시하는 실재에 관계한다. 그것이 바로 현실이다. 현실이란 텍스트가 아니다. 현실이란 텍스트가 지시되는 차원이다. 그것은 마치 사진과 현실이 구별되어야 하고 이론과 실재가 구별되는 것과 같다. 텍스트가 지시하는 구체적 실재를 인정하고 관심을 가지는 것은 데카르트 이후의 개인주의를 극복하는 길이다. 예컨대 복음서의 부활기사는 역사적 예수의 부활이라는 실재적 사건을 지시한다. 부활기사에 관한 좋은 텍스트란 이 객관적으로 일어난 부활사건을 가르쳐 주는 것이요 이 부활 사건을 있는 그대로 독자에게 알려주는 텍스트이다.

(4) 객관적인 의미와 가치는 존재한다

해체주의는 '본래적 의미', '의미 그 자체'와 같은 객관적인 의미를 부정한다. 해체주의에 의하면 "의미란 사물에 있는 것이 아니라 사이에 있다."
의미는 "상호 작용, 상호 연결, 교차, 교차로에 있다."[43] 해체주의에서 의미는
상호관계적인 관점에서 반복적으로 나타나고 사라진다. 의미는 문자적으로
고정된 것이 아니라 다의적이기 때문에 비의적인 enigmatic(형태)를 가지고
있다고 본다. '비의적인 형태가 살아 있는 형태' 라고 본다.[44]

그러므로 해체주의는 진리를 부정한다. 그러므로 해체주의 사고에서
는 만족할 만한 해결이 없으며 쉴만한 처소가 없다. 여기서는 진리란 '되어감
의 정지' (unbecoming)다. 모든 명제는 되어감으로만 존재한다. 그러므로 진리
가 객관적으로 있다고 말하는 것은 되어감을 부정하는 것이 된다. 진리를 부
정하는 것은 인간의 끊임없는 방황을 인정하는 것이다. 그것은 인간의 자유를
선언하는 것으로 본다. 이러한 해체주의적 사고는 허무주의로 떨어진다. 복음
주의에 의하면 인간을 떠나서도 의미와 가치는 객관적으로 존재한다. 인식되
지 아니한 의미와 가치는 단지 인간에게 감추어져 있을 뿐이다. 그러므로 진
리는 인간을 떠나서 그 자체적으로 존재한다. 인간이 단지 그 진리를 인식하
지 못할 뿐이다. 인간의 자유는 절대적인 것이 아니다. 진리의 처소와 판단의
기준이 있음으로써 인간은 비로소 바로 생각하고 바로 행동할 수 있다.

(5) 과학과 이성의 새로운 이해

복음주의는 과학과 이성에 관하여 다음 두 가지를 말할 수 있다.

첫째, 우리는 모더니티가 주장하는 객관적 합리성을 보장할 수는 없
다. 이런 의미에서 복음주의는 후기현대성을 수용한다. 쿤(Th. Kuhn)과 파이
어아벤트(P. Feyerabend)와 폴라니(M.V Polanyi) 등이 지적하는 것처럼 인간의
과학적 활동은 객관성에 의하여 진행되는 것이 아니라 인간의 해석틀, 인간의
기호, 인간의 주관적 개입에 의하여 지배된다.[45] 그러므로 엄격한 객관적 합리
성을 보장할 수 없다. 한 체계 내에서 오류추리로 판단되는 것은 다른 체계에

서는 합리적인 것으로 받아들여진다. 여기서 인간이성은 다양한 체계 속에서의 모순과 불일치로 특정지어진다. 여기에서 기존 패러다임을 파괴하는 새로운 패러다임이 나타난다. 그러므로 포스트모더니티는 과학적 객관주의와 이성적 합리주의의 우상을 붕괴시켰다. 이것은 토대주의(foundationalism)의 붕괴이다.[46] 여기서 복음주의는 진정한 의미의 비판적 이성이 가능하다고 본다. 가다머(H. G. Gadamer)가 지적하는 것처럼 지식의 자율적이고 객관주의적 이념은 선입견에 대한 계몽주의적 편견에 기초하고 있다.

둘째, 우리는 인식의 상대주의에 떨어지지 않고 실재하는 진리를 추구한다. 이런 의미에서 복음주의는 후기현대성을 비판한다. 인간 이성이란 진리의 자율적 독재자가 아니라 놀이나 대화의 참여자이다. 가다머는 해체주의자들이 표명하는 바 철학의 종말이라는 극단적 주장에 동조하기를 거부하고 선입견을 이해의 구조로서 영향사적으로 수행하는 해석학의 길을 제시하고 있다.[47] 이성은 더 이상 지식에 대한 자율적 재판관이나 정립자가 아니라 먼저 주어진 감각자료에 대한 반응적 기능자이다. 인간의 이성은 주어진 하나님 말씀에 대한 경청자이다. 인간의 이성은 더 깊은 차원에 있어서는 이성 이전(以前)의, 실천적인, 실존적인, 신앙적 차원에 의하여 지배받고 있다.[48] 뽈 리꾀르(P. Ricoeur)도 토대주의에 대항하여 사고가 상징을 야기시키는 것이 아니라 상징이 사상을 야기시킨다는 해석학적 길을 제시하고 있다.

(6) 다양성과 관용성에 대한 새로운 이해

복음주의는 후기현대성이 말하는 다양성과 관용성을 수용한다. 복음주의자들은 성령의 은사로서 다양성과 관용성을 우리 주 예수 그리스도로부터 부여받았기 때문이다. 이것은 우리와 다른 타자의 실재와 재능을 겸허하게 인정하는 사고이다. 복음주의자들이 교파적인 장벽을 가지고 이웃과 타자의 차이성을 인정하지 않는 것은 주님이 주신 은사의 다양성을 인정하지 않는 폐쇄적 사고방식이다. 그러므로 복음주의자들은 포스트모더니티의 다원성과 관용성을 긍정적으로 수용해야 한다. 다원성과 관용성은 열린 태도로서 초대교회의 특징인 은사 공동체의 사고에 상응하기 때문이다.

그러나 이것은 예수 그리스도의 유일성을 포기하는 종교다원주의를 허용하자는 것은 아니다. 종교다원주의의 허용은 복음주의자들로 하여금 교회와 신학의 전통을 부정하는 해체주의 사고에 빠지도록 하는 것이다. 복음주의는 전통과 단절하는 것이 아니라 전통에 대해 비판적으로 반성하고 전통에서 그 위기를 극복하는 지혜를 배우는 것이 요청된다. 교파의 연합은 진실로 요청되는 일이다. '우리 교파만이', '우리의 신학만이' 라는 배타적이고 독선적인 사고를 버려야 한다. 그리고 그리스도를 구주로 영접하는 전 교회만이 아니라 하나님이 창조하신 전 세계를 향하여 선교를 위하여 열려야 한다.

(7) 권위와 경전(經典)에 대한 새로운 인식

복음주의는 권위와 경건에 대한 비판적 복권을 시도해야 한다. 오늘날 포스트모더니티가 몰고 온 상대주의(relativism)와 복수주의(pluralism)에 의하여 권위와 경전은 도전받고 있다.[49] 해체주의는 권위와 경전을 부정함으로써 가치와 인식의 무정부 상황에 빠지고 있다. 복음주의는 이런 의미에서 후기현대성에 대한 비판을 수행한다. 세계개혁교회연맹(WARC, World Alliance of Reformed Churches)은 포스트모던 사조가 성경전통에 위배된다고 입장을 표명했다.[50] "모든 사조가 나름대로의 권리가 있고 또 절대를 주장하는 시대가 끝난 것은 사실이다. 그러나 기독교회는 모든 사람의 사고에 준거가 되는 보편적 진리와 가치가 있다는 사실을 부인할 수 없다." 세계개혁교회연맹이 피력하는 것처럼 성경문화가 포스트모던의 문화와 반대되는 것이 명백하다.

포스트모더니티는 우리 시대의 딜레마에 대한 응답이며 사람들을 획일화하고 억눌렀던 지난 시대의 사고에 대한 문제제기이긴 하다. 그러나 삶과 죽음, 선과 악, 사랑과 증오 등 양극 대결은 여전히 지속되고 있다. 그리고 진리추구와 신의 탐구는 포기할 수 없는 문제이다. 독단적인 권위와 인위적인 경전은 비판되고 다시 음미되어야 한다. 그러나 권위와 경전 자체가 부정될 때 인간의 사고와 행동은 그 방향을 상실하고 허무주의에 빠지게 된다. 21세기에 있어서 기독교 신앙과 신학의 정체성 확보를 위해서는 기독교 경전인 성경이 하나님 말씀이라는 사실에 대한 재발견이 요청된다.

(8) 보편적인 가치와 윤리관 제시

복음주의는 가치와 윤리의 상대주의에 대하여 보편적 가치와 윤리관을 제시한다. 가치와 윤리의 이념이 거부되면서 포스트모던 사회는 상대주의와 허무주의에 사로잡히고 있다. 오늘날 포스트모던인들은 각자가 스스로 옳다고 생각하는 바를 행해야 하는 사사의 시대(the time of Judges)에 살고 있다. 그래서 핵의 사용, 정보처리, 유전 공학, 배아복제, 심지어 개체복제 등에서 남용가능성이 논란되고 있다. 포스트모던 사회는 인간이 발전시킨 과학기술이 인류를 위하여 선하게 사용된다는 데 대한 확신보다는 인류를 파멸에 넣을 수 있다는 두려움에 사로 잡혀 있다.

복음주의자로서 우리는 보편적 진리, 보편적 의미, 보편적 가치, 보편적 윤리가 없다고 주장하는 료타르의 포스트모던 착상을 수용할 수 없다. 이런 의미에서 복음주의는 후기현대성을 비판한다. 비록 사고방식과 문화와 풍습이 다르고 다양하다고 할지라도 인류가 추구해야 하고, 추구할 수 있는 보편적인 진리와 의미와 가치와 윤리는 있다. 지식이 선하다는 현대성(modernity)의 신념이 여전히 유효하며 지식과 그것의 선한 사용 사이에는 긴밀한 연관이 있다. 모더니티가 추구했던 보편적인 가치의 추구는 여전히 신앙인인 우리들 앞에 과제로 놓여 있다. 하버마스(J. Habermas)가 말하는 바 현대성의 미완성의 극복은 이성이 아니라 신앙에 의하여 이루어진다. 진리와 의미와 가치와 윤리는 인간이 자의대로 설정하는 것이 아니라 하나님의 창조 질서와 뜻에 비추어 해석되어야 한다. 복음주의는 가치나 윤리의 상황적 맥락을 인정한다. 그러나 상황윤리학자들(situational ethicists)이 말하는 바 같이 상대주의를 인정하지는 않는다. 가치와 윤리는 하나님의 무한한 요청과 가치판단과 윤리적 행위가 요구되는 인간적 상황 사이의 역설적인 관계 속에서 역동적으로 조명되어야 한다.

*

포스트모던 문화 속에서 복음주의는 실용주의 성향이나, 근본주의 성향, 진보주의 성향보다는 변혁주의 성향으로 나아가야 하겠다. 그것은 포스트모더니티를 복음의 빛 속에서 비판적으로 반성하면서 새로운 복음주의적 문화를 형성하는 것이다. 포스트모더니티의 공헌은 인간 이성의 자율성과 과학의 권능과 역사의 진보를 맹목적으로 신뢰한 계몽주의의 환상을 깨뜨린 점에 있다. 그러나 포스트모더니티가 극단화하여 진리와 가치를 부정하는 해체주의로 나아갈 때 21세기는 혼돈과 해체의 심연으로 떨어지고 말 것이다.

포스트모더니티는 기독교 신앙을 위해서는 하나의 큰 기회다. 이 기회란 계몽주의적 이성적 전통이 비판하고 유래했던 기독교적 전통의 보고를 복권시키고 오늘날의 패러다임에서 해석하는 새로운 착상을 배우는 것이다. 새로운 착상은 모더니티가 합리성과 실증성이라는 모토 아래 상실한 현실의 깊이 차원인 거룩성과 종교성의 차원, 다시 말하면 하나님 말씀을 다시 발견하는 데서 시작한다. 그것은 인간 이성 이전에 존재하는 존재의 거룩한 질서, 즉 하나님의 계시를 향하여 열리는 것이다. 이성은 단순히 이성에 의하여 고쳐지지 않는다. 과학의 미흡이나 기술의 손상도 단순히 과학이나 기술로써 치유되지 않는다. 자연과학이나 기술은 여태까지의 덕성을 해소시킬 수 있으나 새로운 윤리를 정초할 수 없다. 윤리와 가치의 새로운 착상이란 에밀 브룬너의 표현

을 빌리면 하나님의 자기계시를 향하여 열리는 계시적 사고, 뽈 리꾀르의 표현
에 의하면 상징을 향하여 열리고 경청하는 해석학적 사유에 의하여 가능하다.
이 하나님의 계시는 바로 성경인 하나님의 말씀이다.

chapter 6
21세기와 신학의 새 패러다임

21세기에 들어와 기독교 신학은 새로운 패러다임을 요청받고 있다. 그것은 21세기라는 새로운 시대의 특성이 제기하는 문제는 여태까지의 신학의 패러다임을 가지고는 해결할 수 없기 때문이다.

포스트모더니즘이 몰고 온 해체사상은 성경의 권위를 해체시키고 있다. 포스트모더니즘을 신학적으로 처방하는 포스트모던 신학의 정립이 요청된다. 모더니즘이 제시한 역사비평적 성경해석은 성경본문을 여러 다른 출처로부터 나온 전승 자료들을 모은 신앙공동체 내지 편집자의 산물로 보고 본문의 통일성을 인정치 않고 파편화시킴으로써 해체의 선구자 역할을 하였다.

성경해석학의 새 패러다임은 성경의 본문을 되찾고 성경 해석을 교회의 신앙고백의 전통에 맞도록 하는 성경해석의 새로운 방법을 정립하는 것이다. 그리고 성령론의 새로운 정립이 요청된다. 개혁신학의 성령론은 성령의 현재적 사역을 교리적으로 인정하지마는 실제적으로는 은사 종결론(cessationism)을 주장함으로써 교회의 성령 경험과는 상치되는 결과를 초래했다. 개혁교회가 교리적으로는 기적을 인정하면서도 구체적으로 일어난 기적이나 은사에 대해서는 사이비성을 부여하는 사태가 일어난 것이다. 이것은 교회의 공동체적인 신앙경험에 맞지 않으며 목회적 경험을 중요시 했던 교부들의 성령의 경험과도 부합하지 않는다.

20세기의 과도한 개발과 자원사용과 환경의 파괴와 오염은 생태적 위기를 초래했다. 여기에 일부 역사적 기독교는 한편으로는 창조의 명령을 인본주의적으로 이해함으로써 자원남용과 환경 파괴에 책임이 있다. 따라서 기독교는 환경과 생태에 대한 새로운 의식을 각성함으로써 올바른 환경과 생태의식을 제시해주어야 한다. 정보통신 기술의 발전과 더불어 출현한 사이버 공간은 시간과 공간의 장벽을 제거하고 정보의 보고를 열어주었다. 기독교는 이 새로운 공간의 사용에 대한 방향을 지시해 주어야 한다.

유전자 공학이 발전함으로써 가축들의 장기 속에서 인간 장기를 생산하는 실험이 성공하고 있다. 생명 복제기술이 발전함으로써 양과 소의 복제에 이어 영장류인 원숭이 복제에 성공함으로써 인간 복제에 다가서고 있다. 여기서 기독교 윤리는 인간 생명의 존엄과 직결되는 문제를 다루어야 한다.

1999년까지 인류는 시한부 종말론의 열병에 휩싸였다. 21세기에 들어온 이후에도 열병은 식어지지 않고 새로운 방식으로 다시 일어날 것이다. 그뿐 아니라 종말론과 관련하여 보편구원론이 하나님의 사랑의 속성과 관련하여 하나의 새로운 파도를 타고 있다. 여기서 신학은 이러한 보편구원론의 대두와 더불어 종말론에 대한 올바른 견해를 피력해야 할 것이다. 이러한 여러 가지 문제를 해결하기 위해서 신학의 패러다임 전환이 요청된다.

*

1. 패러다임의 변천

패러다임이란 미국의 물리학자요 과학사가인 쿤(Thomas S. Kuhn)이 그의 유명한 저서 『과학혁명의 구조』(*The Structure of Scientific Revolutions*)에서 이 용어를 제일 먼저 사용했다. 쿤은 패러다임을 다음같이 정의한다. 패러다임이란 "주어진 공동체 구성원에 의하여 공유되는 신념이나 가치나 기술의 전 체계"(an entire constellation of beliefs, values, techniques and so on shared by the members of a given community)[1]이다. 독일 신학자 큉은 '패러다임' 이란 용어는 특수하게는 본래 실험을 위한 '모범 예'(Musterbeispiel)로서 이해되었음으로 애매하다고 본다. 그래서 그는 패러다임이라는 용어 대신에 해석모델(interpretative models), '설명의 모델'(Erklaerugsmodelle) 내지 '이해의 모델'(Verstehensmodelle)이라는 용어를 사용한다.[2]

저자는 패러다임을 문제 상황을 해결하는 이해의 틀 내지 해석의 틀(framework)로 이해하고자 한다. 현존하는 규칙들과 방법들이 통용되지 않는 곳에서 그것들은 새로운 것을 추구한다. 여기서 새로운 패러다임, 즉 해석의 틀이 형성된다.

그 구체적인 예로서는 톨레미 천문학이 근대에 와서 코페르니쿠스 천문학으로 바뀌고, 아리스토텔레스 역학이 근대에 와서 뉴턴역학으로 바뀌고 현대에 와서 다시 양자역학으로 바뀌는 것으로 설명된다. 패러다임은 여기서 하나의 신앙고백과 같은 성격을 가진다. 그래서 쿤(Thomas Kuhn)은 한 학자가 여태까지 사용해온 자기의 패러다임을 버리고 다른 패러다임을 수용하는 것은 종교적 의미에 있어서 '개종'(conversion)과 같은 성격을 갖는다고 설명한다. 자연과학에서처럼 신학에서도 점증하는 위기의식이 여태까지 타당한 근본신념의 변천을 초래하고 새로운 해석모델 내지 패러다임으로 나아가는 출발상황이었다.

쿤은 그의 저서 후기(後記)에 다음과 같이 표현한다. "위기란 단지 일반적인 서막, 다시 말하면, 일반 학문의 엄격성이 영구히 지속될 수 없다는 것을 확신하는 자기수정의 메커니즘을 제공한다."[3] 톨레미 천문학의 위기는 그 해결로서 코페르니쿠스 천문학이라는 새 천문학의 패러다임을 야기하였다. 현대에 와서 에테르 이론의 위기는 상대성 이론을 야기했다. 기존 이해모델이 새로운 질문과 새로운 사상가에게 만족할 만한 대답을 주지 못할 때 새로운 이해모델이 제시된다.

이해의 모델은 방법의 숲 체계와 더불어, 문제와 해결의 숲 구도와 함께 변화된다. 그리고 새로운 이해 모델은 이에 공감하는 학문적 공동체에 의하여 지지되고 사용되어진다. 새로운 이해모델은 불확실성의 잠정시기(a transitional period of uncertainty)를 거쳐서 점차 그것에 대한 검증과 확신이 증대되면서 옛 것을 대체하고 하나의 새로운 패러다임, 즉 새로운 학문 모델(a new scientific model) 내지 새로운 학문틀(a new scientific framework)로 고정되기에 이른다.

2. 새 패러다임: 변혁적 문화신학

(1) 개혁신학적 포스트모던 신학의 정립

포스트모더니즘은 오늘날 기독교의 전통과 교리를 해체하고 있다. 그리하여 포스트모던 시대의 교회는 심각한 정체성에 대한 심각한 도전을 받고 있다. 포스트모더니즘의 도전이란 "오늘날 인류가 믿고 신뢰하고 추구할 만한 객관적 진리와 가치란 없다"라는 선언이다. 그리하여 경전과 전통과 권위를 부정하고 그것들을 해체시키고자 한다. 이러한 정신이 기독교에 의하여 수용될 때 기독교의 경전인 성경은 부정되고 교회는 그 토대에서 무너지는 것이다. 프랑스의 해체 사상가 데리다(J. Derrida)의 해체철학을 신학에 도입한 미국의 해체신학자 테일러(Mark Taylor)는 전통신학을 무너뜨리고 해체적 비/신학(a/theology)을 대안으로 제시하고 있다. 그의 해체 비/신학은 끊임없는 미궁과 방랑과 허무주의에 빠지고 있다.[4]

그러므로 개혁신학은 이러한 포스트모더니즘을 바로 이해하고 이에 대한 신학적 비판과 대안을 제시해야 한다.[5] 포스트모더니즘의 특징은 다음과 같다. 첫째, 가상현실인 텍스트만을 중시한다. 포스트모더니즘은 책의 관념을 제거하고 텍스트의 관념을 제시한다. 책의 관념은 서구의 전통 신학적 사고의 산물이다. 텍스트 외에는 사실이 없고, 텍스트 밖에는 실재가 없다고 본다. 여기서 텍스트란 이야기(story, reci, narration)로 간주된다. 현실이란 텍스트에 불과하다는 것이다. 둘째, 메타이론을 거부한다. 거대체계를 거부한다. 헤겔의 사변적 체계나 자본주의 등과 같은 이념이나 개념을 가지고 현실을 포괄적으로 설명하는 거대체계는 무너졌다. 셋째, 인간 자아를 인정치 않는다. 인간이 고유하게 가진 주체성과 인격성을 부인한다. 고유하고 본유적 가치를 지니는 인간의 정신과 영혼은 존재하지 않는다. 넷째, 역사과정을 인정치 않는다. 역사에는 어떠한 의미와 목적도 없다. 시간의 끝없는 가고 옴이 있을 뿐 시작과 끝은 없다. 다섯째, 모든 전통을 부인한다. 여기에 모든 권위와 전통에 대한 해체작업이 시작된다. 인간의 행위란 끊임없는 글쓰기이며, 이것은 짜깁기의 연속이다.

포스트모더니즘을 극복하는 대안은 다음과 같다.

첫째, 성경을 하나님의 계시 진리의 책으로 새롭게 발견해야 한다. 성경을 하나님 말씀으로 새롭게 발견함으로서 우리는 인간을 넘어선 초월적이고 객관적인 진리를 인정할 수 있다. 포스트모더니즘은 하나님의 계시적 진리를 인정치 않는다. 객관적인 진리란 없다고 본다. 하나님의 계시가 인정되는 곳에 인간을 넘어선 객관적인 진리가 인정 될 수 있다.

둘째, 삼위일체 신의 존재를 인정한다. 포스트모더니즘은 신의 존재를 부인하는 데서 출발한다. 그리하여 신을 단어로, 신적인 것을 책과 글로 환원하고 있다. 그러나 살아 계시는 신은 단지 인간이 쓰는 단어나 책이나 글로 환원되지 않는다. 하나님이 살아 계시기 때문에 인간이 신에 관한 용어나 글이나 책을 고안하고 사용하게 된 것이다.

셋째, 인간 자아의 발견이다. 인간은 그의 존재의 존엄성과 의미의 발견을 위해서는 그의 창조주 하나님 앞에 서야 한다. 하나님은 인간을 그의 형상으로 창조하셨다. 여기에 인간 개인과 자아의 존엄성이 있다. 인간의 존엄성이란 스스로에게 있지 않고, 인간 자아 개념도 스스로 정립될 수 있는 것이 아니라 하나님 앞에 설 때에야 비로소 정립될 수 있다. 인간은 창조자가 아니라 피조물이기 때문이다.

넷째, 역사를 구속사 과정으로 재발견하는 것이다. 역사를 하나님이 펼치시고 섭리하시는 구속의 장으로 재발견하는 것이다. 역사는 끊임없는 방황과 돌고 도는 무의미의 과정이 아니라 하나님의 주권적 섭리가 실현되는 과정이다. 역사는 무의미하지 않고 오히려 의미와 목적이 있다.

다섯째, 전통의 재발견과 창조적 계승이다. 서구문화와 기독교의 전통을 재발견하고 그것을 창조적으로 계승해야 한다. 모든 전통이 비이성적이고 비합리적인 것은 아니다. 전통 가운데도 합리적이고 이성적인 것이 있어서 시대를 초월하여 권위와 가치를 부여한다. 이것은 바로 고전이 되어 우리의 사고와 가치규범에 긍정적으로 영향을 끼친다. 따라서 모든 전통을 거부하고 무너뜨리고자 하는 해체사상은 전통의 이러한 긍정적 요소를 보지 못하는 것이다. 해체적 사조를 극복하기 위해서는 서구문화의 원천인 기독교정신으로 되돌아가야 한다. 특히 성경으로 되돌아가야 한다.

(2) 성경해석학의 새로운 정립

계몽주의의 영향을 받은 역사비평학은 교회와 전통에 대한 부정으로 나아가 비평적 이성을 절대화 하였다. 그리고 성경을 영감된 하나님의 말씀으로 이해하지 않고 인간의 종교이념적 산물인 역사적 문서로서 이해하였다. 역사비평학은 인간이 이성을 통해서 객관적 진리를 재구성할 수 있다고 보았기 때문에 인간이성을 역사탐구의 절대기준으로 설정하였다. 그리하여 성경역사 해석에 있어서 하나님의 초자연적 간섭과 이적을 배격하였다. 비평학의 역사연구의 전 이해에는 성경적 해석학이 아니라 헤겔의 변증법적 역사철학이나 랑게학파의 역사실증주의나 하이데거의 실존주의가 깔려 있다.

19세기의 종교사학파의 역사주의 횡포에 대하여 폰라드(von Rad)는 이스라엘 역사와 관련된 '구속사'(Heilsgeschichte) 개념을 제창하였다. 그는 이 구속사가 이스라엘의 신앙고백 역사라고 말하였다. 폰라드는 구속사를 현대의 역사비판의 방법으로 재구성하고자 했다. 그 결과 이스라엘의 12지파의 출애굽 사건, 가나안 정복, 모세와 사사들에 관한 기록 등은 실제로 일어난 사건이 아닌 신앙고백적으로 투영한 사건으로 간주되는 결과를 초래했다.[6] 역사비평학은 하나님의 구속이 실현되고 있는 실재역사를 부정하기에 이른다. 실재역사 없는 신앙의 역사는 한갓 실존적인 역사에 불과하다. 폰라드의 구속사 개념은 '신앙적 시적인 문학구성'(eine glaeubig-dichterische Literakonstruktion)에 불과하다.[7] 이처럼 독일 구약학에서 가장 보수적이라고 평가받는 폰라드의 전승사 신학도 진리와 현실을 분리시키는 현대 고등비평의 방법론의 굴레를 벗어나지 못하고 있다.

이스라엘 역사연구에 있어서 독일의 알트-노트(A. Alt-M. Noth)학파는 구약본문에 대한 철저한 문서비평적 방법과 팔레스틴의 역사지리적 배경연구를 통하여 이스라엘 역사는 사실역사가 아니라 케리그마적 역사라고 결론지었다. 특히 족장의 역사와 모세 및 출애굽사건 자체의 실제 사실성을 부인함으로써 '역사적 허무주의'로 나아갔다.

역사적 비판은 텍스트의 역사적 차원의 조명에만 머물렀다. 그것은 저자, 저자의 성격, 텍스트의 역사적 배경 등의 질문에만 머물렀다. 그리고 해석의 열쇠란 텍스트 밖에 그것의 발생과 배경(origin and background)에 있는 것으로 생각했다. 그리하여 성경이 전달하는 내면적 메시지, 하나님의 구속계시와 신학적 함축성에 대하여는 알지 못하고 있다. 역사적 비판은 성경 텍스트가 기독교역사에 있어서 끼친 영향사와 텍스트를 이해하는 교회와 신자들의 신앙의 체험을 도외시하고 있다. 그리고 본문을 단순히 인간 종교적 체험의 산물로만 이해함으로써 성경본문을 철저히 파편화 시켰다.

그러므로 스코틀랜드 아버딘의 개혁주의 성경학자 하워드 마샬(Howard Marshall)의 비판은 타당하다. "처음부터 역사비평적 방법은 성경 자체가 말해주는 것과는 다른 기독교에 관하여 설명하려고 의도하였다. 성경이 단순히 부분적으로 잘못될 수 있다는 가정이 아니라 실제로 잘못되어 있다는 전제가 그 방법 속에 구조적으로 자리 잡고 있다."[8] 역사비평적 방법의 결론은 구약문서의 대부분이 실제 역사적 사건과는 너무나도 유리하여 후대 신앙전승이 과거로 투사된 종교적 문서로서 신앙으로 꾸며낸 이야기거나 믿어진 역사 이야기가 되어 버린다.

성경해석의 방법에 있어서 새로운 착상이 요청된다. 고등비평은 본문비평-본문번역-문학비평(자료비평)-양식비평-전승사비평-편집비평의 분석적이고 복합적인 비평의 과정을 거치고 있다. 그러나 그 절차와 구성내용에 있어서도 학자들 사이에 많은 의견과 해석의 불일치를 보이고 있다.[9] 이러한 해석학적 인위성은 독일의 해석학자 가다머(H. G. Gadamer)가 『진리와 방법』(*Wahrheit und Methode*)에서 말하듯이 진리는 방법을 통하여 드러나는 것이 아니라 오히려 방법은 진리가 드러나는 데 장애가 된다는 것이다. 그러므로 오늘날 고등비평의 해석학이란 살아 있는 하나님의 음성을 듣도록 하는 것보다는 오히려 인위적인 작업(초월적 간섭을 인정하지 않는 내재주의 내지 자연주의 세계관)으로 진리의 계시를 은폐해 버리고 있다. 가다머는 방법론적 사고보다도 텍스트의 고유한 사실을 드러내는 영향사적 해석학을 제시하고 있다.[10] 성경해석학의 올바른 과제는 성경본문을 통하여 말씀하시는 살아계신 하나님의 음성을 듣는 것이다.

개혁신학은 현대의 역사비판학을 맹목적으로 비판하거나 추종할 것이 아니라 방법적으로 이것을 극복하는 길을 모색해야 한다. 역사비평의 긍정적 측면이란 이것이 실증주의 역사관이 아니라 신앙적 역사관 아래 사용될 때 교회가 받은 성경의 역사적 본질, 즉 기원(origin)과 내용(content)과 전승

(transmission)과 최종본문(final text)의 조합과정(compositional process)에 대하여 적절한 지식을 제공해준다는 것이다. 그리고 그것은 성경본문 의미를 파악하는 데 도움을 준다는 것이다.[11] 성경자체가 역사적 해석을 요청하고 있기 때문에 역사적 해석은 해석자가 본문의 의미를 탐구하기 위해 추구해야 할 중요한 해석학적 과제이다.[12]

성경신학은 그 과제로서 신학적 의미를 무시하고 역사적 의미만을 다루거나(가블러 등), 역사적 의미를 무시하고 신학적 의미만을 다루는(아이스펠트 등) 일면적인 사고에서 벗어나야 한다. 그래서 성경의 내용이 갖는 역사적 및 신학적 의미를 밝히고 또한 오늘날의 의미를 갖는 해석학적 과제를 수행해야 할 것이다.[13]

복음주의자들도 텍스트의 의미가 저자의 의도와 역사적 배경에 있는 것으로 간주한다. 복음주의자들도 성경해석에 있어서 역사적 문법적 접근(the historical-grammatical approach to interpretation)을 시도한다. 이들도 역사적 기원의 빛 속에서(in the light of its historical origin) 성경을 해석하고자 한다. 그러나 역사 비평과는 달리 역사적 문법적 해석은 텍스트를 그것의 최종적 형태, 즉 정경형식과 일치시키는 것에 있다. 구약은 역사적 예수와 초대교회의 성경이었다. 예일의 차일즈(B, S. Childs)가 제시하는 바같이 성경을 정경(Canon)으로 받아들이는 태도는 고등비평을 극복하는 하나의 길을 제시해준다. 특히 월터 카이저(Walter Kaiser)는 텍스트의 의미와 저자의 의도를 일치시키는 성경해석을 시도하고 있다. 카이저는 히르쉬(E.D. Hirsch)의 저자의도에 정위된 해석학을 성경해석에 적용시키고 있다. "저자의 지향의미는 텍스트의 의미이다"(The author's intended meaning is what a text means).[14]

복음주의적 역사적 해석방법은 하나님의 주권과 교회의 신앙적 경험을 중요시한다. 1980년대에 들어와서 미국의 복음주의 성경학자들을 중심으로 복음서 연구에 있어서 새 문학적 해석방법(new literary criticism)이 재래적 역사비평의 한계를 극복하는 대안적 해석방법으로 제기되었다. 재래의 역사비평은 복음서의 기원을 포함한 저술의 전 과정에서 자료들에 대한 문제를 다루었다. 그리하여 재래의 역사비평은 자료비평(source criticism) 또는 문학비평(literary criticism)이라고 일컬어졌다.

이러한 재래적 문학비평은 본문의 저술과정(기원/사건→구전과 전승→선포→편집〈저술〉)에 해석적 관심을 집중하였다. 그림으로써 본문배후의 세계(the world behind the text), 예컨대 복음서에 있어서 역사적 예수, 초대교회의 상황, 저자와 공동체의 상황 등을 밝히고자 하였다. 그리하여 재래적 역사비평에서는 현재의 본문이란 단순히 본문배후 세계를 보는 일종의 창문(window)으로 이해되었다. 물론 우리에게 주어진 현재의 본문(최종 본문)을 보다 잘 이해하기 위하여 그 본문이 나온 배후의 세계를 이해하는 것은 필요하다. 이 경우 역사비평은 본문자체에 나타난 저자의 의도를 파악하는 데 도움을 주는 하나의 수단으로 사용되어야지 그 자체가 목적이 되어서는 안 된다. 그렇지 않으면 복음서는 역사적 전기가 아니라 초대교회가 신앙에 근거하여 고안한 사회적(신앙적/신학적/문학적) 산물로 간주된다. 그리하여 역사비평은 본문을 자료의 기원(자료비평)과 전통(양식비평)과 편집(편집비평)에 따라 인위적으로 분석함으로써 본문을 파편화 시키고 최종본문(final text)과 저자(author)의 가치를 감소해버리는 결과를 초래하였다.[15]

이에 반해서 새 문학비평은 우리에게 전달된 최종본문인 복음서 자체의 내용과 메시지를 파악하는 데 주된 해석학적 관심을 가지고 있다. 이것은 성경본문의 의미에 관심을 집중한다. 그럼으로써 본문의 형식(form)에 주된 관심을 가진 장르(genre)에 대한 이해와 함께 성경본문의 통일성(구조, 줄거리)과 그에 따른 본문(저자)의 의도를 추구하게 해 준다.[16]

그리고 새 문학비평은 성경이 지니는 역사적 사실성과 계시성을 진지하게 고려하고 일반문학적 해석이 이 두 가지 측면을 간과하고 있다는 점을 전제한다. 그래서 문학적 해석을 제한적으로 사용하고자 한다. 이러한 새 해석 방법은 1980년대에 북미를 중심으로 결성된 성경문헌학회(Society of Biblical

Literature, SBL)를 중심으로 전개되었다. 그리고 복음주의적 대표자들로서는 웨스트민스터 신학교의 롱만(Longman), 휘튼 대학의 라이켄(Ryken), 트리니티 신학교의 멕나이트(McKnight) 등이 있다.[17]

그러나 새 문학비평이나 수사학적 해석 등 특수한 방법이 성경을 해석하는 유일한 방법이 될 수는 없다. 수사학적 해석은 본문의 수사학적 구조분석을 통해서 청중(독자)의 수사학적 상황을 간파하여 그것에 대응한 저자의 논지와 의도를 파악하는 해석학적 방법을 말한다.[18] 수사학적 해석은 본문에 나타난 저자의 의도를 파악하는 데 큰 공헌을 하고 있다.

새 문학비평은 다음을 고려해야 한다.

첫째, 성경이 지닌 역사적 특성이다. 성경은 단순히 문학만은 아니다. 그것은 작품의 허구를 넘어선 역사에 기초해 있다.

둘째, 성경이 지닌 신학적 특성이다. 새 문학비평이 성경을 영감된 하나님의 말씀으로 받아들이지 아니하고 단지 인간 저자나 종교집단의 수사학적 산물로만 이해하게 될 때 그 해석의 결과는 달라진다. 그래서 새 문학비평은 성령론적이고 정경적 신학적 해석을 필요로 하게 된다. 구체적으로 새 문학적 해석은 복음서를 '역사적 네라티브'(historical narrative)의 장르로서 이해한다.[19] 그러나 여기에 머물지 않는다. 그것은 복음서를 단순히 예수 생애의 역사(history of)를 넘어서서 독자를 위한 계시와 신앙을 위한 역사(history for)로 이해한다. 그럼으로써 복음서가 역사적 본질로서 가지는 내용(content)의 강조와 함께 그것의 형식(form)을 고려한다. 여기에는 본분 저자의 관점의 의도와 독자에 대한 수사학적 효과를 고려한 것이다.[20]

셋째, 성경이 지닌 독자 변혁성이다. 새 문학비평은 본문을 철저히 저자의 세계로부터 떠난 자율적이고 독립적인 작품으로만 이해한다. 그럼으로써 본문의 의미가 철저히 본문의 세계와 구조 안에 갇혀버리도록 한다. 본문의 의미는 저자의 의도에서 나와서 본문을 통해서 본문의 세계를 통해서 독자의 세계로 나아가야 한다. 성경해석은 본문의 해석에서 끝나지 않고 그것이 오늘의 상황에 대하여 말하는 해석으로 나아가야 한다. 이것이 바로 독자반응 비평(the reader response criticism)이다.[21] 이 해석은 본문을 읽는 독자의 오늘날의 상황을 강조한다. 본문이 형성되었던 그 상황이 아니라 오늘의 상황 즉, 본문이 지금 우리에게 의미하는 것에 대한 상황을 의미한다. 성경은 이 시대를 향한 하나님 말씀으로서 읽는 본문을 하나님 말씀으로 받아들이는 독자과 공동체의 삶을 변혁시킨다.

개혁신학적 해석은 단순히 역사적 해석, 본문이 형성되어 왔던 세계(the world behind the text)나 본문 자체의 세계(the world of or in the text)만을 추구하는 데서 더 나아가야 한다. 개혁신학적 해석은 본문이 오늘날의 구체적인 현실에 대하여 주는 의미를 밝히는 방향으로 나아가는 상황적 해석 내지 윤리적 해석을 하게 될 때 그 해석의 사명을 다할 수 있다. 그런데 오늘날의 지나친 독자 중심의 해석은 해방신학이나, 흑인신학, 민중신학, 여성신학, 문화 비평, 후기 식민주의 비평에서 나타나고 있듯이 지나치게 상황의존적이고 성경 본래의 본문이 지니고 있는 역사적 상황과 텍스트의 고유한 의미를 현재의 상황에 의존시켜 왜곡시키는 오류를 범하고 있다. 텍스트의 진정한 상황적 의미는 텍스트의 본래적 의미를 바르게 밝히는 데서만 가능하다.

해석은 방법에 구속받아서는 안 된다. 다양한 방법이 사용되어야 한다. 바른 해석을 위해서는 성경본문 안에서 그리고 공동체 안에서 적절한 논의와 대화가 모색되어야 하고 다차원적 성경해석의 방법이 요구되어진다. 역사적 해석, 문학적 해석과 신학적 해석이 통합되어 이루어져야 한다. 어느 개인이나 교파도 성경의 전체 진리를 다 말할 수는 없다. 오직 하나님만이 진리를 소유하고 계시며 우리는 성령 안에서, 교회 공동체 안에서 상호 열려진 태도를 가지고 대화하고 서로 배우게 됨으로써 성경진리를 더 잘 이해할 수 있게 된다.

(3) 성령론의 새로운 정립

새 패러다임은 성령론을 단지 교리적인 차원에서가 아니라 교회와 신앙 공동체의 체험과의 연관에서 구체적으로 이해하여야 한다. 성령에 대한 이해는 단지 교리적인 차원의 지식으로는 추상적인 것에 머문다. 성령에 대한 이해는 교회 신자들의 공동체적인 신앙체험의 맥락에서 파악하고자 할 때 비로소 구체적으로 다가온다. 칼뱅이 말하는 바 같이 신앙이란 근본적으로 주어진 말씀에 대한 신뢰(fiducia)이지 진리에 대한 동의(assensus)가 아니다. 여기서 신뢰를 주는 것은 이성이 아니라 성령의 내적인 증언의 역사이다. 루터의 종교개혁 운동에는 그의 탑-경험(Turmerlebnis)이 있었다. 웨슬리의 부흥운동에는 그의 회심의 경험이 있었다. 20세기 초 자유주의에 대항하여 기독교의 근본진리를 수호하고자 했던 근본주의 운동은 그 정신적 기초를 19세기말 무디(Dwight L. Moody)의 부흥운동과 토레이(R. A. Torrey)와 빌리 선데이(Billy Sunday) 등의 체험적 신앙과 복음적 신앙에서 갖는다.[22]

개혁신학의 전통 가운데 카이퍼(A. Kuyper), 워필드(B.B. Warfield), 훼크마(A. A. Hoekema), 던(J. D. G. Dunn), 개핀(R. Gaffin) 등은 성령 강림의 단회성을 주장하고 연속성을 부인함으로써 은사 종결론을 주장한다.[23] 이들의 주장에 의하면 은사(예언이나 방언, 병고침, 기적 등)는 사도시대에 교회의 초석을 닦기 위하여 주어진 일시적인 은사이기 때문에 정경이 완성됨으로써 그쳤다.[24] 그 주석학적 근거는 고전 13장 8절 "온전한 것이 올 때에는 부분적으로 하던 것이 폐하리라"라는 말씀이다. 여기서 이들은 온전한 것이란 완성된 정경이라고 본다.

블라쉬(Donald. F. Bloesch)는 개혁신앙고백을 지니고 있는 고백주의 복음주의자들이 교회의 신앙고백서들과 종교개혁의 정신을 강조한 나머지 교회사에서 역사한 성령의 생동적 사역을 평가절하하는 약점을 지니고 있다고 보고 있다.[25] 이러한 은사종결론은 역사적인 교회의 신앙적 삶에 부합하지 않

을 뿐 아니라 성경적으로도 그 근거가 결여되어 있다.[26]

이에 대하여 세 신앙의 선각자, 어거스틴, 에드워드, 웨슬리의 예를 들 수 있다. 오늘날 한국교회 내에서의 체험에서도 방언과 예언 등 은사현상은 선교지에서 강하게 나타나고 있으며 모든 교파의 교회 안에서 보편화되어 가고 있다.[27] 성령의 강력한 은사 현상은 선교지에서 초대교회처럼 토속종교이든지 이슬람 같은 전투적 종교의 조직적 반대에 직면하여 그리스도의 단회적 구속사역을 재현하면서 교회의 초석을 놓는 일을 한다. 은사현상은 그리스도로 말미암은 새 언약의 성취와 더불어 언약백성에게 주시는 은사이다. 오순절 이후의 은사는 보편적이다. 구약시대에는 특별한 사람에게 부어주셨으나 오순절 이후에는 만민에게 부어주신다.

빈야드 운동(vineyard ovement)은 성령세례에 대한 오순절주의나 은사주의가 주장하는 두 번째 축복이라는 입장과는 견해를 달리 한다. 빈야드 운동은 회심 때 받은 성령의 선물로서 반드시 방언을 주장하지 않을 뿐만 아니라 성령의 은사로서 교회를 유익하게 섬기도록 하는 기사와 이적(signs and wonders)을 역설한다. 제3의 물결운동으로 일어난 빈야드 운동의 이러한 온건한 주장은 오순절주의나 은사주의의 극단적인 은사론에 대해 거리감을 두면서도 이들 가운데 나타나는 기사와 이적에 관심을 가지고 있는 많은 복음주의 신학자나 목회자들을 저들의 운동에 포함하게 되었다. 미국 트리니티 복음주의 신학대학원(Trinity Evnagelical Divinity School)의 교수 도날드 칼슨(Donald Carson)과 웨인 그루뎀(Wayne Grudem) 등이 이 운동에 참여하고 있다.

지난 1995년 12월을 기해 존 윔버(John Wimber)가 이끄는 아나하임의 빈야드 교회연합은 캐나다 토론토 에어포드 빈야드 교회와의 공식적인 관계를 끊게 되었다. 토론토의 에어포트 빈야드교회가 성령을 물질화하거나 은혜받은 자들이 짐승의 소리를 내는 등 비성경적인 현상을 보이고 있으며 그것을 시정하지 않는 열광주의적인 방향으로 나아갔기 때문이다. 빈야드 운동이 가지는 긍정적인 면은 성령의 생동적 사역에 참여함으로써 하나님 나라의 가시적 임재와 능력사역을 하게 함으로써 쇠퇴한 정통기독교에 새로운 영적 힘을 불어넣어 준다는 것이다.

그러면서도 빈야드 운동은 말씀의 사역보다는 능력사역을 강조하고 말씀을 통한 은혜보다는 능력체험을 강조한다. 그럼으로써 교회사에서의 열광주의처럼 처음에는 신선하게 출발했으나 나중에는 불건전한 신비주의에 빠지는 위험성을 동반하고 있다. 개혁신학이 공헌해야 할 영역이 바로 여기다. 개혁신학은 이러한 새로운 성령의 물결을 무조건 배격하거나 이단으로 취급하지 말고 이러한 은사운동과 성령운동을 신학적으로 잘 정리하는 작업을 해야 한다.

(4) 생태신학의 정립

성경적 생태신학 정립이 요청된다. 성경적 창조론은 자연을 창조로 이해하고 있으며 성경적 구속론은 자연에 대한 구속을 약속하고 있다. 자연은 자연주의 생태학이 주장하는 바 같이 그 자체가 신성시 될 수 있는 고유한 가치를 지닌 것이 아니다. 그리고 자연은 인간주의 생태학이 주장하는 바 같이 인간의 단순한 이용물로 지어진 것도 아니다. 자연은 원시종교에서처럼 신성시되어 경배대상이 되어서도 안 되며 근대과학 기술주의에서처럼 인간중심적으로 이용되어서도 안 된다. 자연은 하나님의 영광을 드러내는 창조물로서 우리 인간의 관리에 맡기신 것이다.

최근 기계론적 자연관에서 벗어나 정신과 물질, 과학과 문화를 화해하려는 과학계의 움직임이 주목을 받고 있다. 장회익의 온 생명사상은 현대문명의 과제를 인간의 삶과 온 생명(global life)의 조화와 공존에서 찾고 있다.[28] 그에 의하면 인간이나 나무 등 지구상의 모든 생물은 생태적으로 또 계보적으로 서로 연관된 하나의 큰 생명에 속하는 개체생명일 뿐이다. 온 생명은 이 모든 개체 생명을 포괄하면서 하나의 자족적 단위를 이루는 큰 생명을 가리킨다. "생명의 본질은 기왕에 익숙해진 개체 생명들 속에 있는 것이 아니라 오히려

'온 생명' 이라 불릴 좀 더 큰 규모의 것에서 찾아야 한다. 그동안 우리가 단지 환경이라고만 불러왔던 주변 생태계와 태양, 지구가 모여 온전한 한 생명을 이루게 되는 것이다. 우리가 만일 자신의 생명을 소중하게 여긴다고 한다면 이보다 더 근원적인 '나', 즉 온 생명을 소중히 여기지 않을 수 있게 되는 것이다."[29]

여기서 그는 이러한 서구적 패러다임의 극복으로서 동양의 전통적 문화사상을 제시하고 있다. 서구 과학기술 사상은 "오직 외형적으로 나타나는 개체생명의 물질적 이해만을 추구하고 이것을 활용한 기술적 조작"에만 관심을 집중하고 있다. 그리고 "개체생명이 생명의 궁극적 실체라고 생각하고 개체의 보존과 번영에만 모든 노력을 기울여 왔다." 이에 대하여 아시아 문화권은 생명을 하나의 전체로 파악하여 왔다. 유가에서는 "천지인을 구분되지 않은 총체적 생명으로 보는 관념을 깊숙이 가지고 있으며, 불교의 화엄사상 또한 생명이 개체적인 존재로서가 아니라 서로가 서로를 지탱해주는 연기(緣起)의 형태로 존재한다고 말한다. 도가(道家) 또한 자연을 곧 온 생명으로 파악하고 이에 맞추어 나가야 한다는 사상을 담고 있다."

온 생명 사상은 자연을 유기체로 인식하는 점에 있어서 서구과학기술 사상을 극복하는 착상이 될 수는 있으나 동양적인 범신론 사상을 그대로 수용하는 점에 있어서 성경적으로 비판적으로 수용해야 한다.

현금의 생태학적 파괴와 위기의 상황은 목회자와 신학자들이 성경을 생태학적으로 해석함으로써 자연을 성경적 시각에서 새롭게 조명해야할 과제를 요구하고 있다. 성경적 생태학은 자연주의 생태학도 아니며, 인간주의 생태학도 아닌 신중심이요 그리스도중심적인 생태사상을 제시하고 있다. 그리스도중심적 생태사상이란 그리스도가 자연의 창조자요 구속자이시며 인간은 자연의 정원사요 관리자라는 것을 알고 자연을 생태학적 질서와 균형에 따라서 관리하는 것이다.

(5) 사이버신학의 정립

21세기는 정보통신의 시대이다. 컴퓨터공학의 발전은 가상공간을 발견하여 이제까지의 아날로그의 공간 개념에 혁명을 가져왔다. 가상공간은 많은 양의 정보를 신속하게 전달한다. 가상공간은 인공지능적 공간으로서 인위적 공간(artificial space)이다. 가상현실은 하나의 현실의 모형화(modelling)로서 어떤 현상을 모형적으로 재현하는 기법 또는 기술이다. 가상현실은 실재 현실을 재현(re-presentation)하는 데 사용된다. 사이버공간이란 인터넷(InterNet)에 의해서 새롭게 대두되는 공간 구조에 대한 은유로서 전 지구적 범위로 네트워크화 된 공간이다. 사이버 공간은 "컴퓨터에 의해 유지되며 컴퓨터에 의해 접근 가능한, 그리고 컴퓨터가 만들어 내는 다차원적이며, 인공적이며 가상적인 공간"을 가리킨다.[30] 사이버공간은 모든 사실들이 디지털 정보로 재구성되어 통신망을 통해 자유로이 이동할 수 있는 공간으로 인간과 정보가 같이 거주하며 만나는 공간이다. 사이버공간에서 전자망을 통해서 펼쳐지는 모든 정보의 쌍방 소통이 바로 사이버문화이다.

사이버공간에서는 지식, 정보, 비밀, 인류의 전 세계적인 의사소통과 정보교환이 이루어지며, 여태까지 경험한 적이 없는 장면, 소리, 존재들이 만발한다. 이것이 바로 사이버문화이다. 사이버문화는 사이버 공간에서 익명의 네티즌들이 자유롭게 만나고 각종 지식과 정보를 교환하며 각종 사회적 이슈에 대한 자유로운 토론을 이끌어 합의를 도출하고 네티즌들의 교양을 높이는 적극적 기능이 있다.

사이버문화를 우리는 신학적으로 어떻게 보아야 할 것인가? 우리는 여기서 근본주의적 관점이나 인본주의적 관점이 아닌 변혁주의적 관점을 적용해야 한다. 근본주의적 관점은 사이버문화를 사단의 영역으로 간주한다. 이에 반해서 인본주의적 관점은 사이버 문화를 인간의 이상향을 예고하는 고도 정보 기술의 영역으로 본다. 그러나 변혁주의 관점은 사이버문화를 하나님이 과학기술을 통해서 우리에게 허락하신 문명의 이기로 보면서 그 속에 잠재하고 있는 계몽주의적 인간자율성과 교만과 퇴락성을 직시한다.

하나님이 땅을 창조하시고 인간에게 그 관리를 맡기신 것처럼 사이버문화에 대해서도 인간이 지혜롭게 사용하도록 위임하신 것이다. 사이버공간도 하나님의 주권의 영역이다. 사이버 공간은 인간이 창안해 낸 것이 아니라 전자공학이 발전하면서 하나님이 만드신 전자망 세계의 일부분이 발견된 것이다. 신자들은 사이버공간 속에서 기도하고 불신자들에게 그리스도의 사랑을 전하고 그리스도 사랑을 구현하기 위하여 주님의 부름을 받고 있다. 신자들은 모든 첨단 기술과 방법과 기술의 한 가운데서 항상 사이버공간이 복음 전파의 구체적인 현장이라는 사실을 명심해야 한다. 교회와 신자는 열심히 복음을 선포하고 하나님께 영광을 돌리기 위한 과제를 위하여 적합한 첨단 기술과 미디어를 사용해야만 한다. 개혁신학은 사이버문화의 한계와 비윤리적 문제를 들추어내고 동시에 장점과 선교적 편의성을 최대한으로 드러내는 문화변혁적인 사이버신학을 정해야 할 것이다.

(6) 생명 윤리의 정립

21세기 생명과학의 모습은 유전자 조작, 동·식물복제, 인간복제 시도, 인간 유전자 지도기획(human genom project) 등이다. 오늘날 현대의료 기술자들은 이러한 복제기술을 인간의 생명과 자유를 실현시켜주는 중립적인 기술이라고 본다. 염색체공학이 발전함에 따라서 앞으로 아이의 성, 체력, 키, 눈 색깔, 지능지수, 인격, 운동능력까지도 전적으로 부모의 선택에 맡겨진다.

생명 복제기술은 인간의 출생에 있어서 하나님이 창조질서로서 부여한 양성(兩性)생식이 아니라 무성(無性)생식의 방식을 취한다. 여기서 인간은 태어남이 아니라 제조됨이라는 정체성의 위기에 직면한다. 여기서 인간의 비인간화가 초래된다. 그러나 복제기술자들은 인간 종(種) 개량의 공리주의 입장을 내세우고 있다. 복제된 배아(胚芽)를 이용하여 암(癌)과 같은 인간의 치명적 질병을 치료할 수 있는 기술을 개발하기 위한 것이라고 말한다. 그러나 이러한 복제의 허용은 인간을 목적이 아니라 수단으로 사용함으로써 인간의 존엄성의 상실을 초래하는 것이다.

현대의 첨단 의료기술은 낙태와 장기이식, 유전자 조작, 배아 복제, 맞춤 아기, 생명 복제 등 무엇이든지 인간개량을 위하여 시도할 수 있다고 주장한다. 생명공학자들은 앞으로 10년 이내에 인공 인조장기시대가 열릴 것으로 예상하고 있다. 인공장기는 대체할 장기가 없어서 죽어가는 환자들에게는 너무나 절실한 문제이다. 현재 장기 이식은 뇌사자들의 기증 장기에 의존하고 있다.

현재 인공장기에 대한 연구 실태로는 환자의 조직 1센티미터를 떼 내어 분해성 고분자재료에 파종하여 귀나 코와 같은 장기의 모양으로 배양하는 생체조직공학(조직배양), 인간 장기에 가장 가까운 동물(돼지) 기관이나 장기를 인간에게 이식하는 형질전환 동물이용, 신소재와 기계공학이 결합돼 인조장기를 만들어 내는 의용(醫用)공학, 그리고 체세포 복제로 만들어진 배아세포에서 추출한 줄기세포를 배양해 뼈, 근육, 신경세포 등 여러 조직으로 분화시키는 수정란 복제 등이 있다.[31] 여기서 현대의료기술은 공리주의적 사고 (utilitarian thinking)에 지배되면서 의무론적 윤리(deontological ethics)의 관점을 결여하면서 심각한 도덕적 위기에 직면하고 있다. 생명문화의 윤리 정립이 요청된다.

여기에 개혁신앙은 참으로 중요한 역할을 한다. 현대 의료기술자가 인간에 대한 첨단적인 기술을 시술할 때 인간을 어떻게 보느냐에 따라서 그의 의료기술행위의 의미는 달라지게 된다. 개혁신앙은 인간을 단순히 고등지성을 지닌 동물로서 보지 않고 하나님의 형상을 지닌 존엄한 존재로 보기 때문이다. 이렇게 볼 때 비로소 안락사의 문제나 장기이식의 문제나 인간 복제의 문제도 그 해결의 방향을 잡을 수 있을 것이다. 생명복제가 아무리 공리주의적인 목적을 지녔다고 하더라도 복제된 인간이 장기이식이나 유전병을 고쳐주는 장기 제공자 내지 대체물로서 역할을 할 때 그 인간은 대용(代用)인간이 되어 천부적 인권을 침해하는 사태에 직면하는 것이다. 치료용으로 태어나 개체를 복제하는 것은 인간을 수단화하는 것이다. 아무리 그 목적이 좋다고 하더라도 인간은 수단화 될 수 없다. 개체 인간은 더 좋은 인간개량을 위한 도구가 될 수 없다. 생명은 단순히 신비일 뿐 아니라 하나님이 주신 것이기 때문에 신성하고 고귀하다. 독생자 예수그리스도께서 그의 죽음으로 값을 치르시고 사신 고귀한 것이다.

(7) 개혁신학적 종말론의 정립

오늘날 종말론과 관련하여 보편화해론이 현대신학의 주요 흐름으로 받아들여지고 있다. 이 교리는 오리게네스에서 시작되고 쉴라이에르마허에 의하여 수납되었으며, 바르트, 틸리히, 몰트만, 라아어 등 현대신학자들에 의하여 주장되고 있다. 이에 대하여 올바른 성경적 이해가 비판적으로 제시되어야 한다.

몰트만은 전통신학이 선포한 최후심판의 기다림이란 '위협하고 놀라게 하는 메시지' 였지 '기쁘고 해방시키는 메시지' 는 아니었고, 심리적으로 '하나님의 중독' (Gottesvergiftung)을 확장시켰다고 본다. 그래서 그는 바르트를 따르면서 보편화해론을 수용하면서 '이제 하나님의 심판에 대한 복음을 발견하고 하나님의 장차 올 정의에 대한 기쁨을 일깨울 때가 되었다.' 고 피력한다.[32] "최후심판은 종말이 아니라 시작이다. 그것의 목적은 영원한 하나님 나라를 세우기 위한 모든 사물의 회복이다."[33] 여기서 몰트만은 전통적인 기독교의 최후심판을 부인하고 만유회복을 주장한다.

그러나 성경에 따르면 최후심판 없는 만유회복(apokatastasis)이란 없다. 몰트만은 전통적인 최후심판론이란 하나님에 대한 무한한 신뢰가 아니라 인간의 놀라운 자기 신뢰를 표현한다고 비판한다. "영원과의 관계에서 인간 자신이 그의 행복에 대한 대장장이요, 그 자신의 무덤을 파는 사람이라면, 인간이 그 자신의 하나님일 것이다."[34] 그러나 몰트만은 최후심판론이 브룬너와 에벨링이 말하는 것처럼 신약성경에 나타난 하나님의 계시의 말씀(마 7:13하, 마 12:32, 막 16:16, 마 25:31-46, 막 9:45, 48, 눅 16:23, 요 3:16, 36, 빌 3:19, 고전 1:18, 고후 2:15 등)인 것을 잊고 있는 것처럼 보인다. 최후의 심판이야말로 인간자신에 대한 놀라운 신뢰가 아니라 하나님의 절대주권과 거룩성의 계시라는 것을 잊고 있는 것 같다. 그리하여 몰트만은 최후의 심판을 부인하고 그것을 단지 '역사에 관련되는 영원한 하나님 나라의 측면' 으로 이해하면서 심판을 단지 '역사 속에서 진행되는 살인적이고 고난당하는 세계의 모든 죄, 모든 악의(惡意), 모든 폭력행위, 모든 불의에 대한 심판' 으로 이해한다.[35]

복음주의 내에서 대두되는 영육멸절론에 대한 신학적 비판과 대안이 제시되어야 한다. 영국의 복음주의 신학자 존 스토트(John Stott)도 이러한 사고 도식 속에서 전통적 지옥 불 대신에 영혼 멸절(annihilation, extinction)설을 주장하고 있다.[36] 그는 불신자의 영혼이 지옥불에 들어가는 것이 아니라 불신영혼이 멸절되는 것으로 보고 있다. 불신영혼이 지옥에 떨어져 영원히 형벌을 받는 것은 하나님의 사랑의 속성에 합당하지 않고 하나님을 가학적 이교적 신으로 표상하고 있기 때문으로 본다. 그러나 이것은 성경적 진리에 대한 인본주의적 왜곡이다.

이러한 시대영합적 신학과 교리의 왜곡에 대하여 우리는 성경의 가르침에 충실한 올바른 신학과 교리를 확립해야 한다. 이러한 성공회의 지옥해석은 지옥이라는 실재를 신화론적 잔재로 보고 이것을 불트만처럼 현대인들의 사고에 이해되도록 비신화론화 시키는 것이다. 그리하여 지옥이라는 실재는 단지 '하나님의 불타는 진노' 라는 비신화론적 상징으로 변형되게 된다. 지옥을 상징적으로 해석하면 천국도 상징적으로 해석해야 한다. 그러면 기독교 종말론은 상징주의로 해체되어 버린다.

*

　21세기 신학의 새로운 패러다임은 변혁적 문화신학이다. 변혁적 문화신학의 기초는 하나님의 말씀이다. 이 하나님의 말씀에 대한 교리적 해석이 바로 교의학이다. 교의학이란 하나님말씀의 해석학이다. 문화신학은 교의학에 기초해야 한다. 교의학의 시대상황에 적합한 해석이 바로 문화신학이다. 교의학은 단순히 교회의 신앙고백에서 끝나지 않고 오늘날의 상황과 대화하면서 복음의 정신을 가지고 이 시대의 방향을 제시해야 한다. 교의학의 결실은 바로 신자의 문화적 삶이다. 신자는 기독교적인 세계관과 인생관을 가지고 구체적인 윤리적 상황 속에서 하나님 나라와 그의 의를 구하기 위하여 행동해야 한다.

　문화신학은 교의학에서 출발해서 윤리학으로 나아가야 한다. 다가온 고도의 정보화와 생명공학의 시대는 바로 교회와 신자들에게 기계기술에 대하여 기독교적 의미를 제시하고 윤리적 실천을 하도록 요구하고 있다. 신학의 새 패러다임은 종교개혁적 칭의론에서 끝나지 않고 성화론으로 나아가야 한다. 신학은 더 이상 입술의 고백만이 아니라 가슴으로 하고 몸으로 행하는 것이어야 한다. 신학의 새 패러다임은 전인적 신학이다. 이것이 바로 변혁적 문화신학이다. 문화신학은 교의학과 윤리학을 다가오는 하나님 나라의 지평에서 통합한다. 그것은 교회와 사회와 역사를 향하여 신앙고백을 행동하는 실천신학으로 나아간다.

chapter 7
포스트모던시대 목회의 새 패러다임

오늘날 우리 인류가 맞고 있는 시대는 기계·기술적으로 엄청난 발전을 하여 물질적으로는 풍요한 시대이다. 컴퓨터 기술은 우리 사회를 정보사회로 진입시키고 유전공학의 발전은 당뇨병, 고혈압, 암 등 유전적 요인에 기인한 질병까지 예방하고 치료하는 개가를 올리고 있다. 문화사조적으로 포스트모더니즘이 우리 시대를 지배하고 있다. 우리의 청소년들은 머리에 염색하고, 살이 드러나는 헤어진 옷을 입고, 록이나 랩 음악을 들으면서 자라나고 있다. 파격적인 건축물이 등장하고 여성과 감성이 중요시 되고 다양성과 다원화가 사회의 흐름이 되고 있다. 전통과 권위에 도전하고 진리와 가치에 대하여 상대적인 견해를 지니고 있다. 이러한 시대를 포스트모던시대라고 한다.

우리는 먼저 포스트모더니티와 포스트모더니즘을 구분하고자 한다. 포스트모더니티(postmodernity)는 후기현대성이라는 시대성의 특성을 말하며, 포스트모더니즘(postmodernism)은 해체적 경향으로 특징지어지는 이 시대의 이데올로기적인 특성을 말한다. 포스터모더니즘을 극단적으로 세속주의로 몰아부치는 것은 근본주의적 편협한 시각이다. 우리는 포스트모더니즘의 부정적 측면인 해체주의를 비판하고 대안을 제시하여야 한다. 그러나 우리는 긍정적 측면인 다양성의 강조, 감성과 여성의 강조, 환경과 생태계에 대한 각성,

영성에 대한 추구를 긍정적으로 수용하면서 기독교 진리를 증거해야 한다. 이것이야말로 변혁적 신학으로서의 포스트모던 문화신학의 과제이다.[1]

*

1. 포스트모더니티(후기현대성)에 대한 긍정적 이해

(1) 현대를 넘어서는 시대적 흐름

포스트모더니티(postmodernity)는 현대성(modernity)의 특징인 이성과 학문과 기술에 의한 물신주의와 각종 인간의 자기 상실에 대한 비판으로 등장한다. 그리하여 현대성의 특성인 이성주의와 학문주의와 과학기술주의를 넘어서고자 한다. 1960년 이전의 3H 대가는 헤겔, 훗설, 하이데거였고, 1960년 이후 회의의 세 대가는 마르크스, 니체와 프로이드였다.[2] 이것은 사상의 흐름이 주체 중심에서 생산력, 권력, 무의식 중심으로 나아가고 있는 것을 말한다. 포스트구조주의(poststructuralism)는 하이데거에 의하여 영향을 받았다. 하이데거는 주체 중심의 이성을 비판하고 있다.[3] 데카르트 이후의 서구사상은 주체의 세계구성에 의거한 도구적 합리성의 승리였다. 그것은 존재를 망각하는 궤적이었다. 데리다와 푸코는 자기들의 사상이 하이데거 사유의 연장선상에 있는 것을 밝혔다.[4] 현대성이 이룬 정신의 업적을 비판하고자 하는 데 포스트모더니티의 긍정적인 면이 있다.

(2) 후기산업사회 내지 고도 정보화사회

포스트모던 시대에는 산업화시대가 지나고 후기산업화 시대가 도래하고 컴퓨터의 발달로 정보화시대가 도래한다. 포스트모던 사회는 대량생산과 대량전달을 중심으로 했던 산업사회의 획일화의 한계를 넘어서서 다품종 소량생산과 정보화에 의한 다양한 소비를 목표로 한다. 그래서 포스트모던 사회는 상품 생산과 소비 방식에 있어서 후기산업사회(postindustrial society)를 이루며 그것이 정보를 통하여 수행되기 때문에 정보화시대라고 한다. 미국의 사회학자인 다니엘 벨(Daniel Bell)은 정보화시대인 후기 산업사회를 포스트모던 사회로 보고 있다.[5] 포스트모던 사회를 출현하게 했던 것은 기초과학적으로는 물리학의 발전에 의한 컴퓨터 공학이다. 과학기술의 발전은 사회를 성숙한 산업사회로 이끄는 후기산업사회로 이끌었다.

(3) 다양성과 다원주의를 추구하는 시대적 흐름

포스트모더니티는 현대성이 추구한 통일성과 기능주의와 합리성과 획일성을 극복하고자 한다. 세계관이나 직종이나 생활방식의 다양성이 인정된다. 다양성은 후기현대성의 전형적 모습이다.[6] 사회를 지배하는 이데올로기도 하나가 아니라 상충되고 보완하는 이데올로기가 갈등하고 경쟁하고 있다. 마르크스주의나 공산주의 등 전체주의 이념이 종언을 고하고 모든 이데올로기가 상대화되고 사회적 지도자도 스타 없이 공동 지도자가 되는 모습으로 바뀌고 있다. 정치, 문학, 예술, 모든 영역에서 획일성이 물러가고 다양성이 중시되고 있다. 건축에서도 나타나고 있는 예가 파격성의 건축이다. 포스트모던 건축양식에서는 기능적인 것으로부터 탈피하여 허구를 이념화한다. 추상화나 추상건축이 대표적이다, 이들 건축은 환상적이고자 하며 완결되기를 거부한다. 각 부분은 거대한 체계의 부분이기를 거부한다.

(4) 여성과 감성이 존중된다

모더니티에서는 남성이 사회를 리드해 나갔으나, 포스트모더니티에서는 여성이 오히려 그 부드러운 감성을 가지고 리드해 나간다. 산업사회에서는 여전히 남성이 기계와 기구를 움직이는 데 중요역할을 했으나, 후기 산업사회에서는 컴퓨터가 중심이 됨으로써 하드웨어보다는 소프트웨어가 중요역할을 하고 사무능력을 보기에 신체적으로 적합한 여성의 역할이 두드러진다.

모더니티(modernity)가 이성을 중시했다면, 포스트모더니티(postmodernity)는 감성을 중시한다. 이성이 그 한계를 지닌 것이 드러남으로써 이를 보완해서 감성이 그 역할을 하고 있다. 오늘날 지능지수보다는 감성지수가 중요시되는 시대이다. 그리고 도덕지수도 중요시 되고 있다. 감성을 중심으로 하는 문화상품이 개발되고 각 상품은 감성에 호소하여 고객에게 어필하기에 이른다. 인간의 오감에 호소하라는 감성의 대표적 예는 디자인 혁명이다.[7] 눈에 보이는 것을 바꿈으로써 새로운 변화를 유발하려는 것이다. 화장품에서부터 시작하여 모든 제품들이 포장부터 시작하여 고객들의 감성에 호소하여 상품의 구매력을 촉진한다. 휴대전화 업체인 모토로라는 자사제품의 기능보다는 감각과 디자인으로 승부하고 있다. 모토로라는 밀라노에 디자이너 센터를 세웠고 애플사의 유명 디자이너를 영입했다. 그리하여 동양부채처럼 펼칠 수 있는 V70모델을 개발하였다.[8] 시각과 청각에 이어 후각까지도 상품개발에 동원하고 있다. 독일 자동차 회사 아우디(Audi)는 속도에 따라서 냄새가 다르게 나타나는 향기차를 개발하고 있다.

(5) 환경 생태계에 대한 새로운 각성

현대성이 초래한 과도한 개발주의에 의한 환경과 자연 생태계에 대한 관심이 증대하고 있다. 인간의 과도한 개발에 의하여 우리의 자연 생태계는 파괴되고 자원은 고갈되고 희귀한 생물종은 멸종의 위협에 직면하고 있다. 화석연료의 과도한 소비로 인한 대기의 온난화로 빚어지는 지구온난화, 기상이변, 해면의 높아짐, 지구의 사막화 등에 의하여 지구는 심각한 생태적 위협을 받고 있다. 1972년 로마클럽은 「성장의 한계」라는 보고서에서 제로 성장의 경제를 제안하였다.[9] 로마클럽은 양적 성장 대신에 질적 성장을 주장한 것이다. 리우 세계 환경대회 이후로 환경과 발전이 균형을 이루는 '유지가능한 발전'(sustainable development)이 중요한 개발이념으로 채택되고 있다. 현대성이 상실한 자연에 대한 새로운 발견, 인간중심적 생태론과 자연중심적 생태론이 대두하고 있다. 전자는 더 나은 과학기술로써 생태계를 유지 발전시키자는 세속주의적 사상이며, 후자는 자연을 신으로 보는 가이아 이론에 기초하여 자연 자체의 자정(自淨)능력을 믿는 범신론적 사상이다.

(6) 영성의 다양한 형태 대두

모더니티는 세속적 물질주의를 신봉하였고 사회의 세속화와 더불어 교회나 종교의 기능은 사라질 것으로 내다보았다. 니체, 포이에르바하, 프로이드, 초기의 하비 콕스가 이러한 견해를 대변하였다. 그러나 21세기에 들어선 오늘날 역사의 과정은 이들이 예언한 방향으로 가지 않았다. 종교는 없어지지 않고 오히려 초자연적인 현상이 모더니즘의 쇠퇴와 더불어 대두되었다. 정령숭배적 세계관이 다시 대두되었다. 만화영화, 영화, 코미디, 서점에서 귀신 축사(逐邪), 마술, 정령들, 부활 등을 소재로 하고 있다. 그것은 하비 콕스가 그의 후기 저서 『하늘에서 내려온 불』(Fire from Heaven)에서 피력하는 바 같이 새로운 영의 운동이다. 그는 "오순절 영성의 발흥과 21세기에 있어서 종교재형성"에 관하여 논하면서 1960년대의 종교소멸론의 입장에서 떠나고 있다.[10] 기독교 밖에서는 인도의 요가를 중심으로 하는 동양의 신비가 소개되고, 뉴에이지운동 등이 야기하고, 기독교 안에서는 성령과 은사운동이 일어났다.

영성에 대한 새로운 추구는 현대의 물질중심의 삶에 대한 반작용으로 일어났다. 그러나 포스트모던 시대의 영성 추구는 동양의 신비종교를 찾아나가고 있다. 서구의 기독교가 이미 기독교적 영성을 고갈해서 저들에게 줄 것이 없기 때문이다. 이러한 영성의 추구에 대하여 아모스 선지자는 다음같이 예언하였다. "주 여호와께서 이르시되 보라 날이 이를지라. 내가 기근을 땅에 보내리니, 양식이 없어 주림이 아니요, 물이 없어 갈함이 아니요, 여호와의 말씀을 듣지 못한 기갈이라. 사람이 이 바다에서 저 바다까지 북에서 동까지 비틀거리며 여호와의 말씀을 구하려고 달려 왕래하되 얻지 못하리라. 그 날에 아름다운 처녀와 젊은 남자가 다 갈하여 피곤하리라. 무릇 사마리아의 죄된 우상을 가리켜 맹세하여 이르기를 단아 내 신의 생존을 가리켜 맹세하노라 하거나 브엘세바의 위하는 것의 생존을 가리켜 맹세하노라 하는 사람은 엎드려지고 다시 일어나지 못하리라"(암 8:11-14). 아모스의 말씀은 영성의 추구에 있어서 사마리아의 금송아지나 아세라 목상이나, 여로보암 1세 이래 금송아지가 안치된 단의 우상이나, 하나님과 우상을 동시에 섬기는 혼합주의가 번성하는 브엘세바의 우상을 추구하는 자는 영적 갈증을 해소하지 못하고 쓰러질 것이라고 경고하면서 하나님 말씀만이 이 포스트모던 시대의 영적 기갈을 해소할 것을 말해주고 있다. 그러므로 이 시대의 영적 기갈이야말로 기독교를 위해서는 복음화와 선교의 새로운 기회이다.

2. 포스트모더니티에 대한 부정적 이해

(1) 해체적 흐름

신의 죽음을 선언한 허무주의자 니체의 계승자 데리다(텍스트 주의)와 푸코(욕망 계보학)는 서구의 로고스 중심적 사고를 해체하고자 한다. 해체적 사고는 근대정신을 이루어 온 네 가지 정신, 말하자면, 신의 섭리, 자아의 중심, 역사의 의미, 경전의 준거성을 거부한다.[11]

첫째, 신의 죽음을 선언한다. 신은 인간의 투영에 불과하다. 초월적 신은 존재하지 않는다. 신은 인간이 만든 산물이다. 신이란 인간의 모습을 따라 투영된 허구이다.(포이에르바하)

둘째, 자아의 죽음을 선언한다. 주체란 없다. 인간 자아의 상실. "개인 주체는 허구이다. 개인 주체는 역사적으로 우연한 구성물이며, 그 외관으로 보이는 통일성 밑에는 서로 갈등을 일으키는 무의식적 충동들이 소용돌이치고 있다."(니체)

셋째, 역사의 해체를 선언한다. 역사의 의미는 없다. 역사는 돌고 도는 것이다. 순환적인 자연만이 있을 뿐이다. 역사에 대한 거대한 담론이란 없다.[12] 우리는 목적 없이 방랑할 뿐이다.

넷째, 경전의 해체를 선언한다. 책이란 없다. 텍스트만이 있을 뿐이다. 객관적 의미를 부정한다. 의미 상대주의를 초래한다. 텍스트만 존재한다. 텍스트란 짜깁기이다. 읽는 자가 의미를 산출한다.

(2) 해체적 결과

인간 상실이 초래된다. 그것은 자아의 상실과 죽음이다. 인간 상실이란 신의 죽음에서 필연적으로 귀결한다. 인간은 하나님의 형상으로 지음을 받았다고 보기 때문에 인간을 자기 형상으로 지은 신의 죽음은 인간의 죽음으로 나아간다. 허무주의에 빠진다. "신의 죽음이 자아의 죽음 속에서 구체화함으로써 허무주의는 완전하게 된다."[13] 인간은 역사의 의미 상실에 봉착한다. 인간은 이 아무런 의미와 목적이 없는 우주와 역사 속에 던져져 있다. 역사에 관한 낙관주의가 아니라 비관주의가 지배한다. 진리의 상대주의에 빠진다. 진리는 없다. 어떤 것도 허용된다(anything goes). 당신이 원하는 대로 믿고 생각하

라. 너에게 좋으면 그것이 좋은 것이라는 것이 상대주의 가치관이다. 도덕의 무정부주의에 빠진다. 고정된 도덕이란 없다. 윤리와 도덕의 퇴폐풍조를 낳는다. 윤리와 도덕이 더 이상 지배하지 못하는 인간성은 이제 해체된다.

3. 포스트모던 해체적 성향과 바울의 종말에 대한 예언적 증언

오늘날 인류의 정신적 상황은 특히 서구사회가 전통적으로 믿어온 하나님 신앙에서 떨어져 나옴으로써 전통적 가치체계를 송두리째 파괴하는 운동이 일어나고 있다. 모더니티는 교회신앙의 대상으로서의 신의 존재를 거부했으나 우주와 역사의 의미의 출처로서 신의 존재를 믿었다. 그래서 인간의 주체성을 발견하고 인간의식에 의한 진리와 역사의 최종적 의미를 믿었다.

그러나 현재 형성되고 있는 포스트모더니티는 이러한 모더니티의 가치관까지 비판하면서 로고스적 사고에 입각한 서구의 문화와 가치체계를 송두리째 해체하고 있다. 이러한 해체의 중요내용이 신의 죽음, 자아의 사라짐, 역사의 무의미, 책의 부정이다. 신은 죽었다. 인간의 주체 내지 자아라는 실재는 없다. 역사에는 아무런 의미가 없다. 하나의 의미를 지향하는 책이란 존재하지 않는다. 지식의 홍수, 다양한 가치관 속에서 가치관의 혼란, 종교다원주의의 이데올로기, 권위의 부재, 전통의 파괴 가운데서 극단적인 상대주의와 허무주의가 팽배되고 있다.[14]

정보사회의 신세대를 사이버 펑크(cyberpunk)라고 부른다. 이 용어는 사이버네틱스(cybernetics)와 펑크(punk)의 합성어로서 컴퓨터 세대를 지칭하고 있다. 이들은 컴퓨터가 만든 가상현실에 탐닉하여 실재세계를 떠나 가상현실 속에서 기존가치와 권위를 부정하면서 살아가고 있다. 문명의 발전과 인간성의 발전은 정비례하지 않고 오히려 역비례하고 있다. "악한 사람들과 속이는 자들은 더욱 악하여져서 속이기도 하고 속기도 하나니"(딤후 3:13).

이것은 하나님을 떠난 현실적 인간의 자기 본성에 모순된 모습이다. 오늘날의 소위 신세대인 X세대의 특징은 'PANTS 신드롬' 으로 나타내 진다.[15) 이들은 개인적(personal)이며, 흥미본위(amusement)로 살며, 자연스러움(natural)을 좋아하고, 성별구분의 모호하고(trans-border), 극단적인 자기 사랑(self-loving)으로 살아간다. 이들은 아기를 갖지 않고 맞벌이하면서 각자의 통장을 별도로 갖고 별도로 관리하면서 둘만의 행복을 추구한다. 이러한 신세대를 '딩크(Dink: Double Income No Kids)족' 이라고 한다.

바울은 2,000년 전 성령의 예언적 통찰을 통해서 다가오는 역사 마지막 때의 해체적 시대를 예고하고 있다. 이러한 바울의 예언적 통찰은 너무나도 우리시대의 정신적 현상을 바르게 진단하고 있기 때문에 놀랄 만한 일이다. 디모데후서 4장 1-5절은 바울이 네로 황제 치하 다시 체포 수감되어 옥에 갇힌 시기에 기록한 것이다. 바울은 순교함으로써 자신의 일생이 거의 끝나가고 있음을 의식한다. 바울은 자신의 복음 동역자 디모데에게 복음 전도자의 사명을 다할 것을 당부하면서 동시에 앞으로 다가올 역경과 환난에 관한 예언적 진술을 하고 있다. 그리스도의 재림의 때가 임박했다. 재림 전에는 정신적으로 가치관의 혼란의 시대가 도래할 것이다. "때가 이르리니"(딤후 4:3). 여기서의 때는 정신적 상황이 매우 어지러운 마지막 날을 가리키고 있다.

(1) "바른 교훈을 받지 아니하며"

정통교리(orthodoxy)가 배척되는 시대이다. 정설(正說)보다는 외설(外說)과 역설이 판을 치게 된다. 모던 시대는 확실한 진리와 가치와 인간의 존엄성과 역사의 최종적 의미와 경전의 가치성을 믿었다. 포스트모던 시대는 확실한 진리와 가치가 있다고 믿지 않는다. 인간의 존엄성을 믿지 않는다. 자아의 존재를 믿지 않는다. 역사의 최종적 의미를 믿지 않는다. 성경이나 사서삼경 등 인류의 고전을 더 이상 믿지 않는다. 전통적인 과학이나 이론이 평가절하되는 시기이다. 토대주의(foundationalism)가 무너지고 진리에 대한 추구와 신념이 식어버린 시대이다.

(2) "귀가 가려워서"

비진리를 향하여 듣는 귀가 열린다. 옳은 일 보다는 나쁜 일을 추구하게 된다. 시민이나 학생이나 젊은이들은 감언이설을 듣고자 한다. 아직도 우리 사회의 운동권 젊은이들 사이에는 이미 동구권에서는 신화로 판명된 공산주의와 주체사상이 설득력을 가지고 저들의 귀를 간지럽게 하고 있다. 1945년 한국을 일제에서 해방시키고 1950년 한국 전쟁에서 한국을 공산침략에서 구해준 미국이 반세기가 흘러 2006년이 된 오늘날 젊은 시대들 가운데는 우리의 안보를 위협하는 자가 북한이 아니라 미국이라는 사고가 지배하고 있다. 동북아에 핵무기 경쟁을 불러오고 한국을 불바다로 만들지 모르는 북한의 핵무기가 앞으로 우리 한국의 무기가 될 수 있다고 나이브(naiv)하게 생각하고 있다. 심령과학이나 각종 신비주의가 오늘날 지식인을 유혹하고 있다. 각종 향락산업과 폭력과 성을 주제로 한 사이비 예술이 시민들을 사로잡고 있다. 심지어 그것이 잘못된 줄 알면서 듣기를 즐긴다. 각종 오락 비디오는 그것이 시간 소모이며 멍청하게 만드는 것임을 알면서 그것을 즐겨 본다.

(3) "자기의 사욕을 좇을 스승을 많이 두고"

자기의 욕심을 좇는 스승이 일어난다. 스승의 타락을 예언하고 있다. 우리 사회에서 교사나 공무원의 노조화는 학원이나 공직사회를 자칫 이념의 투구장으로 만들 수 있는 위험성을 내포하고 있다. 스승은 진리와 양심을 따라야 한다. 그리하여 제자들을 진리와 양심에 따라서 살도록 인도하고 자신이 모범을 보여주어야 한다. 옛날에는 스승과 제자와의 관계는 사욕을 떠난 진실의 관계였고 인격적 관계였다. 그러나 이제는 모든 것이 물질화 되면서 스승과 제자도 물질을 받고 가르쳐 주고 받는 학원 강사와 수강생의 차원으로 떨어져 버렸다. 학생들은 엄격과 규율과 학문적 성숙에서 가르치는 교수보다는 과제 적게 주고 수강부담 적고 학점 잘 주는 교수의 강의를 수강한다. 교수들은 수강 등록자 수(數)에 의거한 강의제도 때문에 질적인 강의 수행에 어려움을 겪고 있다. 여기서 진정한 상아탑 정신이 오늘날의 물질주의 앞에서 퇴색하고 있다.

(4) "그 귀를 진리에서 돌이켜"

진리에서 돌이킨다. 그리고 허위와 안일한 지식을 따라 간다. 포스트모던 신세대들은 건전한 전통조차도 부인하고 교회의 가르침을 무시하고 건전한 윤리와 도덕성과 가치관을 인정하지 않고자 한다. 한국에서는 서양에서는 이미 지나간 마르크스 레닌주의, 그리고 공산왕조 사상에 불과한 주체사상에 심취한 한국 운동권의 사상적 열광주의가 아직도 남아 있다. 이들은 바른 건전한 상식을 부정하고 민주사회를 총체적으로 전복하고 혁명하고자 한다. 서구에서는 이미 이데올로기 실험을 통하여 그 몰가치가 입증된 이데올로기에 호기심을 가지고 맹목적으로 탐닉하고 있는 젊은이들이 있다.

(5) "허탄한 이야기를 좇으리라"

허망한 이야기를 추구한다. 그리고 오늘날 젊은이들 가운데는 컴퓨터가 만들어 주는 가상현실에 중독이 되어 실재세계를 떠나서 인터넷 세상이 주는 각종 화려한 허상 속에서 현실의 불만족을 대리 충족하고자 하는 가상세계에 중독된 자들이 적지 않게 나타나고 있다. 오늘날 청소년들은 컴퓨터의 가상 현실에 들어가 그 속에서 현실에서 누리지 못하는 욕구를 가상적으로 충족하고자 하고 있다.

오늘날 우리 주변에 인간 의식을 신격화 시키는 '뉴에이지 운동'(the new age movement)이 일어나고 있다. 뉴에이지 운동은 기독교와 동방의 신비 종교를 결합시킨 비의 종교이다.[16] 마인드 컨트롤에 의하여 인간을 자기 속에 있는 신성을 개발할 수 있다고 믿는다.[17] 환경 파괴의 염려 속에서 자연을 신격화하고 인간을 자연의 일부분으로 보는 가이아 이론이 영향을 끼치고 있다.

4. 포스트모던 목회의 패러다임

포스트모던 시대에서 교회는 예수 그리스도의 교회요 복음주의적 교회로서 선교적인 교회, 다문화 교회, 멀티미디어 교회, 멀티 감각적인 교회가 되어야 한다. 이러한 교회가 되기 위해서 목회의 패러다임도 달라져야 한다. 필자는 목회의 새로운 패러다임으로서 영성의 목회, 하나님 나라중심의 목회, 양적 성장의 굴레에서 나와서 질적으로 성장시키는 목회, 지역사회 친화적이며, 건전한 시민운동을 일으키는 목회, 생명과 여성, 환경에 친화적인 목회, 다문화적이고 멀티미디어 목회, 교육목회를 제시하고 한다.

(1) 영성의 목회

미국 연합 감리교단 진감스버그 교회 담임 마이크 슬라우트 목사는 "21세기 교회의 성패는 크기가 아니라 교회자체가 가지고 있는 진정성에 달려 있다", "모든 것이 상대화 되는 포스트모던 시대에서 교회는 누룩과 같이 사회에 퍼져 나갈 수 있는 진실된 모습을 보여줘야 한다."고 피력하고 있다.[18] 오늘날 교회가 사회에 보여주어야 할 진실된 모습이란 먼저 목회자가 매일 자신의 목양관과 설교의 처소와 사회적 목회활동에서 살아계신 하나님과의 인격적인 관계를 수립하는 것이다. 이것이 바로 영성의 목회이다.

영성의 목회란 성공지향적 목회를 말하지 않는다. 오늘날 목회자들은 너무나 바쁘다. 심방하기에 바쁘고 전도하기에 바쁘고 교회의 부흥을 위하여 묘책을 찾기 위하여 동서남북으로 뛰어다닌다. 큰 교회, 수천 명이 모인 곳에서 설교를 해야만 성공한 목사라고 생각한다. 교회당의 증축 내지 신축을 해야만 성공한 목사요, 호화판 자동차에 기사가 달린 차를 타는 회장으로서 행사해야만 성공했다고 자부심을 느낀다. 이것은 성경이 우리에게 말하는 한 마리 잃은 양을 찾기 위하여 산 넘고 물 건너 절벽과 동굴 속에까지 찾아 나서는 겸허한 목자상이 아니다.

헨리 나우엔(Henry Nouwen)은 미국 하버드대학의 영성신학 교수로 재직하면서 그는 스스로 질문하였다. "하나님의 사랑을 증거하는 나의 소명이 하나의 지루한 직업으로 변해버린 것은 도대체 무엇 때문인가?" 그는 사직서를 제출하고 프랑스의 라르쉬 공동체에 가서 정신 장애자들과 함께 살기로 결심한다. 그는 자신의 일기에 하버드의 치열한 경쟁과 성공지향적인 삶을 돌아보며 동료들과 신학부 학생들이 성취와 출세의 야심을 버리고 하나님과 사랑하는 예수 그리스도에게 헌신해야 하며 그들을 재능을 더 없이 화급한 구원사업에 투여해야 한다고 적고 있다.[19] 우리도 오늘날 우리에게 주님이 주신 거룩한 소명이 하나의 직업이 되지나 않았는지 반성해보아야 할 것이다.

오늘 우리는 교회 안에 있는 가난하고 소외된 자들을 돌보았는지 주님 안에서 자기 성찰을 해보아야 한다. 마지막 날 주님은 우리에게 말씀하실 것이다. "내가 주릴 때에 너희가 먹을 것을 주지 아니하였고, 목마를 때에 마시게 하지 아니하였고, 나그네 되었을 때에 영접하지 아니하였고, 벗었을 때에 옷 입히지 아니하였고 병들었을 때와 옥에 갇혔을 때에 돌아보지 아니하였다"(마 25:42-43).

기독교 영성과 기복신앙의 영성의 차이는 물질의 많고 적음에 있는 것이 아니라, 물질과 세속에 대한 태도에 있다. 기독교 영성의 핵심이 청빈에 있다면 기복신앙의 영성의 핵심은 소유욕에 있다. 기복신앙은 이 세상에서의 제물의 풍요와 영화의 풍요와 육신의 건강을 기원한다. 그것을 얻기 위하여 신령을 달래며 많은 제물을 시주한다. 그러나 기독교 영성은 소유하기보다는 자기를 상대방의 번영을 위하여 희생하고 비워준다. 이 영성의 모범은 바로 신의 위치를 버리고 인간의 형상을 입으시고 십자가에 달려 죽으시고 인류를 구속하신 그리스도의 삶이다. 이러한 영성은 초대교회 신자들이 즐겨 불렀고 예배 시 사용된 빌립보서의 그리스도 찬가에서 가장 잘 드러나고 있다. "너희 안에 이 마음을 품어라. 그리스도 예수의 마음이니, 그는 하나님의 근본형상이나 하나님과 동등됨을 취할 것으로 여기지 아니하시고, 오히려 자신을 비어 종의 형상을 가져 사람들과 같이 되었고, 사람의 모양으로 나타나셨으매, 자기를 낮추시고 죽기까지 복종하셨으니, 곧 십자가에 달려 돌아가심이라"(빌 2:6-8).

　　기독교 영성의 본질은 세속으로부터 도피(신비주의)도 동화(세속주의)도 아닌 세속 속에서 있으면서 세속을 초월하는 세속적 초월(secular transcendence)이다. 이것은 우리 삶의 모든 영역에서 하나님의 면전에서 사는 삶이요 하나님 임재 속에서 사는 삶이다. 이것이 조나단 에드워즈와 낙스 같은 청교도와 개혁주의 선조들이 살았던 삶이다.

(2) 하나님 나라 중심의 목회

　　교회왕국적인 목회가 아니라 하나님 나라 지향적 목회가 요청된다. 교파의 다양성을 수용하고 연합해야 한다. 모던사회에서 교파는 너무나 많이 갈라졌다. 그것은 교단들이 획일성과 자기주장을 절대화하는 데서 나온 것이다. 하나님이 원하시는 뜻이 아니다. 더군다나 교파 사이에 담을 쌓고 상대방을 비방하는 것은 관용성이 결여된 것이다. 이제는 획일성의 시대가 지나고 다양성과 관용성의 시대가 도래했다. 우리는 개신교의 다양한 교파를 하나님 안에 있는 여러 지체로서 인정해야 한다. 교파의 문을 열고 성경 안에서 연합운동을 해야만 한다.

교회나 교단이 하나님의 나라가 아니다. 대교회나 대교단일수록 목회자들이 자기의 종교적 영역에 안주하고 그것을 기득권화하려는 경향이 있다. 이러한 경향에 대하여 항상 말씀으로 되돌아가 반성하고 회개하고 끊임없는 자기 부정과 갱신이 있어야 한다. 개교회중심 사고를 극복하고 교단이나 기독교 제도를 절대화 하는 사고를 버리고 교회나 교단이나 다가오는 하나님 나라를 증거하는 하나의 증언의 기구로서 이해하는 사고가 필요하다.

(3) 양적 성장굴레에서 벗어나 질적으로 성장시키는 목회

한국교회 목회자들은 이제 성장증후군에서 벗어나야 한다. 무조건 양적 성장이 아니라 질적으로 체질이 건강한 교회를 만드는 것이 중요하다. 교회가 영적으로 건강할 때 내실적 성장은 자연적으로 이루어진다. 크리스챤 슈바르트는 『자연적 교회성장』(*Natural Church Development*)이라는 저서에서 성장하는 교회는 성장하지 못하는 교회보다 괄목한 질적 특성을 가지고 있음을 말하고 있다.[20] 그것은 8가지의 특성이다.

첫째, 사역자를 세우는 지도력(empowering leadership)이다. 이 지도력은 교인들을 양육하고 훈련하여 교회사역자로 세우고 그들에게 권한과 책임을 위임한다. 이 지도력은 유능한 지도력이 아니라 사역자를 세우는 지도력이다. 목회자 자신이 스스로 갖는 카리스마이기보다는 교인들 스스로가 지도자가 되도록 키워주는 리더십이다.

둘째, 은사중심적 사역(gift-oriented ministry)이다. 교인들을 사역자로 세워 실제적으로 어떤 분야의 사역을 감당하도록 교인의 은사에 맞게 사역을 해나가는 것이다. 목회자가 모든 것을 다 맡는 목회가 아니라 교인들과 더불어 사역하는 협력목회이다. 교인들이 스스로 자기의 은사를 발견하도록 도와주는 목회이다.

셋째, 열정적 영성(passionate spirituality)이다. 이것은 교인들이 실제로 헌신하며 사는 믿음과 뜨거운 열심을 의미한다. 성장하는 교회와 성장하지 못하는 교회를 구분해주는 것은 영적 신조나 영적 관계라기보다는 성도들이 갖는 기쁨과 열정의 헌신과 불붙는 믿음의 삶이다. 성장하는 교회는 열심히 모이고 모든 일을 협력하여서 열정적으로 추구한다.

넷째, 기능적 구조(functional structures)이다. 교회내의 형식과 구조가 조직적으로 기능적으로 잘 협력하여 사람들이 그들의 목적을 달성하도록 한다. 교회의 조직자체가 궁극적인 목적이 아니라 조직이란 단순히 목적을 위한 수단일 뿐이다. 그러므로 지도력을 감소시키는 조직, 불편한 예배시간, 교인들에게 효과적이지 못한 프로그램은 바꾸든지 중단되어야 한다.[21]

다섯째, 영감 있는 예배(inspiring worship)이다. 교회성장을 결정짓는 요소 가운데 하나는 예배이다. 모든 교회가 예배를 드린다. 그런데 중요한 것은 그 예배가 참석자들에게 영감을 주는 예배인가 하는 것이다, 성장하는 교회는 영감 있는 예배를 드린다는 것이다. 영감 있는 예배는 참석자가 하나님의 임재를 경험하며 이웃을 위하여 헌신하는 결단을 갖도록 하는가이다.

여섯째, 전인적 소그룹(holistic small groups)이다. 소그룹의 지속적인 번식은 보편적 교회성장 원리가 된다. 교회성장에 동력이 되는 소그룹은 단순히 성경구절을 공부하는 데 그치지 않고 메시지를 매일 삶에 적용시키는 전인적 소그룹이 되어야 한다. 소그룹 안에 있는 사람들은 자기가 실제 처해 있는 개인적인 문제들을 내어 놓을 수 있어야 한다. 그리하여 서로 친밀한 교제를 나누며 삶의 현실적인 영역에서 도움을 받으며 영적 교제를 나눈다.[22] 여의도 순복음교회는 75만 명의 세계최대의 교회이면서 15명의 구역 소그룹 조직으로 된 가장 작은 교회라는 원리를 지니고 있다.[23]

교회가 커질수록 소그룹 원리는 지속적인 성장을 위하여 결정적이다.[24] 교회의 성장이란 소그룹의 번식과 연결된다. 소그룹 원리는 8가지 질적 특성 가운데 가장 중요한 원리이다. 왜냐하면 소그룹의 장점은 다른 질적 장점을 포괄하기 때문이다. 소그룹 원리는 사역자를 내세우는 지도력이 필수적이며, 소그룹 환경 내에서 은사가 가장 잘 발휘될 수 있다. 그리고 소그룹은 조직을 언제든지 갱신할 수 있는 순발력이 있고 즐거운 예배를 경험케 하며 불신자의 필요에 따라 최적의 환경을 만들 수 있다.

일곱째, 필요중심적 전도(Need-oriented evangelism)이다. 전도의 필요성이 아니라 전도를 통해 교회가 성장하는 것을 말한다. '밀어 부치는' 인위적인 전도가 아니라 불신자의 의문에 답해주고 그들의 필요를 채워주는 전도를 말한다.[25] 전도의 은사를 갖고 있는 자에게 그들에게 맞는 사역을 맡기는 것이 효율적이다. 교회성장의 열쇠는 교회가 전도의 초점을 불신자들이 당면한 문제와 필요를 충족시키는 데 있다. 불신자들에게 부담과 압력을 느끼게 하는 인위적 프로그램을 사용해서는 안 된다.[26]

여덟째, 사랑의 관계(loving relationship)이다. 성장하는 교회는 성장이 정체하거나 쇠퇴하는 교회에 비하여 높은 사랑지수(love quotient)를 갖고 있다. 그리스도의 사랑이 실제적으로 경험되는 교회이다. 성도 간에 사랑이 다양한 모습으로 경험되는 교회가 성장하는 교회이다. 웃음과 나눔과 봉사가 넘치는 교회생활이 교회의 질적 성장과 중요한 연관을 지니고 있다.[27]

(4) 지역사회 친화적이며, 건전한 시민운동을 일으키는 목회

신자만을 위하여 있는 닫힌 교회가 아니라 지역사회를 향하여 열리고 저들의 문제를 안고 저들의 상담자가 되고 저들 문제의 해결사가 되고자 하는 목회이다. 다일공동체는 배고픈 노숙자들에게 밥을 퍼주는 일에서부터 시작하였다. 이 공동체는 '나눔과 섬김을 실천하는 공동체 정신을 작은 것부터, 나부터 참 사랑을 실천' 하고자 한다.[28] 그리고 목회자는 민중운동의 대안으로 등장한 시민운동에 교회가 젊은 신자들을 참여시키고 이 운동이 기독교적으로 우리 사회에 긍정적인 역할을 하도록 이끌어야 한다. 민중신학의 민중이란 사회의 체제를 전복시키는 프롤레타리아요 반체제적인 사람들이었으나 문화신학의 시민은 이데올로기 개념이 아니라 건전한 개혁을 수행하는 책임 있는 보통사람들이다.

교회가 검소한 생활의 기독교 윤리 실천을 모범적으로 보이면서 우리 사회의 가진 자와 못가진 자 사이의 간격을 중재하는 사명을 해야 한다. 윤리의식을 고취시켜서 우리 사회가 보다 도덕적으로 윤리적으로 정의로운 사회가 될 수 있도록 성도들에게 윤리교육을 시켜야 한다. 공무원에게는 청렴한 봉사상을, 과학자에게는 인간 한계에 걸맞은 기술이용을, 기업가에게는 이윤의 사회 환원을 가르쳐 주어야 한다.

(5) 생명과 여성, 환경에 친화적인 목회

21세기는 여성의 시대이다. 여성이 정보시대의 역할이 남성보다 더 유리해지고 직업선택의 기회가 많이 주어짐으로써 여성의 사회적 지위와 권리도 커진다. 한국교회도 여성이 근 3분의 2를 차지하고 봉사도 여성이 대부분 하고 있다.[29] 여성의 역할에 걸맞은 처우개선과 역할을 마련해야 할 것이다. 여성을 교회에 적극 참여시키는 목회가 요청된다.

21세기는 환경의 시대이다. 인간은 자연환경에 의존적이기 때문에 환경의 파괴는 인간에게 온실효과, 기상변화, 지구의 사막화 등으로 인하여 인간 생존에 위협을 주고 있다.[30] 교회는 생태의 중요성을 각성시키고 환경운동을 해야 할 것이다. 교회의 교육관은 생태보존과 환경친화운동의 산실이 되어야 할 것이다.

(6) 다문화적이고 멀티미디어적인 목회

포스트모던 사회에서는 다양한 문화가 밀려들어 오고 있다. 선교적인 교회로서 교회는 젊은 층을 중심으로 일어나고 있는 다양한 문화와 패션에 대하여 이들의 언어와 생각을 읽어내면서 목회를 해야 한다. 융합, 연결, 이동, 감성, 여유가 21세기 문화의 트랜드이다. 공간, 기술, 문화 등의 융합이 새로운 상품과 신규시장을 창출하고 있다.[31]

첫째, 융합의 물결은 복합화(기능의 집적)와 컨버전스(기능의 통합) 단계를 지나 퓨전(fusion)의 단계에 접어들었다. 오늘날은 융합의 시대가 되고 있다. IT 분야에서 휴대전화와 카메라가 결합하여 카메라 폰이 나왔다. 복사기, 프린터, 스캐너, 팩스가 합쳐진 복합기, MP3를 내장한 휴대전화, 공기청정기를 겸한 진공청소기가 만들어지고 있다. IT 기술세례를 받은 자동차는 이동통신과 결합한 텔레매틱스, 전후방 감지장치, 자동항법 장치를 장착한 첨단 IT 기기로 변신하고 있다. 융합현상은 쇼퍼테인먼트 백화점, 멀티플렉스 극장, 방카슈랑스처럼 유통, 금융, 서버스 사업 전 분야로 퍼져나가고 있다.

둘째, 연결의 물결은 네트워크가 글로벌하게 확장되면서 이루어졌다. 언제, 어디서나, 누구와도 자유롭게 접속할 수 있는 유비쿼터스(Ubiquitous)시대로 접어들었다. 모든 사람과 만물이 네트워크 되는 '연결의 세상' 은 거리를 소멸시켜 지구를 이웃집이 되도록 하였다. 네트워크 안에서는 한국과 독일, 미국의 거리가 같다. 미국과 독일의 거래처와 동시적으로 연락할 수 있다.

셋째, 이동의 물결이 정보산업과 각종 기업에 급속도로 진행되고 있다. 휴대폰과 노트북을 휴대하고 인라인 스케이트로 이동하는 현대인은 '디지털 유목민' 으로 비유된다. 신제품의 개발 속도가 획기적으로 빨라졌다. 기업들은 새 제품이 시장에 뿌리를 내리기 전에 다시 신제품을 내놓는다. 유목민 이동의 패러다임은 소유에 대한 개념을 바꾸어 놓았다. 젊은 층은 소유보다 사용의 가치를 더 중요시한다. 자동차에서 정수기, 장난감, 주거에 이르기까지 랜털(임대) 시장이 급성장하고 있다.

넷째, 감성의 물결은 디자인 혁명이다. 눈에 보이는 것을 바꿈으로써 새로운 변화를 유발시킨다. 휴대전화를 통해 촉각을 전달하려는 기술이 미국에서 개발되고 있다. 독일의 자동차 메이커들은 '느낌이 좋은 차'라는 개발 컨셉을 갖고 있다. 독일 자동차 회사 아우디(Audi)는 후각 팀을 만들어 자동차가 고속으로 달릴 때와 같은 섭씨 80도에서 차량의 각종 부품에 2시간 동안 열을 가해 냄새를 맡아보는 표본 검사를 거쳐 부품을 생산하고 있다. 통신 기술에 있어서도 소비자의 감성을 자극하는 뉴 럭셔리(New Luxury)라는 새로운 고급품 선호취향이 나타나고 있다.

다섯째, 여유의 물결은 기술과 기능을 상징하는 차가운 시대에 대한 반작용이다. 내면적 여가를 추구하려는 것은 인간의 본능에서 비롯되었으나 기업들은 이것을 상업적 활용의 대상으로 삼아 새로운 상품을 내놓고 있다. 여유의 물결은 요가와 명상 열풍으로 상징된다. '잘 먹고 잘 살자'는 웰 빙(Well Being)족의 등장으로 레저, 건강식품, 스포츠 시장은 비약적으로 확대되고 있다. 여성배낭에 요가 담요를 묶고 다니는 것이 최첨단 유행으로 통하는 것이 요즈음 선진국의 흐름이다. 미국에서는 월더링(Wildering, 대자연 즐기기)이 새로운 산업 트렌드로 부상하고 있다. 래프팅, 무인도 체험, 정글 체험 등의 여행 상품이 불타나게 팔리고 있다. 좀더 자연적이고 느리고, 내면적인 것을 찾는 데 돈을 아끼지 않은 소비들이 등장하면서 힐링(Healing) 산업, 웰빙(Well Being) 산업이 급성장하고 있다.[32]

이러한 다문화의 물결은 멀티미디어에 의하여 촉진되고 있다. 21세기의 목회는 "모든 장소의 모든 사람들에게 다가가는 진지한 노력이 있어야 한다." 포스트모던 시대에 있어서 교회는 특정한 문화의 특정인들의 필요에도 응답할 수 있는 '커다란 우산'이 되어야 한다.[33] 개교회마다 특정한 목표를 가지고 나아갈 경우, 전체 교회가 하모니를 이뤄 사회에 영향력을 발휘할 수 있다. 다양한 개성과 욕구가 분출되고 이것이 멀티미디어에 의하여 촉진되는 시대에 목회는 이러한 시대의 요구에 응하면서도 시대에 영합해서는 안 된다. 오히려 기독교 영성을 가지고 이러한 시대의 변화의 물결이 자칫 인간의 편의성만을 충족시키고 보다 깊은 삶의 의미성에 대한 질문을 상실하지 않도록 하는 목회자의 영성이 동반되어야 한다.

(7) 교육목회

첫째, 목회자들은 교인들을, 교사들은 특히 청소년들을 잘 가르쳐야 하겠다. 목회자와 교사들은 이 시대를 분별하고 자기의 정체성을 확인해야 한다. 역사적 변화의 물결을 알고 이에 긍정적으로 적응해야 한다. 가치와 윤리에 대한 새로운 발견을 해야 한다. 이것은 전통적 가치와 윤리에 대한 맹목적인 추종이 아니라 이것을 지성적으로 신앙적으로 새로운 상황 속에서 새롭게 음미하고 그것을 확신 속에서 검증하는 것이다. 이를 위해서는 말씀과 성령의 능력으로 되돌아가야 한다. 하나님의 말씀만이 우리의 정신을 바로 인도해주고 그의 성령의 능력만이 우리에게 진리의 빛이 되시기 때문이다.

둘째, 기독지성인들은 포스트모더니즘을 비판적으로 연구해야 한다. 그리하여 포스트모더니즘의 긍정적인 모습과 부정적인 모습을 바로 밝혀내야 한다. 포스트모던 시대의 신앙을 연구해야 한다. 이것은 이 시대에 영합하는 것이 아니라 이러한 시대를 바로 알고 이 시대에서 바른 기독교 신앙을 확고히 하는 것이다. 이 시대에서 도피하는 신앙이 아니라 정보사회 속에서 훌륭한 신자로서 정보화에 훌륭히 적응하는 신자를 말한다. 그러나 퇴폐적인 풍조를 따라가는 것은 아니다. 복음적인 포스트모던 신학을 발전시켜야 한다.

셋째, 평신도의 제자화 훈련이 요청된다. 우리는 주님의 제자가 되어야 한다. 주님에 대한 단순히 신앙만을 고백하고 삶에서 주님을 따르지 않는 것은 값싼 은혜(cheap grace)이다. 은혜의 대가를 치르고 자기 십자가를 지고 주님을 따르는 것이 고귀한 은혜(expensive grace)이다. 이것을 행동하는 자는 은혜의 대가(the cost of discipleship)를 치루는 주님의 제자직을 수행하는 것이다.[34]

1) "권위와 경전에 대한 새 발견"

바울은 디모데에게 "너는 배우고 확실한 일에 거하라"(딤후 4:14)라고 권면한다. 첫째, 조상과 교회로부터 물려받은 정통신앙에 거하라. 둘째, 성경에 근거해서 살라. 성경은 하나님의 말씀이다. 셋째, 교훈, 책망, 바르게 함, 의로 교육을 하라. 넷째, 하나님의 사람이 되어라, 선한 일을 행하라. 평신도는 배우고 확실한 진리와 신앙에 거해야 한다. 그 길은 건전한 권위를 인정하는 것이며 기독교의 경전인 성경을 하나님 말씀으로 인정하고 그 말씀에 따라서 살고 실천하는 것이다.[35] 그리하여 권위와 경전에 대한 신뢰가 상실한 이 시대에 신자들은 자기 삶의 영역에서 변혁의 밀알이 되어야 한다. 생명의 누룩이 되고 진리와 건전한 가치의 누룩이 되는 것이다. 복음의 소식을 널리 전파하는 만인 제사장의 사명을 다해야 한다.

2) "모든 일에 근신하고"

근신이라는 말을 영어로는 sober로 번역했다. sober는 '맑은 정신으로 있다.', '냉정한', '침착한'이라는 의미를 가지고 있다. 정통교리를 수호한다. 진리를 수호한다. 역사의 의미는 하나님의 나라의 도래라는 것을 바울은 말하고 있다. 그리스도는 역사의 마지막에 재림하셔서 산 자와 죽은 자를 심판하실 것이다. 근신이란 기독교 정신을 지키는 것을 말한다. 복음에 합당한 삶을 사는 것을 말한다. 오늘날 기독교 성장의 둔화내지 정체는 경제 성장 과정 속에서 성경적 이념과 가치관 없이 양적 팽창에 치중했기 때문이다.

3) "고난을 받으며"

진리의 길은 편안한 길이 아니라 어려운 가시밭길이다. 진리를 수호할 때 다가오는 어려움을 달게 받는다. 오래 참아야 한다. 인터넷의 정보의 바다 속에서 그리스도의 복음을 전하는 데 야기하는 문화적 갈등과 핍박과 어려움을 감수해야 한다. 오늘날 교회는 포스트모던 세속화 시대에서 성경적 이념과 미래에 대한 비전을 가져야 한다. 오늘날 신자들은 교회 안에서 직책과 봉사를 하는 자들은 많으나 직장과 사회에서 신앙 때문에 핍박을 받지 않으려고 타협하려는 경우가 적지 않다. 우리는 역사에 교훈을 받아야 한다. 초기 기독교가 로마 황제에 대하여 신적인 칭호로 경배했다면 핍박은 받지 않았을 것이다. 그러나 초기 기독교는 그 정체성을 상실했을 것이다. 숭실대학교는 일제의 신사참배의 강요에 불복하여 기독교 신앙을 훼손하는 것보다 폐교당하는 고난 받는 길을 택하였다. 기독교 정신을 지키는 것은 쉬운 일이 아니다.

4) "전도인의 일을 하며"

전도인의 일이란 복음을 전하는 것이다. 진리를 전하는 일을 해야 한다. "너는 말씀을 전파하라". 어느 때든지 우리는 진리이신 그리스도를 전파해야 하겠다. "때를 얻든지 못 얻든지 항상 힘쓰라". 우리의 강의실에서, 학생들과의 상담에서 저들에게 기회가 있는 대로 그리스도를 전할 수 있어야 한다. 인터넷은 전도의 황금어장이다. 정보의 바다 속에서 그리스도를 전하는 담대함이 있어야 한다. 우리는 포스트모던 시대를 사는 현대인들에게 참된 지혜와 영생을 증언할 수 있어야 한다.

오늘날 교회 주일 학교에서 청소년 수가 급격히 줄어지는 것은 교인들의 자녀들이 교회에 나오지 않기 때문이다. 이것은 매우 심각한 문제이다. 교회교육은 가정예배와 신앙교육에서부터 출발해야 한다. 교인들부터 자기 자녀들을 그리고 교사들부터 자기 형제나 자매를 주께로 인도해야 한다.

직무를 다하는 것이란 나의 소명으로 그 일을 한다는 것이다. 자기를 촛불처럼 불태우는 것이다. 이것은 본회퍼가 말하는 바 그리스도의 제자직의 대가(the cost of discipleship)를 치루는 것이다. 이러한 직무를 수행하는 것이 바로 하나님의 부르심이다. 주님의 부르심(calling)을 받고 수행하는 것이다. 소명의 세속화란 하나님의 소명을 교회에서만 아니라 직장에서도 수행하는 것을 말한다. 주일학교 학생들로 하여금 교회에서만 신자가 되는 것이 아니라 학교와 직장에서도 주님을 따르게 하도록 가르치는 것이다. 교회교사의 사명이란 기독교적 관점, 기독교적 세계관의 정립이다. 그리스도에 대한 헌신(commitment)이 있어야 한다. 직무나 직위가 아니라 헌신하는 태도가 앞서야 한다. 누가 보기 때문에 하는 것이 아니라 하지 않으면 은밀히 보시는 하나님 앞에 책임을 다하지 못하기 때문이다. 이것이 바로 종교개혁자들이 말하는 바 하나님 앞에서(coram deo) 정신이다.

*

전통적 가치관이 무너지고 진리와 가치관의 혼돈 속에서 방황하고 있는 포스트모던 시대에서 우리 목회자는 목회의 새 패러다임을 모색해야 하겠다.

첫째, 영성 목회를 해야 한다. 영성은 21세기에도 여전히 요청되는 목회자의 정체성을 드러내는 가장 중요한 토대이다. 살아계신 그리스도의 임재를 오늘날 세속주의의 물결 속에 휩싸이고 있는 자들에게 증거해야 한다. 영성이란 그러나 신비스런, 원초적 삶의 체험을 넘어서서 말씀을 통해 예수 그리스도 안에서 우리에게 오시는 성령과의 교통을 지속적으로 경험하는 것이다.

둘째, 하나님 중심의 목회를 해야 한다. 목회자 개인이나, 교인들 몇 사람이나 교단이 주체가 되는 목회가 아니라 하나님이 중심이 되고 하나님이 목회하시는 데 목회자와 교인들과 교단이 사용된다는 의식이 중요하다. 따라서 개교회주의나 대형교회주의는 지양되어야 한다. 교인이 일정량 이상으로 커지면 부목사들로 하여금 새로운 교회를 개척하여 나가도록 하는 성장운동이 바람직하다.

셋째, 건강한 체질을 만듦으로써 자연적으로 교회를 질적으로 성장시키는 목회이다. 그것은 사역자를 세우는 지도력, 은사중심적 사역, 열정적 영성, 기능적 구조, 영감 있는 예배, 전인적 소그룹, 필요중심적 전도, 사랑의 관계를 증진시키는 목회이다.

넷째, 지역사회 친화적이며, 건전한 시민운동을 일으키는 목회이다. 교회는 사회를 위하여 존재해야 한다. 지역사회에 기여하고 신자든 불신자든 저들의 영적인 동반자요 등대가 되어야 한다. 지역사회의 불우하고 소외된 자들의 친구가 되고 저들의 동반자가 되어야 한다.

다섯째, 환경과 여성에 관심을 가지는 목회이다. 오늘날 생태계의 위기 속에서 생태계에 대한 관심과 보존의식을 일깨우는 환경의식을 각성시켜야 한다. 그리고 교회 안에서 여성들의 지위를 향상시키고 여성들을 목회사역에 보다 적극적으로 참여시켜야 한다. 하나님은 아버지만이 아니라 어머니의 속성까지도 포괄하시는 성(gender)을 초월하시는 분이시다. 아버지가 하나님의 정의의 속성을 나타낸다면 어머니는 하나님의 사랑의 속성을 드러낸다.

여섯째, 다문화적이고 멀티미디어를 사용하는 목회이다. 오늘날 정보화 기술과 더불어 발전되는 첨단 문화적 흐름을 읽고 이러한 멀티미디어를 사용함으로써 젊은 세대들을 교회와 연관하여 생활하게 해야 한다. 기독교적 세계관을 가져야 하겠다. 그리스도가 역사의 주인이요 역사의 의미라는 사실이다. 그리스도는 산 자와 죽은 자를 심판하는 자이시다. 학생들에게 미국이 21세기를 이끌고 가는 것이 아니라 하나님의 주권이라는 것을 가르쳐 주여야 한다. 다니엘이 본 금신상의 이야기는 오늘날에도 역사를 보는 세계관으로 중요한 자료이다. 기독교적 가치관을 정립해야 하겠다. 신앙이란 종교적 편견이 아니라 이 세상을 이해하는 긍정적인 관점이라는 것이다. 그리스도는 모든 가치의 기준이다.

　　일곱째, 교육목회를 통해서 주일학교를 부흥시켜야 하겠다. 교회의 주일 학교가 단순히 교리만을 가르치는 곳이 아니라 그리스도라는 인격적인 구주를 증거하고 만나는 장이 되어야 하겠다. 그리스도는 종교의 교주가 아니라 우리의 삶을 풍성하게 하시고 우리의 삶을 독수리처럼 새롭게 하시는 살아 계시는 하나님이시요 우리의 구세주이시다. 그분은 아바타(avatar)가 줄 수 없는 것을 주시며 인터넷이 줄 수 없는 삶의 활력과 의미를 우리에게 주신다. 오늘날 인기 있는 인터넷의 수명도 수십 년을 넘어가지 못할 것이다. 그러나 그리스도는 어제나 오늘이나 내일이나 영원토록 동일하시다. 교사의 소명을 하도록 하신다. 목회자는 교회학교 교사들이 학생들에게 단지 주일공과나 교리를 가르치는 것을 넘어서서 복음에 대한 소명을 갖도록 해야 한다. 주일학교에서 교리를 넘어서 나를 구속하시고 나와 동행하시고 나를 부활시킬 생명이신 그리스도를 전하도록 교사들을 제자화하는 양육이 필요하다.

chapter 8
교회와 사회의 패러다임 변화

21세기에 들어와 한국사회와 교회는 패러다임의 변천이라는 과제에 직면하고 있다. 그것은 미국을 중심으로 하는 신자유주의를 표방하는 세계화 흐름 속에 있는 급변하는 지구촌에서 한국사회의 생존과 분단의 극복을 수행하는 것이다. 한국은 1988년 서울올림픽을 통해서 세계에 개도국으로 그 이름이 알려졌고, 2002년 한국-일본 월드컵을 계기로 선진국 문턱에 이르는 나라로 세계에 알려졌다. 2006년 우리 경제는 국민소득 1만 6,000달러에 도달하였고 2008년에는 국민소득 2만 달러, 2015년에는 국민소득 3만 달러의 시대를 바라보고 있다. 이제 한국은 2차세계대전 이후 독립한 국가 가운데 민주화와 경제발전에 성공한 유일한 나라로 세계에서 인정받는 나라가 되었다.

40년 전만 해도 한국과 필리핀의 처지는 정반대였다. 1930년대 말 필리핀 국민들은 동남아시아에서 제일 높은 소득을 자랑했다. 1955년 한국의 1인당 국민소득이 60달러일 때, 필리핀은 그 3배인 190달러였다. 1960년대 초에는 필리핀 업체들이 한국에 들어와 장충체육관도 짓고, 광화문의 문화관광부와 주한 미국대사관 건물도 감리할 만큼 필리핀은 축복이 지속될 나라처럼 보였다. 필리핀은 1969년까지 한국을 앞서다가 그 후 뒤쳐지기 시작했다. 지금은 동남아시아에서도 가장 빈국이 됐다. 2004년 한국과 필리핀의 1인당 국내총생산은 14배의 차이로 크게 역전됐다(필리핀 1,036달러, 한국 1만 4,193달러). 그 이유는 한국은 높은 교육열에 힙입어 기간산업을 일으켰지만 필리핀은 전혀 그러하지 못한 데 있다.

한국사회는 1960년 이래 경제입국이라는 국가목표를 설정하고 경제성장정책을 폈고 물량적으로는 경제규모를 팽창시키는 정책을 이행하였다. 외국은행으로부터 많은 자본을 빌려 쓴 결과 엄청난 외국의 빚을 안게 되었다. 그리하여 1997년 외환금융의 유동성 위기를 초래하여 국가부도사태 직전까지 이르게 되었다. 외환금융의 유동성 위기에서 초래된 국가부도사태를 해결하기 위해서 한국은 IMF의 금융지원을 받았다. 그 대가가 몰고 온 경제구조 조정과 변화의 물결 속에서 한국사회는 전반에 걸쳐 삶의 양식과 문화의 패러다임의 변화에 타율적으로 직면하였다. 이러한 한국의 금융위기는 삶의 방식을 내실화하여 근검절약하는 정신적 가치관의 부재로 말미암은 것이었다. 그동안 우리 한국인들은 양적으로 팽창된 경제규모 속에서 흥청망청 과소비를 즐겨온 것이 사실이다. 우리는 이러한 민족적으로 어려워진 경제현실을 계기로 잘못된 의식과 관행에서 벗어나 새로운 사회와 개인의 삶의 의식을 가져야 할 것이다.

지난 1997년에 갑자기 다가온 한국의 금융위기는 한국사회에 경제의 허세와 거품을 빼고 내실화 하는 구조조정을 하도록 하였다. 한국사회가 금융권의 구조조정과 기업의 구조조정을 통해 거품을 빼고 2003년에 IMF 빚을 단시일에 상환함으로써 채무국의 오명(汚名)을 씻게 된 것은 다행한 일이다. 2005년 한국은 세계경제의 10위권에 진입하였고 세계5위의 자동차 생산국, 인터넷으로는 세계 1위에 해당할 만큼 국력과 기술이 신장하였다. 이제 21세기를 창조적으로 살아가기 위해 우리 한국은 지난날 국가부도 위기가 우리들에게 일깨워준 우리 사회의 잘못된 관행들을 고치는 패러다임의 전환이 요청된다.

*

1. 외형위주의 교회와 사회성장: 양적 확장논리에서
초래된 위기

오늘날 한국 경제는 6.25 동란 이후 폐허된 잿더미 속에서 재건된 것이다. 1960년대 조국 근대화의 깃발 아래서 우리 한국사회는 열심히 뛰었다. 수출만이 살길이라 하여 열심히 만들어 수출하고 1990년대 초 국민소득 1만 달러, 세계 경제 11위에까지 우리의 경제역량을 끌어 올렸고 1997년에는 OECD에도 가입했다. 이러한 경제성장의 동력은 무엇보다도 교육열이었다. 스위스 국제경영개발원(IMD)은 지난달 세계 10위권 경제인 한국의 교육 수준을 61개국 가운데 42위로 꼽았다. 대학교육은 50위다. 한국 국민으로 미국에서 정식 유학비자를 받아 공부하는 초·중·고교생과 대학·대학원생 숫자는 8만 6,600명으로 세계 1위다. 외국으로 나간 전체 유학생 숫자는 19만 명, 해외연수는 20만 명이다. 교육 엑소더스의 행렬(行列)이 끝없이 이어지고 있는 것은 학부모들이 지금 이 나라의 이런 교육을 받아선 자기 아이들에게 미래가 없다는 걸 잘 알기 때문이다. 이것보다 더한 한국 교육의 진실에 대한 증언이 어디 있겠는가. 그러나 그 과정은 내실화를 도외시한 외형적이고 수량적인 팽창이었고 우리경제는 풍선처럼 속이 비어 있고 외형만 부풀다가 결국 외환금융위기에 직면한 것이다. 1997년까지 우리 경제의 외면적 화려함은 외국에서 가져온 빚더미 위에서 이룩된 것이고 우리의 부채는 약 1,500억 달러에 이르렀다.

경제 입국의 주역을 받았던 재벌은 '컴퓨터 칩에서 선박에 이르기까지' 모든 것을 생산한다는 확장의 논리에서 경영하여온 결과 자기 자본의 5배에서 10배 이상의 엄청난 부채에 시달려 왔다. 그리하여 재벌왕국은 부실(不

實) 계열사를 살리기 위하여 흑자운영의 자회사의 자금을 끌어다 쓰면서 계열 기업의 부실경영을 초래하였다. 은행도 이러한 외국에서 빌려온 돈을 부실기업에 빌려주고, 부실기업은 특혜와 은행융자를 위하여 정치인들에게 엄청난 뇌물을 제공함으로써 정경유착이 이루어지고 우리의 경제는 심각한 병을 앓아온 것이다.

정부가 부실은행과 금융기관 그리고 부실기업의 실태를 정확히 파악하여 사전에 감독하고 금융과 기업의 구조조정을 한 단계씩 착실히 수행했더라면, IMF 외환위기는 닥치지 않았을 것이다. 정부는 업적 쌓기에 행정력을 집중하면서 1997년 수차례나 조짐을 보였던 이러한 외환위기의 심각성을 외면하였다. 그리하여 여태까지 우리 기업과 금융기관과 정부가 미루어 온 구조조정은 IMF(International Monetary Fund)라는 국제통화기금의 압력에 의하여 강제로 하기에 이른 것이다. 만일 우리 사회가 고비를 넘겼다고 지난 IMF 위기가 가져다준 외환금융위기의 교훈을 잊고 지난날처럼 흥청망청하고 외형지향적 경영과 생활방식으로 나간다면 우리는 남미(南美)국가처럼 선진국의 문 앞에서 추락하게 될 것이다. 2004년 우리 경제는 세계적인 경기 한파와 고유가에도 불구하고 반도체 및 전자제품과 승용차 등의 수출에 힘입어 1인당 국민소득 1만 4,000달러에 도달하였다. 2005년 8월 현재 우리가 예치하고 외화는 2,000억 달러를 넘어가고 있다. 우리는 이제 우리 자신을 정비하여 외면적 화려함의 거품에서 벗어나 내실화로 나아가는 중대한 도약의 계기를 마련해야 할 것이다.

2. 한국교회의 책임

한국사회의 경제운영에 대한 책임은 일차적으로는 기업인, 금융인들과 정치인들에게 있겠으나 교회는 도덕적인 책임을 면할 수 없다. 우리 사회의 도덕성의 보루의 역할을 해야 할 한국교회 자체가 우리 사회의 외형위주의 가치관과 정경유착의 부패한 관행에 대한 예언자적 경고를 하지 않았을 뿐만 아니라 편승했기 때문이다.

(1) 한국인의 종교 실태

한국갤럽이 1997년을 기준으로 18세 이상 성인 남녀 1,613명을 대상으로 가구방문을 통한 1대 1 면접으로 '한국인의 종교 실태와 종교의식에 대한 조사' 를 한 결과 개신교 비율이 20.3%로서 18.3%인 불교와 7.3%인 천주교를 앞지른 것으로 나타났다. 갤럽이 13년 전인 1984년에 조사한 것에 의하면 종교인의 집계는 불교가 18.8%, 개신교가 17.2%였으며, 5년 후인 1989년의 조사에 의하면 불교가 20.9%, 개신교가 19.2%였다. 이러한 한국갤럽의 조사에 의하면 개신교인의 수는 전반적인 성장의 침체에도 불구하고 꾸준히 증가하고 있으며 불교는 근소한 감소세를 나타내고 있으며 천주교는 정체현상을 보이고 있는 것으로 나타나고 있다.[1] 한국 개신교는 어느 다른 종교보다도 오늘날 한국사회의 변화에 가장 역동적인 관심과 참여를 보이고 있다.

2005년 5월 AP 통신은 정치와 종교관계에 관한 10개국에서 성인 1,000명을 대상으로 한 여론조사를 벌인 결과를 발표하였다. '당신의 삶에서 종교는 얼마나 중요하다고 생각하는가?' 라는 설문에 대하여 한국인의 63%가 중요하다, 34%가 중요하지 않다고 조사되었다. 한국인의 절반정도가 신의 존재를 믿는다고 답했다. 그리고 '종교지도자들이 정부의 결정에 영향을 주어야 하는가? 라는 설문에 대하여 한국인의 21%가 '그래야 한다.' , 66%가 '그러면 안 된다.' 라고 대답하였다.[2] 한국갤럽이 2005년 5월 30일에 발표한 으로 '한국인의 종교와 종교의식' 의 조사연구 결과는 다음과 같다. 첫째, 불교가 24.4 %, 개신교, 21.4%, 천주교 6.7%, 무종교 46.5%이었다. 개 종교로는 여전히 불교가 가장 많은 신자수를 가지고 개신교가 그 뒤를 따르나 천주교와 합하면 28.1%로 기독교인이 가장 많은 신자수를 가지고 있다. 둘째, 개종경험으로는 천주교 신자가 28.1%, 개신교 신자가 14.5%, 불교신자가 13.2%로 나타났다. 천주교로 개종자가 많다는 것이다. 이것은 천주교 신자들의 신앙생활이 내실적이라는 사실을 밝혀준다. 천주교가 윤리성과 종교적 삶, 사회적 책임의 강조로 인해 사회젊은이들 가운데 선호도가 높다는 것을 나타내준다. 셋째, 불교 개종자의 78.9%가 개신교인, 개신교 개종자의 70.0%가 불교도 , 천주교 개종자 34.4%가 불교도이었다. 개종 전(前) 종교로서 불교 34.4% 개신교 45.5%, 천주교 14.9%로서 개신교인의 타종교 개종률이 가장 높다. 개신교 신자들이 더 많이 다른 종교로 개종한다. 이것은 바람직한 현상이 아니다. 개신교가 전도를 많이 한다지만 개신교에서 불교 개종자가 불교에서 개신교 개종자보다 많다는 것은 개신교 신앙이 불교적인 신앙보다 내실적이지 않기 때문이라는 것이다. 이것은 한국개신교가 외형적 성장에도 불구하고 내실적인 자기 안정과 사회적 책임성, 윤리적 삶이 미비하다는 것을 보여준다. 한국 경제 성장에 정신적 동인역할을 하였던 개신교에 대한 갤럽조사 지수는 1997년 IMF 금융위기를 맞을 수 밖에 없었던 한국의 사회정신적 환경에 영향을 준 개신교의 내면적 부실을 반영해준다고 보아야 할 것이다.

(2) 성장병

이 조사에서 나타는 것 같이 아직도 한국사회는 복음화 되어야 할 영역이 많이 남아 있다. 한국교회도 스스로 자기비판을 통해서 갱신(更新)해야 할 것이 적지 않다. 한국교회가 스스로 성장병(成長病)에 걸려 있다고 전문가들이 보고 있기 때문이다. 한국교회는 교회의 양적 성장이라면 수단과 방법을 가리지 않고 신앙과 목회의 윤리도 무시하고 교인들의 세를 증가하는 데 여념이 없다. 1960년대에서 1980년 후반까지 한국교회는 교회사에 유례가 없을 정도의 엄청난 팽창을 거듭해 인구 4분의 1이 기독교신자라는 성장을 이룩하였다. 많은 교회가 주일마다 3부에서 5부까지 예배회수를 늘릴 만큼 성장했으나 막상 한국교회가 우리 사회에 보여준 윤리와 도덕과 가치관은 결코 모범이 되지 못했다. 아직도 교회는 사회의 도덕적이고 가치관의 토대가 될 만한 역할을 하고 있지 못하다. 그것은 목회자와 평신도 지도자들의 의식결여 때문이다.

교회지도자들은 우리 경제의 양적 팽창논리에 발맞추어 교회의 양적 확장에 주력하는 나머지 신자들의 삶의 내실화에 대한 노력에 교회성장의 진정한 초점을 맞추지 않고 있다. 설교강단이 성수주일, 예배출석과 교리수호와 동등하게 기독교신자들의 사회에서의 윤리와 도덕의식과 사회적 책임의식을 강조했더라면, 오늘날 우리 사회는 기독교 신자인 공무원과 관료들과 정치인들에 의하여 많이 달라졌을 것이다. 그러나 그러하지 못했다. 아직도 교회에서 장로요 집사인 평신도들이 자기 직장에서도 교회에서 직분을 맡는 정신으로 봉사하고 있는가? 아직도 미약하다고 할 수 밖에 없다. 그러므로 지난 문민정부의 각료들은 어느 정권보다 기독교 신자가 많았으나 오히려 장로가 대통령인 정권 하에서 경제가 파탄되고 국가부도 위기에 몰리게 된 것이다. 그것은 경제시책의 잘못이기도 하지마는 그 밑바닥에는 보다 투철한 청지기 정신과 청교도적 직업윤리가 결여되어 있는 것이다.

한국교회는 그 윤리성이 결여되었기 때문에 1990년대부터 성장의 한계에 도달하고 있다. 2005년 갤럽 통계에서도 개종 전 믿었던 종교는 불교가 34.4%, 천주교가 14.9%였으나, 개신교가 45.5%가 돼, 개신교를 믿다가 타종교로 개종한 사람이 계속 증가하는 것으로 밝혀져 이에 대한 교회의 대책이 시급한 것으로 나타났다. 많은 사람들이 교회를 찾지만 이들 중 상당수가 교회에 정착하지 못하고 개종하고 있어 교회가 초신자들을 대상으로 확실한 구원관을 심어주어야 한다는 지적이 나오고 있다. 더군다나 젊은 층들 가운데서 교회의 권위주의적이고 윤리적으로 모범이 되지 못한 풍토에 실망하여 천주교 등으로 옮기는 사례가 적지 않다고 한다.

3. 새로운 패러다임 : "양에서 질로", "외형화에서 내실화로"

　　사회와 경제와 정치 체질의 새로운 패러다임이 필요하다. 그 구체적인 방향은 '양(量)에서 질(質)로', 그리고 '외형화(外形化)에서 내실화(內實化)로' 이다. 우리 사회의 각종 구조조정, 기업, 금융, 정치의 구조조정은 이러한 내실화하는 질적 패러다임으로 전환하여야 한다.

　　기업의 구조조정이란 기업의 운영을 과도한 부채로 하지 않고 자기 재산과 능력에 맞도록 하는 방향으로 수행하는 것이다. 아직도 우리 기업인들 가운데는 '자기 돈으로 사업하는 자는 바보' 라는 잘못된 의식에서 벗어나지 못하고 있는 자들이 있다. 그러니까 정치적인 특혜라든가 은행대출 비리가 생기게 되는 것이다. 세계경영이란 청사진을 가진 김우중의 대우그룹의 파산이란 2005년 7월 10일 "왜 김우중은 몰락했는가?"라는 KBS 특집에서 보도된 바같이 과중한 차입경영에 의존하여 문어발식으로 사업을 확장하다가 IMF가 한국정부에 위기의 타개책으로 강요받은 고금리정책에서 결정타를 맞게 된 것이다. 기업인들은 기업경영에 대한 합리적 청사진(靑寫眞)을 가지고 은행에로부터 정상적인 대출을 받는 의식을 가져야 한다. 재벌기업은 주 업종에 주력하고 나머지는 정리해야 한다. 그리하여 건전한 기업으로 탈바꿈하고 부채구조를 최소화 시켜야 한다.

　　금융기관도 마찬가지로 부실기업에 대출하지 않아야 한다. 정치인의 압력이 있더라도 단호히 거부해야 한다. 건실한 기업과 벤처기업에 투자해야 한다. 정치인들도 은행에 대출압력을 넣거나 기업의 신규 사업에 대한 인허가 과정의 개입에 손을 떼고 깨끗한 정책대결과 합리적인 토론문화를 통해서 우리 사회경제를 내실화 시켜야 한다.

　　카를로스 곤 르노닛산 그룹회장은 1978년 타이어 공장의 말단 직원으로 시작하여 27년만인 2005년 5월 세계 4위(2004년 기준) 자동차 회사인 르노

닛산 그룹의 회장에 오른 입지전적인 인물이다. 그는 특히 부도 위기에 빠진 일본 닛산 자동차를 불과 1년 만에 흑자로 전환시켜 일약 세계최고의 CEO(최고 경영자)로 떠올랐다. 2005년 6월 조선일보와의 독점 인터뷰에서 기업 경영에 관하여 그가 다음같이 말한 것은 주목할 만하다. "경영이란 변혁이다. 경영은 새로운 것을 창조하는 것이다. 한 자리에 머무는 것은 경영이 아니다. 나는 주변에 늘 행동력이 있고 변혁을 추진할 수 있는 성향이 있는 임직원을 두고자 한다."[3] 그리고 그는 닛산이 도요타를 앞지를 수 있었던 비결에 대하여 다음같이 대답하였다. "성장에 초점을 맞추면 경쟁사를 쉽게 능가할 수 있지만 방향성을 잃기 쉽다. 우리는 고객을 감동시켜야 한다. 목표는 고객이지 성장이 아니다. 고객을 감동시키고 나면 그 대가로 성장을 이룰 것이다."[4] 그리고 글로벌 비즈니스 리더를 육성하기 위한 교육 시스템에 대한 그의 언급도 주목할 만하다. "아이들이 잠재능력을 최대한 발휘할 수 있는 환경이 중요하다. 경쟁과 성취감이 필요할 것이다. 둘째는 다양한 세계에 눈뜰 수 있는 마인드를 심어주는 일이다. 자신의 국가와 민족에 대해 자부심을 갖는 동시에 다른 국가와 문화의 차이를 이해하고 수용하는 마인드가 중요하다."[5]

우리 사회의 체질개선을 위해서는 한국교회의 정신적 역할이 막중하다. 한국교회는 우리 사회의 기업과 금융과 정치에 대하여 그 경영 마인드가 되는 새로운 패러다임을 모범적으로 제시해야 한다. 물질이나 경제나 정치는 정신과 윤리의 반영이기 때문이다. 교회는 사회와 정치의 정책에 직접적으로 관여해서는 안 된다. 그러나 교회는 정책입안에 무관심해서는 안 되며 윤리와 가치관과 도덕성을 제시함으로써 사회 정책 입안의 방향에 영향을 미쳐야 한다. 교회가 사회를 향하여 주어야 할 것은 경영과정의 투명성과 신용과 검소와 바른 물질관 등의 가치와 윤리의식이다.

(1) 투명성

첫째, '투명성'(透明性, transparency)이란 말은 1997년 IMF(국제통화관리기금)가 한국경제에 대하여 개선책으로 강력하게 요청한 단어이다. 당시 IMF는 한국의 외환위기의 요인 중의 하나가 '패거리주의'(cronyism)라고 말해주고 있다. 그리하여 한국의 자본주의를 '패거리자본주의'(crony capitalism)이라고 불렀다.[6] 당시 뉴욕 타임스지는 한국의 패거리문화를 분석하는 장문의 기사를 게재하면서 같은 고향, 같은 학교 출신들이 서로 봐주는 게 한국의 특징이라고 했다. 투명성이란 일의 모든 과정이 유리를 통해서 보는 것처럼 명료하게 처리되는 것을 말한다. 경제운영이나 기업운영이나 은행운영이 정해진 절차에 따라 바르게 행해질 때 투명하다고 말한다. 경제지표나 각종 통계가 믿을 수 있도록 되어야 한다. 이것은 합리화를 전제로 한다. 경제시책이 기획되고 집행되는 절차가 객관적으로 검증받을 수 있어야 한다. 그리하여 보고서나 신문에서 나타나는 결산공고가 실재의 결산과정과 일치해야 한다. 이것은 교회도 마찬가지다. 한국교회의 각종통계는 신뢰도가 낮은 경우가 적지 않다. 교회의 예산집행도 의혹이 없어야 한다. 교회가 아무리 은혜로 운영되는 기관이라고 하더라도, 하나님 나라가 오기 전까지는 예산집행 세부내력과 감사보고가 있어야 한다. 참여정부의 임기절반이 넘어선 지금 '신패거주의'(a new cronyism)가 등장한다고 한다. 그것은 전리품 나눠주듯 총선 낙선자 자리 찾아주기, 측근 봐주기 등의 '코드인사' 및 끼리끼리만 소통하고 자신의 잣대로 세상을 해석하는 폐쇄성이다.[7]

2000년 4월 '파나소닉'(Panasonic) 브랜드로 유명한 일본 마쓰시타전기에서 '무혈(無血) 구데타'가 성공했다. 창업자 집안의 장손(長孫)이 시장경제에서 탈락, 경영일선에서 퇴진한 것이다. 마쓰시타는 일본 재계의 신화적 존재 마쓰시타 고노스케(松下幸之助, 1894-1989)가 창업한 명문(名門)기업이다. 고노스케 사후 데릴사위가 잠시 사장을 맡았고, 다시 손자(당시 부사장)에게 넘겨주려 했으나 회사 내 원로그룹들이 들고 일어났다. "피가 섞였다는 이유만으로 경영권을 잇는 것은 이상하다."며 반기를 든 것이다. 이 싸움은 마쓰시타 패밀리의 일방적인 패배로 끝났다. 사위는 명예회장으로, 장손은 부회장으로 물러나 경영에서 배제됐다. 대신 전무에서 사장으로 발탁된 인물이 나카무라 구니오(中村邦夫), 극적인 경영혁신으로 지금 일본에서 영웅대접을 받는 자로 그 주인공이다. 마쓰시타 스토리는 21세기 구조조정을 통해서 자기갱신을 서둘러야 할 우리 한국기업에게 교훈을 주고 있다. 미쓰시타를 위기에 구해낸 것은 무엇이 회사와 주주에게 진짜 이익인지를 생각하고 행동한 원로그룹이 었다. 마쓰시타 패밀리는 그런 '월급쟁이들'의 의견을 받아들였고, 이것이 기업의 화려한 부활로 이어졌다. 마쓰시타는 지난 2005년 4-6월 460억 엔의 거액 흑자를 거둬, 적자로 전락한 '필생(必生)의 라이벌' 소니(Sony)를 완벽하게 눌렀다. [8]

(2) 신용

둘째, 신용을 회복해야 한다. 지난 1997년 외한유동성 위기 시에 국제통화기금(IMF)은 한국정부와 기업에 투명성을 요구하였다. 그것은 한국정부와 기업이 제시한 각종 자료들을 믿을 수 없다는 것이다. 기업인들이 정직하게 기업을 할 수 있는 풍토가 조성되어야 한다. 그런데 한국에서는 정직하게 기업을 운영하는 자는 손해를 본다는 의식이 기업인들 사이에 깔려 있다. 그리하여 윤리성과 기업성은 한국적 풍토에서는 공존할 수 없는 것으로, 준법성과 효율성도 공존할 수 없는 것으로 나타나고 있다. 최근 공보처의 여론조사에 의하면 심지어는 일반 시민들 사이에도 "법을 제대로 지키면 손해 본다."는 견해가 72%로 나타나고 있다. 정부는 시민들과 기업인들에게 거추장스러운 존재가 되고 관료들의 규제관행을 불러오는 모든 잘못된 규례들을 혁신적으로 철폐해야 한다.

미국 공직자들은 '명백한 거짓말' 은 하지 않는다. 입장 곤란한 내용은 공개를 하지 않거나, 자신들이 원하는 방향으로 보도를 유도하느라 '스핀' 을 거는 일도 있다. 그러나 '한 일' 을 '안했다' 고 하거나 '없는 일' 을 '있다' 고 하는 식의 딱 부러지는 거짓말을 하는 일은 없다. 미국 공직사회에 '거짓말 하면 끝장' 이라는 불문율이 형성된 것은 1974년 닉슨 대통령을 하야시킨 워터게이트사건 이후이다.[9] 이 사건 내내 대통령과 측근들은 거짓말을 거짓말로 덮어가며 국민을 속였다. 그래서 마침내, 진실이 드러났을 때, 미국 국민들은 '공인들의 거짓말을 더 이상 용납할 수 없다.' 고 다짐하게 된 것이다. 거짓말의 사슬을 끊어야 한다.

(3) 검소

셋째, 검소의 모범을 보이고 끊임없는 자구노력을 해야 한다. 검소는 경제의 기본이다. 우리에게 재화와 자원은 제한되어 있다. 한 사람이 많이 쓰면 그만큼 다른 사람은 혜택을 입지 못한다. 오늘날 우리의 산하(山河)가 우리의 과소비 때문에 병들고 있으며, 자원이 고갈되고 있으며, 우리 경제가 과소비 때문에 빚더미에 올라 앉아 있다. 오늘날 우리사회가 외국에 지고 있는 엄청난 부채는 우리의 과소비에 기인하는 것이다. 그러므로 우리는 근검절약해야 한다. 그리하여 외국 빚을 단계적으로 청산하고 외환보유고를 늘려나가야 한다.

자구노력이 중요하다. 2002년 4월 30일 부실경영에 시달린 하이닉스 반도체 이사회가 미국 마이크론에 매각하자는 안건이 만장일치로 부결되었다. 당시 부실기업의 유일한 인수 희망자가 거부당하자, 미국 《포브스》지 등 외신은 "메모리칩 산업의 영원한 문제아인 하이닉스가 스스로 사망신고서에 서명했다."고 비난했다. 그 후 3년이 지난 2005년 8월 하이닉스 이천 공장 정문에 플래카드가 내걸렸다. "하이닉스의 신화창조! 이제 새롭게 시작합니다."

3년 10개월간의 워크아웃(채권단 공동관리) 종식을 알리는 부활선언문이었다.[10]

하이닉스는 2005년 2분기 2,369억 원의 당기순이익을 냈다. 8분기 연속흑자를 기록 중이고, 세계 D램 시장에서 마이크론을 제치고 2위를 되찾았다. 다시 살아난 것이다. 다들 망한다고 했던 하이닉스가 살아남은 비결은 무엇인가? 그것은 다른 것이 아니라 하이닉스 사람의 자구노력이었다. 하이닉스 반도체의 임동규 수석연구원은 구닥다리 장비를 이용해 최첨단 반도체를 만드는 신기술을 개발, 회사의 투자비용을 9,500억이나 줄였다. 매각논란이 한창이던 2001년 8월 하이닉스 노조는 성명을 발표했다. "우리의 자존심과 혼을 담보로 맡기고, 세계 최고 최고의 품질로 보답하겠다." 그 구체적인 자구노력은 4년간(2000-2003년) 임금동결, 임원 수 30% 감축, 전무급 이상은 50% 감축(2003. 3), CEO, 6개월 무보수 근무(2002. 5-10), 2000년 이후 2만 2,000여 명에서 1만 2,000여 명으로 대대적 인원감축, 창사 이래 22년간 무분규 노사문화, 경쟁사의 30% 수준 투자로 생산설비, 효율성을 최신설비 수준으로 업그레이드 등이다. 이들 직원들은 자존심과 혼을 걸고 품질보장에 주력하였고, 죽기 살기로 불량률을 줄였다.[11] 반도체 경기가 살아나 운도 좋았다. 그러나 하이닉스를 부활시킨 주인공은 역시 '하이닉스 사람들' 이었다.

(4) 부정부패 추방

넷째, 부정과 부패를 우리 사회에서 그리고 기업운영에서 추방해야 한다. 한국은 OECD 참가국 가운데 부패지수가 아직도 43위에 머물고 있다. 아직도 우리 사회에 정경유착이나 각계각층에 부정과 부채의 고리가 끊어지지 않고 있다. 기업경영자들과 정치지도자의 정경유착에 의한 부정부패는 우리 사회가 나누어야 할 부(富)를 몇 사람이 빼돌림으로써 사회의 경제력을 빈곤하게 만든다. 그 예가 아프리카이다. 2005년 7월 6일부터 영연방 스코틀랜드 에

딘버러에서 열리는 G8(선진 8개국) 정상회담을 며칠 앞두고 7월 2일 미국 동부 필라델피아, 영국의 런던, 스코드랜드의 에딘버러, 일본의 도쿄 등 세계 10개 도시에서 180만 명이 모인 가운데 '아프리카 빈곤 퇴치'를 위한 합창제가 열렸다. 1960년 이후 지금까지 4,500억 달러의 원조금을 포함한 1조 달러의 돈이 아프리카의 경제지원을 위하여 투입되었다. 그러나 오늘에 이르기까지 여전히 아프리카는 빈곤에서 헤어나지 못하고 있다. 그 이유는 집권층의 부패와 무능 때문이다.[12] 영국 타임스(The Times)의 2005년 7월 2일 보도에 의하면 스와지란드 국민은 하루 1달러 미만으로 사는 반면, 옴스와티 3세 왕은 황금번호판의 벤츠 승용차 8대 구입에 88만 달러를 넘게 지출하고. 13명의 왕비가 거처할 궁전 건설에 1,400만 달러를 소비하고 있다. 나이지리아에 투입된 49억 달러의 제철소 건설비 중 절반은 독재정권 호주머니에 들어가고 있다. 미국이 콩코 민주 공화국 독재자 모투부에게 쏟은 돈은 전용제트기와 리무진 구입 팀 궁전 건축에 들어갔다. 테일리 텔레그래프(The Daily Telegraph)는 "매년 아프리카에서 비밀 계좌로 빼돌려지는 금액은 26억 5,000만 달러 규모"라고 보도했다. 미국 케이트 연구소의 크리스토프 프레블은 "아프리카 빈곤의 원인은 실정과 부국(富國)들의 농업부분 보조금"이라고 주장했다. 유럽과 미국, 일본의 옥수수 면화 재배 및 낙농업자들에게 제공되는 수십억 달러의 보조금이 아프리카 농부들의 시장 경쟁력을 떨어뜨린다는 것이다.[13]

(5) 바른 물질관

다섯째, 바른 물질관을 제시해야 한다. 물질이란 소유하는 것에 있지 않고 서로 나누는 데 그 중요한 의미가 있다. 물질은 소유자의 것이 아니라 하나님이 소유하는 인간에게 잠깐 맡기신 것뿐이다. 그러므로 소유로 만족하는 것이 아니라 피차간에 나누는 기쁨을 아는 지혜가 필요하다. 1997년 IMF 한파(寒波)가 불어 닥친 이래 우리 사회에는 뜻하지 않은 많은 실업자들이 늘어가고 있으며 IMF의 국제적 금융규제를 벗어난 이후 2000년대 들어와서 빈부의 격차는 더욱 심화되고 있는 것으로 조사되었다. 우리는 한 직장에서도 많이 받는 자는 어려운 형편에 처지에 있는, 적게 받는 자의 필요를 보충해 줄 수 있어야 한다. 그리고 지난 IMF 구조조정에 따른 해고, 그리고 기업의 구조조정으로 인한 실직자가 많이 발생하고 있고 2000년대 들어와 조기퇴직이 현실적으로 다가온 요즈음 직장 동료들 사이에 해고(解雇)보다는 임금을 삭감하면서도 실직자를 최소한으로 하여 서로 어려움을 분담하고 나누는 윤리가 필요하다. 그럴 때 그 사회는 선진사회가 된다. 노력한 것만큼 생활의 보장을 받을 수 있도록 소득의 분배가 공평하고 정의로워야 한다. 소수 사람이 많은 것을 대부분 차지하는 것은 사회의 불안을 야기시키는 것이다. 인도네시아의 경제적인 구조문제는 수하르트와 그 인척을 포함한 4%가 전체 재산의 75%를 차지하고 있는 사실에 기인한다. 우리는 물질을 나눌 수 있어야 한다. 이를 위해서는 교회가 근검절약하고 가난한 이웃과 나누는 검소한 마음이 필요하다.

2005년 필리핀의 오늘 이미지는 '가정부의 나라' 다. 수백만 명의 대졸 여성들이 해외에 나가서 가정부 일을 하며, 보내주는 돈으로 경제를 꾸려가는 처지가 됐다. 몇몇 가문이 부(富)를 독점하는 경제 이중구조에다 외자를 배척하는 폐쇄적 보호주의 정책 탓이 크다는 게 전문가들의 지적이다. 그 결과 필리핀의 국민소득은 1953년 195달러에서 2004년 1,100달러로 5.6배 늘어나는 데 그쳤다.[14] 반면 한국은 같은 기간 국민소득이 67달러에서 1만 4,162달러로 211배 늘었다. 이차대전후 대만, 홍콩, 싱가포르, 인도네시아, 인도, 요르단, 레바논 등 식민통치에서 벗어난 나라들은 한국전쟁을 치룬 우리보다 잘 사는 나라였다. 이들 나라 중 대만과 홍콩, 싱가포르를 제외하고는 2005년 오늘 한국에 갈 수 있는 허가를 얻기 위하여 자기 나라 공무원에게 현지 근로자의 40-70개월의 월급에 해당하는 뇌물을 바치는 동남아 근로자들이 줄을 설 정도이다. 광복 이후 60년간 이룬 경제적 성과는 국내총생산(GDP) 세계 11위, 수출 12위, 1953-2004년간의 연평균 6.9%의 성장률 등은 세계 어느 곳에서도 찾아 볼 수 없는 기록이다. 국민들의 높은 교육열, 수출주도형 개방형 경제정책과 함께 근로자들의 땀과 국민들의 의지, 국가 지도자의 리더십이 함께 만들어낸 결과이다.

4. 청교도 정신의 활성화

오늘날 한국교회는 개신교 윤리정신의 근간이 되는 청교도적인 정신을 활성화하여야 한다.

개혁신앙의 원리에 의하면 진정한 기업정신은 물질주의에서 나오지 않고 정신적인 목표와 신앙의 동기에서 나온다. 화란을 비롯한 장로교 기업가들은 하나님의 영광이라는 삶의 지고한 목적설정을 위하여 자기절제(self-control)라는 금욕적인 삶(abstinent life)을 영위하였다. 이러한 청교도적인 윤리는 장로교인들로 하여금 기업경영을 하나님의 영광이라는 목표설정 아래 두게 하였다. 그리하여 근검절약 저축을 통하여 그들의 부를 축적하도록 하고 축적된 부는 저들의 기업의 자본이 되도록 하였다. 여기서 칼뱅주의적 기업이 탄생하게 된 것이다.

역사적으로 청교도 윤리는 종교개혁정신을 이어받은 경건주의자와 영국 청교도들에 의하여 실천되었다. 칭의 신앙은 일상적인 삶에서 실천되어야 했다. 그러므로 기독교인의 삶은 개인적인 경건의 삶에서 그치지 않고 사회적인 공동체의 복리에 증진하는 방향으로 나아갔다. 그리고 사회계층간의 갈등은 신앙적인 형제애를 통하여 극복하고자 했다. 이것이 청교도적인 윤리이다. 청교도적인 직업윤리는 계층적 분화로 나아갔다.[15] 이러한 직업윤리를 통하여 그리스도인들은 충만한 신앙으로 살아가고 또 형제들에 대하여 자유로운 사랑을 베풀게 되었다. 그럼으로써 현세적인 유혹으로부터 자유하게 된 것이다. 일상적인 노동은 성화의 보존을 위한 것이다. 그리고 일상적인 노동은 쾌락과 욕망을 죽인다. 따라서 그것은 금욕적인 성격을 갖는다. 청교도들은 일상적인 삶과 직업 활동 가운데서 금욕적인 삶을 살았다. 그것은 자기통제를 통하여 이루어졌다[16]. 이러한 청교도적인 세계내적인 금욕적인 삶은 막스 웨버(Max Weber)에 의하면 자본주의의 정신이 되었다. 그런데 오늘날 이러한 청교도적인 자기 금욕이 아니라 자기향락과 자기팽창이라는 물질주의 정신에 의하여 기독교적 근원에서 나온 청교도 정신이 왜곡되고 있다. 진정한 기업정신이란 양적 팽창과 물량주의가 아니라 질적 성장과 내실화이다.

오늘날 삶의 패러다임을 바꾸는 세속적인 운동의 대표로서 우리는 시민운동가요 문명비판가인 미국의 제러미 리프킨(Jeremy Rifkin)을 들 수 있다. 그는 그의 중요저서 『노동의 종말』, 『육식의 종말』, 『소유의 종말』에서 21세기 자본주의 사회를 살아가는 새로운 패러다임으로 종말 내지 결별의 삶의 방식을 제시하고 있다.[17]

리프킨은 『노동의 종말』(The End of Work)에서 인간의 노동력이 기계에 의하여 급속도로 교체되어 왔음을 지적하고 있다. 기계는 인간 노동의 종말을 가져온다. 기계 때문에 인간은 설 자리를 잃게 된다. 이것으로 인해 야기되는 계급대립과 그로 인한 극심한 사회혼란을 막기 위해서 리프킨은 자본의 재분배장치를 제안한다. 그것은 기부금과 정부의 사회보장예산 등이다. 이러한 완충장치가 인간성 중시풍토를 회복할 수 있다고 제안한다.

『소유의 종말』(The Age of Access)에서 리프킨은 앞으로 각광받을 사업은 예전처럼 상품과 서비스를 파는 게 아니라 다양하고 광범위한 문화적 체험을 파는 사업이 될 것으로 본다. 세계여행과 관광, 테마도시와 공원, 종합 오락센터, 건강, 패션, 요리, 프로 스포츠와 게임, 도박과 음악, 영화와 텔레비전, 사이버스페이스의 가상세계 그리고 온갖 유형의 온라인 게임 등이다. 시장은 전통적 개념의 구매자와 판매자가 아니라 접속권(the right of access)을 거래하는 새로운 자본주의로 빠르게 전환하고 있다. 이제 시장은 사고파는 소유의 개념이 아니라 접속과 네트워크의 시스템으로 전환하고 있다. 구매와 판매가 아닌 접속권 거래가 이루어진다. 한 사람이 리더로서 초월적인 힘을 구사하는 게 아니라 여러 사람들이 그물망처럼 얽혀 자신의 역할을 소화해 내는 가운데 모아지는 힘을 역설한다.

『육식의 종말』(*Beyond Beef: The Rise and Fall of the Cattle Culture*)에서 리프킨은 육고기 과잉섭취로 불행해지고 있는 현대문명 속의 인간의 모습을 비판적으로 서술하고 있다. 후진국에서는 수백만 명의 사람들이 곡식이 부족해 기아에 시달린다. 그런데 선진국에서는 그 곡식으로 사육한 육류, 특히 쇠고기 과잉섭취로 인해 생긴 질병으로 더 많은 사람들이 목숨을 잃고 있다. 미국인, 유럽인, 일본인들이 그 대가로 '풍요의 질병', 즉 심장발작, 암, 당뇨병으로 죽어가고 있다. 이 쇠고기 소비문제는 미래의 지구와 인류의 행복의 가장 큰 위협으로 부상하고 있다. 현대인류는 쇠고기 과잉섭취에서 해방됨으로써만이 풍요의 질병인 성인병에서 벗어 날 수 있다고 역설하고 있다.

리프킨은 현대문명은 풍요의 질병으로 고통하고 있으며 인류가 살길은 반(反)소유, 반육식, 반기계라고 선언하고 있다.[18] 우리 사회는 리프킨이 제시하고 있는 삶의 패러다임을 진지하게 검토해야 할 것이다. 이것이야말로 풍요의 질병으로 고통 받고 있는 현대문명으로부터의 인류가 살 수 있는 길이며 우리 한국인들이 삶의 패러다임의 변화로서 지향할 수 있는 하나의 길이다.

경제적으로 어려운 시대 한국기독교는 우리 시대를 향하여 물질을 아껴 쓰고 근검절약, 검소한 삶을 모범으로 보여주어야 할 것이다. 이것을 위해서는 초기 한국교회에 전파된 청교도정신을 다시 활성화하는 것이 필요하다. 청교도들은 성경의 권위와 하나님의 절대주권을 믿는 신앙 아래서 신앙과 삶을 연결시켰다. 청교도들은 금욕과 절제의 삶을 살았다. 이들은 이 세상 안에서 진정한 경건을 실천하고자 하였다. 청교도들은 자기의 직장을 하나님의 소명의 실천장으로 보고 신앙과 삶의 일치를 통해서 하나님의 뜻을 이루고자 하였다.

한국교회는 청교도들이 실천했던 하나님 앞에서의 정직의 윤리와 노동윤리를 실천해야 하겠다. 한국교회는 정직의 윤리를 생활화함으로써 기독교인의 삶과 언행이 일반 비기독교인들에게도 인정과 신뢰를 받을 수 있게 해야 한다. 그리고 노동의 윤리를 실천함으로써 2003년 있었던 하루에 일확천금을 꿈꾸는 로토(Lotto) 열풍이 사회에 만연하는 것을 막아야 한다. 청교도들이 보여준 것은 사람이 땀을 흘리고 일하는 노동 가운데서 삶의 의미를 발견하는 것이다. 이러한 청교도 정신은 삶의 패러다임의 변화를 위하여 한국교회가 한국사회를 향하여 제시하고 모범을 보여줄 수 있는 길이다. 이것은 지난 IMF 국가부도의 위기를 넘기고 21세기를 성공적으로 살아가는 한국인의 삶의 패러다임에 필요한 것이다.

*

우리 한국사회는 국민소득 2008년 2만 달러, 2015년 3만 달러를 달성하기 위하여 - IMF 한파를 초래하였고 우리의 건전한 성장에 저해요소가 되었고 금융위기를 초래한 주범인 - 구조적으로 잘못된 경제와 기업과 금융구조와 더불어 우리의 잘못된 윤리와 관행을 고쳐야 한다. 1997년에 들어닥친 한국의 금융위기는 윤리와 신용과 가치관의 위기에서 비롯된 것이다. 지난날에 있었던 국가 외환유동성 위기란 단지 외화 수급의 위기만이 아니라 국가적 신용의 위기인 것이다.

이러한 위기의 극복을 위해서는 의식의 전환이 필요하다. 투명성, 신용과 검소와 바른 물질관이 기업과 금융과 정부에 체질화 될 수 있어야 한다. 이를 위해서는 한국교회가 모범을 보여야 한다. 그것이 바로 성경이 말하는 기독교의 정신이다. 기독교적인 덕목인 정직과 신뢰와 검소와 절약의 윤리의 실천은 바로 우리 사회와 경제의 잘못된 관행을 고치는 데 도덕적인 힘을 제공한다. 2005년 4월 '한국신학교육협의회' (The Consortium for Theological Education of Korea)가 개최한 '전국 기독 · 신학대학 교수영성수련회' 에서 오늘날 신학생 교육과 기독교대학에서 신학생과 목회자의 정직성을 함양하는 교육이 강조되었다.[19] 교회의 영적 지표는 사회적 지표로 나타난다. 이제 한국 교회는 그만큼 우리 사회에 영향을 미칠 수 있는 종교 세력으로 성장했다. 그만큼 우리교회의 책임이 하나님과 겨레 앞에서 크다는 것을 명심해야 한다.

chapter 9
여가와 놀이의 신학: 기독교적 레저문화

주 5일 근무 시대의 막이 오르면서 주말 연휴시대가 열리고 있다. 레저는 21세기 문화의 특징이며 이미 우리에게도 다가온 것이다. 주 5일 근무 시작 후 일본에서는 매년 국내관광객이 15%씩 늘고 있으며, 중국에서는 2박3일 주말여행이 새로운 여행풍속도로 자리 잡고 있다. 한국에서도 2박3일 패턴화 하는 가족단위 레저문화가 급부상하고 있다. 여가중심 사회는 레저산업, 헬스케어(health care) 산업을 발전시키며, '잘 먹고 잘 살자' 는 웰 빙(well-being)족을 급증시킨다.[1] 패밀리 레스토랑(family restaurant)은 손님수가 30% 이상 늘면서 손님의 주력이 20대 초반에서 30-40대 가족으로 바뀌고 있다.[2] 홈 쇼핑(home shopping)도 토요일 오후 시간대에서 금요일 오후시간대로 옮겨가고 있다.

일본에서는 주 5일 근무제가 1988년에 도입되었다. 당시 일본은 세계 경제의 최강자로 군림하며 곳곳에서 무역 분쟁을 일으키던 때다. 경쟁상대국들은 '일본의 수출 경쟁력은 엄청나게 긴 노동시간 덕분' 이라고 주장했고 일본도 이런 상황을 신경 쓰지 않을 수 없었다. 그러나 이때 일본 정부는 노동법에 '1주일에 40시간 근무' 만을 선언적으로 규정해 놓았을 뿐 규정을 어겨도 벌칙을 주지 않았다. 일본에서도 주 5일제가 실질적으로 정착된 것은 1990년대 중반이다.[3]

프랑스에서는 이미 1936년부터 주당 40시간 노동제를 시작하여 본격적인 주말 레저시대를 열었다. 유급 휴가 제도도 그때부터 처음으로 실시되었다. 서구에서는 주 5일제 도입 초기에 여가를 활용하지 못해 발생했던 가족의 해체, 생산성의 저하 등의 부작용이 일어났다. 그리하여 여가를 선용하여 이것을 노동과 인간 삶에 적극적으로 활용하고자 하는 움직임이 일어났다. 여가란 단순히 무위도식하는 것이 아니라 그 자체가 하나의 재창조의 계기라는 것이다. 그리하여 여가를 비생산적 개념에서 생산적 개념으로 파악하기 시작하였다. 이러한 시대의 흐름에 부응하여 최근 들어 여가학(science of leisure)이 신학문으로 급부상하고 있다.[4]

한국교회에서도 주 5일 근무 시 주일성수가 어렵게 되어 신자들의 교회이탈 내지 신앙적인 해이가 야기될 위험성이 경고되고 있다. 그리하여 토요일 예배 등 주일을 대체하는 예배시간 조정에도 관심을 보이고 있다. 그러나 주 5일제의 문제에 대한 해답은 단지 주일 예배를 토요일에 드릴 것이냐 주일에 드려야 하는가의 기술적인 성찰보다는 더 본질적으로 놀이와 여가에 대한 보다 깊은 신학적 성찰에서 나와야 한다.

이 글에서는 기독교 여가선용을 위한 신학적 연구로서 개혁신앙적 관점에서 놀이와 여가에 대한 신학적 의미를 조명하고자 한다.

*

1. 놀이의 이해

인간은 일만 할 수 없다. 일하면서 쉬어야 한다. 쉬고 일해야 한다. 그럴 때 충전된 새로운 에너지와 착상으로 창조적인 일을 하게 되는 것이다. 노동만을 인간의 전부로 보는 일중독주의(workaholism)는 인간을 일중독자

(workaholic)로 만들어 가정과 직장과 삶 자체를 메마르게 한다. 노동은 휴식과 삶을 즐기는 여가를 필요로 한다. 그러나 휴식과 놀이는 생산적이며 새로운 창조를 위하여 기여해야 한다. 그러나 현대에 와서 노동윤리의 하나인 생산성 원칙(productivity principle)이 놀이(play)의 개념에 의하여 도전받기 시작했다. 놀이가 잘못 이해되어 방종과 자아도취주의(narcissism)로 왜곡되면서 놀이의 생산성까지도 훼손되기에 이른 것이다.

놀이는 비생산적 활동이라는 편견이 우리 가운데 퍼져 있다. 그러나 이것은 놀이에 대한 바른 이해가 아니다. 놀이는 우리에게 휴식을 가져다줄 뿐 아니라 새로운 창조를 위한 재충전을 마련해주며 심지어는 놀이라는 게임에 참여하는 자들에게 경제적인 생산성을 가져다주기도 한다. 2002년 월드컵(FIFA World Cup) 경기는 운동선수뿐만 아니라 이를 운영하는 단체와 관람하는 자들에게 경제적인 유익 및 심리적인 유익을 가져다주었다. 또한 월드컵을 주최한 우리 한국에게는 세계의 중심으로 부상하고 이러한 게임을 관리·운영하는 능력을 보여주었고, 입장료를 팔면서 경제적인 수익까지 올렸다. 그리고 일본과 더불어 이 게임을 주최한다는 민족적인 자긍심을 가지게 되었고 더욱이 서구의 강호를 이기고 4강까지 감으로써 약소민족이라는 민족적인 한(恨, grudge)을 발산하는 계기가 되었다.

놀이란 그 의미를 노동처럼 그 활동 외적 요소에서 찾아야 하는 것이 아니라 내적 요소에서 찾아야 한다. 여기서 우리는 놀이란 노동과 대립되고 분리되는 것이 아니라 '하나의 다른 태도 내지 마음의 상태'로 보아야 한다.[5]

놀이라는 의미는 매우 포괄적이다. 놀이를 이해하는 데 있어서 네 가지를 말할 수 있다. 첫째, 여가이다. 이것은 '논다'는 우리말로서 일을 하지 않고 자유로운 여가를 갖는 것을 말한다. 프랑스어로 바캉스(vacance), 영어로 휴가(vacation)라는 말의 원어는 문자적으로는 비어 있음, 공석(emptiness)을 나타낸다. 둘째, 게임 놀이이다. 윷놀이, 장기 놀이, 바둑 놀이 등이다. 이것은 단순히 쉬는 것이 아니라 게임을 통해서 시간을 즐기는 것이다. 셋째, 신체적 활동이다. 스포츠와 운동이다. 농구, 축구, 야구, 검도, 유도, 수영, 등산이다, 이러한 스포츠 운동은 넓은 의미에서 게임 놀이에 들어간다. 농구, 축구, 야구, 검도, 유도나 수영이나 동산도 게임으로 할 수 있기 때문이다. 윷놀이나 장기 놀이나 바둑 놀이가 신체 활동보다는 두뇌가 많이 사용되는 게임이라면 농구나 축구 등은 두뇌와 더불어 신체적 물리력이 더 큰 비중을 차지하는 게임이라고 할 수 있다. 넷째, 심미적 활동이다. 음악을 연주하며, 연극을 하는 예술, 상상력, 환상적 행위이다. 다섯째, 축제적 활동이다. 그것은 축하연, 축하의식, 축하예배 등으로 회상적(memorial) 문화 활동과 밀접히 연결되어 있다. 이 회상은 성탄절, 부활절, 8.15 해방절 같이 기쁨의 축제일 수도 있고 수난절, 6.25 전쟁 등 비극의 축제일 수도 있다. 이러한 이해에서의 놀이는 긍정적인 차원에서 이루어지고 생산적이다.

게임 놀이는 조직화와 기술과 전문화에 집중하고, 예술과 연극, 환상은 창의성과 상상력의 발휘로 이어지고, 축제와 의식은 지나간 것의 의미를 재현시키고 상기시키는 것에 집중한다.

그러나 부정적인 차원에서 이루어지는 놀이가 있다. 이것은 여섯째, 소모적인 활동이다. 이것은 놀이의 타락한 형태라고 말할 수 있다. 그것은 허송세월 하는 것, 허랑방탕 하는 것, 허비하는 것, 게으르고 나태한 것 등이다. 심지어는 놀음과 심지어는 도박하는 것으로 왜곡되기도 한다. 공휴일(holiday)이란 영어의 단어는 본래 성일(축제일, holyday)이라는 단어에서 나온 것이다. 성일이 세속화된 것이다.

우리는 이상에서 기술한 놀이의 의미 가운데 세 가지 긍정적인 문화적 방향을 말할 수 있다. 놀이는 현재를 즐기며, 새로운 경험의 세계를 창조하며, 과거를 상기한다.[6] 여기서 놀이란 단순히 삶의 빈 공간 같은 중립적이거나 시간의 소모와 같은 부정적인 의미보다는 긍정적이고 창조적으로 우리 삶의 전체적인 의미를 부여하는 근거가 된다.

2. 놀이하는 인간(homo ludens), 제작자 인간(homo faber), 종교적 인간(homo religiosus)

놀이의 관점에서 인간을 본다면 인간이야말로 하이징가(Huizinga)가 말한 것처럼 '유희하는 인간' (Homo Ludens)이라고 말할 수 있다. 놀이란 노동하는 인간이 노동하다가 그치고 빈 공간을 얻는 것이나, 할 일 없어 백수처럼 빈둥거리며 소일하는 것이 아니다. 놀이란 인간 삶 전반에 관련된 포괄적인 것이다. 영국의 문호요 극작가인 윌리엄 셰익스피어가 말했듯이 "이 세상은 무대이고, 모든 사람은 그 안에서 움직이는 연기자들(players)이다. 그러므로 한 사람이 여러 가지 역할을 하기도 한다." 놀이란 인간이 하는 특정한 활동이 아니라 세계 안에 실존하는 인간의 존재의 역할이 하나의 연기(play)요 역할(role)이다. 놀이란 하이데거의 용어를 빌린다면 '세계 내 존재' (das-in-der-Welt-Sein)인 인간의 '존재방식' (Seinsweise)이다.[7] 인간은 '놀이하면서 일하며' (work playfully) '일하면서 놀이한다.' (play workfully) 여기서 놀이와 노동이란 분리되는 것이 아니라 상호분리될 수 없이 인간의 존재방식 안에 서로 불가분적으로 연결되어 있다.[8]

놀이란 인간에게 있는 하나의 특성이 아니라 인간의 본성이다. 그러나 우리는 인간의 본성을 놀이만으로 규정할 수는 없다. 유희하는 인간은 디오니소스적 인생관을 사는 자이다. 디오니소스적 인생관에서는 삶이란 축제요 놀이다. 축제란 지각과 감성에 의하여 지배된다. 노동이란 놀이, 휴식을 위한 수단일 뿐이다. 인생의 즐거움이란 놀이와 축제라고 본다. 프랑스나 독일에서는 직장인들이 바캉스(vacance)를 가기 위하여 일하며 돈을 모으고 좋은 바캉스에서 인생의 축제를 즐기고 거기서 인생의 의미를 찾고 있다. 여기서 우리는 오늘날 서구인들의 삶에 이러한 디오니소스적 인생관이 스며들어 온 것을 알 수 있다. 그러나 놀이 그 자체를 지나치게 강조하게 될 때 축제로서의 놀이는 더 이상 축제가 아니라 무의미한 놀이가 되어 버리고 만다. 영국의 극작가 버나드 쇼우(Bernard Shaw)의 다음 말은 적절하다. "날마다 지속되는 휴일은 지옥이다. 그것은 마치 무한한 돈은 있으되 아무 것도 할 일이 없는 것과 마찬가지다."[9] 이러한 디오니소스적 인생관은 17세기 계몽주의에 대한 18세기 낭만주의적 범유희주의적 반발에서 나온다.

이에 반해서 인간은 '노동하는 인간'(homo faber)으로 보는 견해도 있다. 인간의 본성이란 놀이가 아니라 일이요 노동이라는 것이다. 이러한 관점에서는 놀이란 단지 일이란 노동에 종속되는 텅 빈 공간(vacation)이라는 휴가 시간에 불과하다. 놀이란 여기서는 부정적인 의미를 갖는다. 소모적인 것이다. 아무 것도 하지 않는 작업의 중지이다. 놀이란 여기서는 더 열심히 일할 수 있도록 하는 휴식과 기분전환을 제공하는 도피처일 뿐이다. 노동하는 인간은 아폴로적 인생관을 사는 자이다. 아폴로적 인생관에서는 삶이란 노동이요 일이다. 노동은 이성과 법, 질서에 의하여 통제된다. 놀이란 단지 노동이라는 목적을 위한 수단이 된다. 호모 파베르는 사상적으로는 근대 계몽주의의 정신을 추종하는 과학기술주의, 실증주의, 공리주의의 전통을 계승하는 산업혁명의 산물이다. 그리하여 과학기술, 일과 능률만이 유일한 가치라고 보는 것이다. 이것은 인생을 노동에서만 보려는 '실증주의적 환원주의'(positivistic reductionism)에 귀속한다.

그러나 노동 그 자체가 인간의 목적이 될 수 없는 것처럼, 놀이 자체가 인생의 목적이 될 수는 없다. 놀이는 하나님이 인간을 노동하고 쉬며 재창조하는 존재로 만드신 성경적 인간관에서 이해되어야 한다. 놀이와 노동이란 두 가지가 서로 분리되는 것이 아니라 서로 연결되고 보완하는 것이다. 놀이나 노동이나 모두 인간을 위하여 존재하는 것이지 인간의 놀이나 노동이나 어느 하나만을 위하여 존재하는 것은 아니다. 인간에게는 제작자의 측면이 있으며 유희자의 측면, 아폴로적인(apollonian) 측면과 디오니소스적(dionysusnian) 측면[10]이 둘 다 존재하는 것이다. 인간을 제작자나 유희자 어느 한 면으로 보려고 하는 것은 근대 과학주의에 영향 받은 환원주의적 사고이다. 인간은 전체적으로 보아야 한다. 그것은 놀이와 노동을 인간됨(being human)이라는 전체성에서 조명해야 하는 것이다. 노동이 인간의 핵심이 아닌 것처럼 놀이도 인간의 핵심이 아니며, 놀이와 노동이 함께 인간됨에 귀속하기 때문이다.

그러면 인간됨이란 무엇인가? 그것은 희랍적인 귀족주의적 인생관에서 보는 것처럼 비생산적인 여가의 향유가 아니다. 개혁신앙의 관점에서 인간됨이란 하나님께 영광을 돌리는 것이다. 놀이나 노동이나 그것 자체가 목적이어서는 안 된다. 놀이나 노동이나 그것은 인간됨의 수단이다. 이것은 인간됨을 실현하는 도구일 뿐이다. 그것은 하나님께 영광을 돌리는 예배의 수단일 뿐이다. 인간의 존재가치는 놀이나 노동이 아닌 하나님에 대한 예배이다. 예배에도 노동의 요소도 있고 놀이의 요소가 있으나 이 모든 요소들은 하나님께 존귀와 영광을 돌리는 근본 목적에 기여할 뿐이다. 개혁신앙적으로 놀이하는 자로서의 인간은 자신의 쾌락이나 즐거움을 위한 것이 아니라 하나님을 기쁘게 하고 그분께 영광을 돌려야 한다.

3. 재창조로서의 휴식과 여가

진정한 휴식은 몸과 마음의 휴식이다. 그리고 그것은 영적인 휴식이다. 전자는 직장생활의 다급함으로부터의 휴식이고 후자는 하나님 앞의 휴식이다.

(1) 몸과 마음의 휴식

노-하우(know-how)라는 기술적 지식이 지배하던 20세기에는 시간이 곧 돈이므로 쉴 새 없이 일하는 사람이 성공했지만, 21세기에는 노-웨어(know-where)와 노-화이(know-why)라는 본질적 지식이 중시되며 창의적인 사고를 하는 사람이 성공한다. 누구에게나 공개되어 있는 정보를 빠른 속도로 검색해 그것을 재활용하고 재창조하느냐가 관건이기 때문이다.

여가란 서로 간에 눈을 맞추며 진정한 휴식을 즐기는 것이다. 여가는 단지 오락이 아니라 복지 가족 제도, 노인 문제 등 심리·사회 문화현상과 더불어 나타나는 활용되는 남는 시간이다. 20세기 말 후기 산업 사회에서 노동과 여가의 구분이 시작되었다. 자기 수양이라는 행위로서의 여가 개념이 사라지고, 일하고 남는 시간으로서 여가 개념이 등장한다.[11] 그러나 21세기에는 노동과 놀이는 통합된다. 21세기의 성공은 급변하는 고도의 자동문화의 환경에 적응하여 놀이와 축제로서의 여가를 통합적으로 쓸 수 있어야 한다.

주 5일제 시작과 함께 휴일이 늘어나면 모두 행복해질 것이라고 단순히 생각한다. 시간이 넉넉하면 모두 잘 놀 수 있으리라 생각한다. 그러나 그것은 착각이다. 아무런 의식과 준비 없이 맞이하는 시간과 여가란 공허와 단조로움과 지루함을 낳고 향락이나 놀음 등 소모적인 놀이에 몰두하는 재앙이 될 뿐이다. 강요된 휴가는 자치 범죄와 향락으로 연결되거나 무분별한 여행이나 놀이를 통한 낭비를 초래한다.

바쁜 일과를 성공의 척도로 삼아서는 안 된다. 자본주의적 사고방식에서는 "바쁜 것은 내 시간의 가치가 높아진 것이고 시간은 돈이므로, 나는 부자고 아는 성공한 사람이다"라고 착각한다. 그러나 불행은 일하는 시간 이외의 시간마저 돈으로 생각하면서부터 시작된다. 그것은 휴식을 물질화 시키는 것이다. 휴식하는 시간은 돈이 아니라 우리에게 재충전을 해주고 행복을 가져다준다. 취미생활에는 나이나 국경이나 인종이 중요하지 않다. 남들 보기에 좋은 여가는 진정한 여가가 아니다. 자기 스스로 즐길 수 있는 여가가 참된 여가이다. 긴장을 풀고 자신을 성찰하고 새로운 착상을 가질 수 있는 여가가 생산적인 시간이다.

(2) 영적 휴식: 거룩한 여가(otium sanctum)

영적 휴식이란 교부들이 말하는 것처럼 '거룩한 여가' (otium sanctum)이다. 미국의 영성신학자 리처드 포스터는 이 말을 '생활의 균형을 유지해야 한다는 의미와 하루의 활동 중 평화로운 능력, 쉬면서 미를 즐기는 시간을 가질 수 있는 능력, 그리고 자기 자신의 보조를 조절할 수 있는 능력을 가져야 한다는 의미' [12]로서 특징짓는다. 그것은 성과로서 억압받는 삶에서 벗어나 내면의 안식을 누리는 삶의 자세이다. 거룩한 여가를 위해서는 조용한 장소와 방해받지 않는 시간과 말씀의 묵상의 내적 자세가 필요하다. 홀로 있는 훈련이 필요하다. 고독이란 이집트의 안토니(Anthony) 같은 교부들의 삶처럼 외부로부터 방해받지 않은 처소에 들어서는 것이다. 하루 중 자기만의 시간, 주 중 자기만의 시간, 한 해 중 자기만의 시간이 필요하다. 편안하고 주의를 산만하게 하지 않는 자세가 필요하다.

'말씀의 묵상' (meditatio scripturarum)이 주(主)가 되어야 한다. 말씀의 묵상은 피상적으로 읽고 넘어가는 것이 아니라 한 본문을 가지고 한 주일씩 깊이 있게 하는 것이다, 한 사건, 한 비유, 몇 구절이나 한 단어를 택해서 그것을 파고 들어가야 한다. 그리고 재창조의 침묵으로 들어간다. 말씀의 묵상 가운데서 우리의 모든 염려, 분노, 두려움, 좌절과 고민과 문제를 주님께 맡기고 주님으로부터 은혜를 받기를 원하는 마음을 가지는 것이다. 우리의 묵상은 단순히 내적 경건의 영역에 머물지 않고 우리의 삶의 현장에 관계해야 한다. 가톨릭의 영성신학자, 토마스 머튼(Thomas Merton)은 다음같이 말했다. "그리스도의 고난만 묵상하고, 닥하우와 아유슈비츠의 수용소를 묵상하지 않는 사람은 우리 시대의 기독교를 온전히 체험하지 못한 것이다." [13] 우리는 선지자적인 심정을 가지고 우리의 가정, 직장과 사회, 국가, 세계에서 일어나는 사건들을 주님께 아뢰고 주님의 인도와 간섭을 간구하는 마음의 자세이다. 그럴 때 우리들에게는 이 세대를 볼 수 있는 내적 통찰이 은사로서 주어지는 것이다.

4. 재창조로서의 놀이

진짜 재미는 나 혼자 있어도 심심하지 않는 일상 속에 있다. 혼자 있어도 좋고, 둘이 있어도 어색하지 않는 것, 이것이 바로 놀이의 시작이고 핵심이다. 놀이는 커뮤니케이션, 즉 의사소통이기 때문이다. 잘 놀기 위해서는 우선 자기 자신과 잘 통해야 한다. 자기 자신을 잘 아는 사람은 그 누구와의 관계에서도 손쉽게 색다른 재미를 끌어 낼 수 있다. 제대로 노는 것이란, '혼자 놀아도 너무 재미 있어서 심심하지 않은 것'이다.[14]

미국 예일신학부의 월트스토르프(Nicholas Wolterstorff)는 '예술의 보편성'(universality of arts)을 말한다. "예술을 논의함에 있어서 우리는 인류에게 보편적인 것을 논의한다. 음악이나 허구나 시나 역할 놀이, 조각, 시각 그림 없이 살아간 백성은 없다." 월트스토르프는 예술, 특히 "행위 속의 예술은 인류에게 보편적"이라고 말하고 있다.[15] 고차원에 이르는 예술만이 아니라 원시인이 동굴 속에서 그린 벽화나 조각은 삶의 표현으로서 '행위 속의 예술'(arts in action)이며 이 행위 속의 예술이란 우리의 삶의 근본 존재방식에 깔려 있다는 것이다.

논다는 것에 대한 환상과 편견을 버려야 한다. 대부분 사람들이 논다는 것은 돈과 시간을 들여 누구나 깜짝 놀람만큼 대단하게 놀아야 하며 또는 일상적인 것에서 벗어나 특별한 무언가를 해야만 한다는 강박관념 같은 환상을 가지고 있다. 한국 중년남성들은 정신을 잃도록 폭탄주를 마시는 것만 노는 것으로 생각한다. 이것은 왜곡된 술 문화 속에서 변형된 일종의 자폐증이다. 폭탄주를 즐기는 이유는 상호교감에 대한 부담 때문에 빨리 취해서 서로 눈 맞추기를 거부해 버리는 것, 바로 이렇듯 눈 맞추기를 거부하는 증상이 자폐증이기 때문이다.[16]

진정한 놀이란 각자가 재미있어 하는 일을 찾는 것이다. 이것이 놀이의 시작이다. 첫째, 즐거움이나 재미를 느끼는 것이 진정한 행복이다. 재미있는 일에 몰두하여 시간이 어떻게 흘러갔는지 모르는 경험이 바로 행복한 순간이다. 결국 행복은 일의 선택에 달려 있다. 재미있는 일을 선택하여 열심히 하면 재미와 행복은 저절로 뒤따른다.

5. 놀이의 신학적 의미: 안식으로서의 여가

개혁신앙에 의하면 놀이란 인간 자신을 위한 것이 아니라 하나님의 영광을 위한 것이다. 때문에 놀이란 하나님과의 관계에서만 바르게 조명될 수 있다. 필자는 놀이의 신학적 의미로서 네 가지를 제시하고자 한다.[17]

(1) 창조 사역에 나타난 놀이

창세 전 하나님은 그냥 비생산적으로 가만히 계신 분이 아니라 그는 무한한 여가를 가지셨다. 하나님의 여가는 곧 그분의 창조적 활동의 침묵이요 준비였다. 창세 전 하나님은 그의 예정의 경륜 속에서 무한한 여가를 즐기고 계셨다. 하나님은 이 여가 속에서 그의 창조와 인간을 향한 영원한 예정의 경륜을 작정하시었다.

에베소서에서 바울은 창세 전에 피조물을 향한 하나님의 영원하신 예정을 말하고 있다. "창세 전에 그리스도 안에서 우리를 택하사 우리로 사랑 안에서 그 앞에 거룩하고 흠이 없게 하시려고, 그 기쁘신 뜻대로 우리를 예정하사 예수 그리스도로 말미암아 자기의 아들이 되게 하셨으니 이는 그의 사랑하시는 자 안에서 우리에게 거저 주시는 바 그의 은혜의 영광을 찬미하게 하려는 것이라"(엡 1:4-6). 하나님은 창조 이전에 그의 무한한 여가 속에서 그냥 계신 것이 아니라 창조를 예정하시고 섭리하시는 그의 창조적 경륜을 하시고 계셨다.[18] 그의 독생자 예수 그리스도 안에서 인류를 구속하시고 하신 그의 영원하신 창조와 구속의 경륜이 그의 무한한 여가 속에서 계획된 것이다.

하나님의 창조는 필연적인 창조가 아니라 그의 예정에 입각한 의지적 자유로운 행위의 창조이었다.[19] 이 창조는 하나님의 자발적인 의지에서 나온 것이었고, 하나님은 창조의 선하심을 즐기셨다. 인간을 향한 하나님의 예정의 목적은 "그의 은혜의 영광을 찬미하게 하려는 것"이었다. 칼뱅이 말한바 같이 "이 세상은 하나님의 영광을 드러내는 무대"이며 셰익스피어가 말하는 바 같이 우리 인간은 "하나님의 영광과 즐거움을 위하여 각기 역할을 맡은 연기자들"이다. 웨스터민스터 신앙고백은 인간의 삶의 궁극적 목적은 "하나님을 영화롭게 하며 그를 영원토록 즐기는 것이다."

인간의 놀이는 하나님이 그의 창조 이전에 누리시던 여가를 본받는 것이다. 놀이는 강요되는 것이 아니라 자발적이며 자유로운 마음으로 해야 한다. 그리고 이 놀이는 자기 삶의 향유에 있기 보다는 하나님의 창조목적을 실현하는 것이다. 하나님은 그 분의 영광을 나타내도록 하기 위하여 우리를 예정하신 것이다. 우리의 놀이란 단순히 우리의 삶을 즐겁게 만드는 것이 아니라 궁극적으로는 하나님을 영광스럽게 해야 한다.

(2) 안식: 창조의 축제

여가는 창세기적 개념이다. 하나님의 안식 안에서 주어진 안식의 선물을 누리는 것이다. 여기에는 경배와 찬양과 감사가 있다. 그러므로 안식일이란 하나님 의존의 상징이며 하나님과 피조물 관계의 상징이다 안식일은 '창조의 축제일'이다.[20] 창세기는 하나님의 안식에 관하여 증거하고 있다. "천지와 만물이 다 이루니라. 하나님이 지으시던 일이 일곱째 날이 이를 때에 마치니 그 지으시던 일이 다하므로 일곱째 날에 안식하시니라. 하나님이 일곱째 날을 복 주사 거룩하게 하셨으니 이는 하나님이 그 창조하시며 만드시던 모든 일을 마치시고 이 날에 안식하셨음이더라"(창 2:1-3).

첫째, 안식일은 하나님이 복을 주시고 거룩하게 하신 날이다. 이 날은 휴일(holiday)이 아니라 하나님 앞에서 거룩한 날(holy day)이다. 복 받는 날이다. 안식일은 자연적인 일이 아니라 하나님에 의하여 제정된 복된 날이다. 안식일의 존재는 이 날 스스로 있는 것이 아니라 창조주 하나님의 안식에 있다. 안식일은 종교적인 날이다. 하나님이 제정하신 날이기 때문이다.

둘째, 안식일은 하나님이 쉬신 날이다. 일곱째 날 하나님은 창조의 모든 일을 마치시고 쉬셨다. 그러므로 안식이란 피조물에게 유익한 날이며 삶을 향유할 수 있는 날이다. 자연에게도 마찬가지로 안식년이 적용된다. 7년에 한 번은 땅도 경작하기를 쉬어야 한다. 쉰다는 것은 생산성이 떨어지는 것 같으나 하나님의 복 주심에 의존하는 것이며 땅은 쉬게 됨으로 비옥해지면서 생산성을 높인다. 안식일에는 하나님이 준비하심에 의존하기 때문에 노동할 필요 없다. 하나님의 복 주심으로 우리의 삶은 노동의 피곤함에서 벗어나고 우리의 생체리듬은 활력을 되찾고 새로운 창조를 위한 힘을 충전한다.

셋째, 안식일은 인간을 위한 것이지 일을 위한 것이 아니다. 예수는 안식일을 제도화 하는 것에 대하여 반대하면서 안식일의 인간화를 표명하셨다. "안식일은 사람을 위하여 있는 것이요, 사람이 안식일을 위하여 있는 것이 아니니 이러므로 인자(人子)는 안식일에도 주인이니라"(막 2:27-29). 예수는 안식일이 일하는 날 때문에 제정된 것이 아니라 인간의 쉼과 안식을 위하여 제정된 것으로 이해하신다. 안식일의 의미는 눌린 인간의 해방이며 하나님의 은혜의 선포이다.[21]

넷째, 안식 계명은 다가오는 하나님의 나라를 소망으로 바라보고 그것은 선취하는 것이다.[22]

삶이란 인간의 노동에 의존하는 것이 아니라 궁극적으로 하나님의 말씀에 의존하는 것이다. 노동은 이것을 위한 수단이며 하나님의 선하신 뜻을 실현하는 도구이다. 안식일이란 창조와 종말이라는 시간의 틀 사이에 있는 하나님 의존의 삶을 묘사해준다.[23] 몰트만에 의하면 "안식일이란 하나님 창조의 목표이며 창조의 완성이다.”[24] 다가오는 하나님의 나라는 매주의 안식을 통해서 미리 앞당겨지고 미리 경험된다.

(3) 놀이로서의 삶: 창조의 소명 그리고 메시아적 기대

첫째, 우리 삶은 놀이로서 창조의 소명이다. 놀이란 인간을 선하게 창조하시고, 고통이 아니라 기쁨을, 불행이 아니라 행복을 누리게 하시고, 병이 아니라 건강을 누리고 삶을 향유하도록, 인간을 지으신 창조주 하나님의 명령(mandate of creation)이요 소명(calling)이다. 이러한 놀이란 단순히 여가나 자유로운 시간의 차원을 넘어서서, 자유 안에서 창조적인 명상이요 계획이다. 놀이란 예술과 축제, 기쁨과 게임, 희락의 마음, 찬양과 경배이다.

솔로몬 자신은 하나님으로부터 지혜와 더불어 부귀와 영화를 선물로 받은 자로서 그는 삶을 적극적으로 향유하려고 하였다. “내가 어떻게 하여야 내 마음에 지혜로 다스림을 받으면서 술로 내 육신을 즐겁게 할까 또 어떻게 하여야 어리석음을 취하여서 천하 인생의 종신토록 생활함에 어떤 것이 쾌락인지 알까하여 … 은금과 왕들의 보배와 여러 도시의 보배를 쌓고 또 노래하는 남녀와 인생들의 기뻐하는 처와 첩들을 많이 두었노라 … 무엇이든지 내 눈이 원하는 것을 내가 금하지 아니하며 무엇이든지 내 마음이 즐거워하는 것을 내가 막지 아니하였나니, 이는 나의 모든 수고를 내 마음이 기뻐하였음이라 이것이 나의 모든 수고로 말미암아 얻은 분복이로다”(전 2:3-10).

전도서 기자는 삶을 즐기는 것이 인생의 의미요 이것은 하나님이 인간에게 주신 분복이라고 말하고 있다. “사람이 먹고 마시며, 수고하는 가운데서 심령으로 낙을 누리게 하는 것보다 나은 것이 없나니 내가 이것도 본즉 하나님의 손에서 나는 것이로다. 먹고 즐거워하는 일에 누가 나보다 승하랴”(전 2:24-25). “이에 희락을 칭찬하노니 이는 사람이 먹고 마시고 즐거워하는 것보다 해 아래서 나은 것이 없음이라. 하나님이 사람으로 해 아래서 살게 하신 날 동안 수고하는 중에 이것이 항상 함께 있을 것이니라"(전 8:15). 이러한 삶의 향유란 자연이 우연히 부여한 것이 아니라 창조주 하나님이 인간으로 하여금 삶의 노동과 노고와 슬픔 가운데서 즐기도록 하신 것이다. 전도서 기자는 희락에 대한 하나님의 심판을 경고하고 있다. 이것은 무절제한 희락과 놀이에 대한 유신론적 경고이다. "청년이여 내 어린 때를 즐거워하며 네 청년의 날을 마음에 기뻐하여 마음에 원하는 길과 네 눈이 보는 대로 좇아 향하라. 그러나 하나님이 이 모든 일로 인하여 너를 심판하실 줄 알라"(전 11:9).

둘째, 놀이로서의 우리의 삶은 축제이다(Als das Spiel ist unser Leben das Fest). 그것은 예수의 메시아적 삶에서 비롯된다(Es kommt aus dem messianischen Leben Jesus). 예수는 안식일은 인간을 위하여 있으며, 안식년이란 '하나님의 은혜의 해' 라고 선포했다. 예수는 제의와 세속, 순수한 것과 불순한 것, 안식일과 평일을 분리하지 않았다. 그는 매일의 삶의 세속성을 위해서가 아니라 '모든 삶의 메시아적 축제성' (die messianische Festlichkeit alles Lebens)을 위하여 그렇게 하셨다.[25] 우리의 삶 전체는 놀이요 메시아적 축제의 참여이다. 몰트만은 예수가 제의(祭儀)적인 안식을 폐하고 새로운 메시아적 안식일을 제정하였다고 말한다. "특별한 안식일이 끝나는 것을 뜻하는 예수의 역사는 모든 것을 포용하는 궁극적인 안식일의 시작이다."[26] 메시아적 축제란 단지 즐기는 게임이나 시간활용을 위한 놀이에서 끝나지 않고 병든 자를 고쳐주고, 멸시받는 자를 받아들이고 주린 자와 함께 먹고 마시는 축제에의 참여이다.

(4) 예배로서의 놀이

놀이로서의 삶은 노동과 마찬가지로 하나님에 대한 예배이다. 기독교적 제의와 예배는 유대교적 안식일이나 제의적인 예배가 아니다. 기독교인들은 유대교적인 의미에 있어서 안식일이나 거룩한 달을 지키는 것에서 해방되었다(갈 4:8, 골 2:16,롬 14:5). 그리스도가 신자들에게 주신 자유는 제의적 율법을 허용하지 않는다(갈 5:1하). 바울은 놀이로서의 삶의 예배와 축제를 말하고 있다. "그러므로 형제들아, 내가 하나님의 모든 자비하심으로 너희를 권하노니 너희 몸을 하나님이 기뻐하시는 산 제사로 드리라 이는 너희의 드릴 영적 예배니라"(롬 12:1). 그리스도의 희생을 근거로 한 우리의 구체적인 헌신과 복종이 예배라는 것이다.

하나님의 통치가 그리스도의 죽으심과 부활의 근거 위에서 우리의 삶을 지배함으로써 우리의 삶은 다가오는 부활의 축제를 미리 맛보는 것이 되어야 한다. 그러나 몰트만이 피력하는 바 같이 "평일과 축제일의 분리를 폐기시키는 예배와 삶의 새로운 통일성은 단지 윤리적으로 세속적으로 해석될 수 없다."[27] 하나님의 통치의 축제는 매일의 세속성 가운데서 살아 있어야 한다. 세상의 정욕과 이생의 자랑과 육체의 쾌락에 대한 저항과 성령에 대한 구체적인 복종은 '희생 제물' 이 된다. 이러한 희생적인 제물에 근거한 놀이의 삶은 하나님 받으시기에 합당한 합리적 예배가 된다.

(5) 의인(義認)과 사귐으로서의 놀이

신자의 놀이는 세상적인 놀이를 부정한다. 세상적인 놀이는 "육체의 정욕과 안목의 정욕과 이생의 자랑" 에 근거해 있기 때문이다. 그러므로 신자는 자기몰입적이고 자기중심적인 세속적인 놀이를 비판하고 부정한다. 그리하여 신자는 그리스도께서 이러한 세상의 죄 때문에 십자가를 지시고 돌아가시고 구속하신 새 사람의 놀이에 참여한다. 이 새 사람의 놀이란 신자의 의인(義認, justification)에서 출발한다. 신자의 놀이는 부조리하고 구조적으로 잘못된 현실을 비판함으로써 비로소 현실에 대한 진실한 긍정의 자세를 보여준다. 여기서 놀이는 안일주의에 빠지지 않고 현실에 대한 비판적 명상이며 비판적 기획에 들어간다.

신자의 놀이는 단지 인간됨의 긍정을 넘어서서 그리스도의 십자가와 부활에 의하여 이루어진 메시아적 축제에 참여한다. 이러한 참여는 신자의 공동체 안에서 이루어지기 때문에 사귐에 의존한다. 나 혼자만의 놀이는 자기 몰입적인 것이며 이기주의적인 것이 된다. 신자의 놀이란 이러한 자기중심의 놀이가 아니라 타자 중심의 놀이이다. 타자 중심으로 놀이를 함으로써 신자는 진정한 공동체의 소속이 된다. 이러한 사귐은 삼위일체 하나님의 사귐을 모방하고 반영한다. 몰트만은 다음같이 피력한다. "메시아적 축제는 메시아적 공동체로 이해되는 사귐에 의존한다."[28]

(6) 하나님 나라의 놀이

1) 찬양으로서의 놀이

하나님 나라는 놀이의 나라이다. 그것은 하나님의 영광을 찬송하고 그에게 모든 존귀를 돌리는 찬양의 나라이다. 요한계시록의 장로들처럼(계 11:16) 하나님의 나라에서 우리 신자들이 해야 할 일은 하나님의 영광을 찬송하는 놀이이다. 하나님 나라의 약속은 놀이와 충만한 상태로의 회복에 대한 약속이다. 성경은 낙원의 찬양과 놀이에서 시작하고 회복된 하나님 나라의 찬양과 놀이에서 종결된다. 단지 이러한 놀이는 낙원에서나 하나님 나라에서나 모두 인간의 자기 몰입적이거나 자기 향락적인 것이 아니라 창조주 하나님과 구속주 하나님에 대한 찬양과 경배와 그 분 면전에서의 거룩한 놀이를 말하고 있다.

성경은 다가오는 하나님 나라에서 놀이와 정의와 평화가 온전한 상태에서 이루어지는 것을 말하고 있다. 지상에서의 놀이란 우리의 부패하고 죄된 마음과 육신으로 말미암아 그리고 사회의 구조적인 악으로 말미암아 온전한 분량에서 이루어지지 못한다. 이 지상에서 우리의 축제는 지나칠 수도 있고 기준에 모자랄 수도 있으며 우리의 찬양과 경배가 그러하고 우리의 쾌락이 그러하고 우리의 휴가가 그러하다. 이러한 지상에서 놀이는 하나님 나라에서 결핍 없는 온전한 분량에서 성취된다. 이런 의미에서 하나님 나라는 온전한 놀이의 나라이다. 결핍이 없으며 지나침이 없으며 성취되고 충족된 놀이의 나라이다.

2) 희년의 성취

선지자 이사야는 다음같이 놀이와 축제의 나라를 약속하고 있다. "보라 내가 새 하늘과 새 땅을 창조하나니 이전 것은 기억되거나 마음에 생각나지 아니할 것이라. 너희는 나의 창조하는 것을 인하여 영원히 기뻐하며 즐거워하지니라. 보라, 내가 예루살렘으로 즐거움을 창조하며 그 백성으로 기쁨을 삼고 … 그들의 수고가 헛되지 않겠고 그들의 생산한 것이 재난에 걸리지 아니하리니 그들은 여호와의 복된 자의 자손이며, 그 소생도 그들과 함께 될 것이라"(사 65:17-23)

구약 율법에서 주어진 희년(禧年)이란 이스라엘의 역사 안에서 한 번도 실시되어 본적이 없는 제도였다. 이것은 다가오는 하나님 나라를 예표(豫表)하는 경제적인 정의와 공평을 약속하는 것이다. 비로소 다가오는 하나님 나라에서 경제적인 정의는 온전히 이루어질 수 있다. 구약의 예언자들이 약속한 샬롬(shalom)도 이스라엘의 역사 속에서 온전히 이루어 질 수 없었다. 이 샬롬은 다가오는 하나님 나라에서 온전히 이루어진다. 희년은 하나님의 구속의 해요 모든 부조리와 왜곡이 제자리에 되돌아오는 해이다. 이것은 하나님의 은총의 해이다. 하나님의 나라에서 희년(Jubilee)은 그 진정한 위치를 가지게 된다.

요한 계시록에서 사도요한은 19장에서 하나님 나라에서 구속받은 성도들이 부를 찬양과 경배에 대하여 기록하고 있다. "이 일 후에 내가 들으니 하늘에 허다한 무리의 큰 음성 같은 것이 있어 가로되 할렐루야 구원과 영광과 능력이 우리 하나님께 있도다 … 또 이십사 장로와 네 생물이 엎드려 가로되 아멘 할렐루야 하나님 보좌에서 음성이 나서 가로되 하나님의 종들, 그를 경외하는 너희들아 무론 대소하고 다 우리 하나님께 찬송하라 하더라 … 천사들이 내게 말하기를 기록하라 어린 양의 혼인잔치에 청함을 입은 자들이 복이 있도다(계 19:1-9).

요한은 21장에서 다가오는 하나님의 나라의 복락을 노래하고 있다. "모든 눈물을 그 눈에서 씻기시매 다시 사망이 없고 애통하는 것이나 곡하는 것이나 아픈 것이 다시 있지 아니하리니 처음 것들이 다 지나갔음이러라. 보좌에 앉으신 이가 가라사대 보라 내가 만물을 새롭게 하노라 하시고 또 가라사대 이 말은 신실하고 참되니 기록하라"(계 21:4-5).

하나님 나라는 할 일 없는 여가(餘暇)와 지루함의 왕국이 아니라 찬송과 경배의 나라이며, 어린양의 혼인잔치가 벌어지는 축제의 처소요, 현세의 모든 아픔과 고통이 치료 받는 치유의 왕국이며 눈물과 이별과 애통이 없는 기쁨과 재회와 감격의 나라이다. 이러한 하나님의 나라는 축제의 나라이다. 지상에서의 모든 축제는 다가오는 하나님 나라의 축제를 예기하며 선취하는 것이다.

3) 제의와 놀이, 성전과 세속의 극복

하나님 나라에서는 더 이상 성전이 없다. 거룩한 영역에서 하나님의 영광을 나타내는 제의적 장소인 성전은 하나님의 영광이 어디서나 충만해 있을 때는 불필요해진다. "하나님의 나라에서는 성전과 세속, 주일과 평일의 분리는 극복되며 성전과 일요일 자체가 극복된다."[29] 요한은 증거한다. "성 안에 성전을 내가 보지 못하였으니, 이는 주 하나님 곧 전능하신 이와 및 어린 양이 그 성전이심이라. 그 성은 해나 달의 비추심이 쓸 데 없으니 이는 하나님의 영광이 비취고 어린양이 그 등이 되심이라"(계 21:22-23).

삶과 분리된 종교가 극복되고 종교의 실체이신 하나님과 그리스도와 성령과의 영원한 교통 속에서 하나님 안에서 영원한 찬양과 경배의 삶이 이루어진다. 여기서는 삶과 찬양이 종합되고 종교가 삶 속에 들어오기 때문에 종교는 완성된다. 제의와 놀이가 통일되고 성전과 세속의 분리는 극복된다. 그러므로 더 이상 성전은 필요 없고 종교가 필요 없다. 이제는 하나님에 대한 영원한 기뻐함과 즐거워함의 놀이가 찬양과 경배, 하나님 안에 거함과 하나님이 우리 안에 거하심 안에서 이루어진다.

6. 놀이의 윤리

놀이는 창조의 명령이며 창조세계 안에서 하나님이 우리에게 부여하신 소명이다. 필자는 기독교적 놀이의 이념을 다음 두 가지로 규정하고자 한다.

첫째, 먹고 마시든지 무엇을 하든지 하나님의 영광을 위하여 하라. 놀이란 무책임한 자기 몰입행위가 아니라 하나님 앞에서 책임지고 그분과의 관계 속에 있는 행위이다. 그러므로 놀이에서 중요한 것은 자유로운 시간이나 여유로운 공간이기 보다는 자발적이고 자유로운 정신과 태도이다. 이러한 자유스러운 정신과 태도에서 상상력은 증대되고 우리의 전 인격적인 헌신과 찬양을 하나님께 돌릴 수 있으며 우리의 창조적 활동은 증대된다. 그러므로 놀이의 윤리란 나의 삶과 여가와 자유시간이 전적으로 나에게 속하며 나의 것으로 여기고 방종하거나 게으름을 피우는 것이 아니라 놀이라는 삶의 소명과 창조의 명령을 주신 하나님의 창조의 목적에 헌신하는 태도를 말한다.

둘째, 놀이는 다가오는 하나님 나라에서 찬양과 놀이의 선취하는 것으로서 다가오는 하나님의 나라를 대망하고 준비하는 것이어야 한다. 그럼으로써 놀이는 소모적이거나 허비하는 것이 아니라 영원한 가치에 참여한다. 우리의 여가는 다가오는 영원한 하나님 나라의 영원한 복락과 여가를 선취하는 것이어야 한다. 놀이는 다가오는 영원한 하나님 나라의 복락을 예기한다. 그러므로 놀이는 현재적이고 찰나적이 아니라 미래지향적이다. 진정한 놀이의 원형은 저 다가오는 하나님 나라의 복락에 있기 때문이다.

이러한 이념에서 필자는 기독교적 놀이의 윤리(christian play ethics)는 다음과 같이 일곱 가지로 규정하고자 한다. 첫째, 정의로워야 한다. 자신의 향락과 즐거움을 위하여 다른 사람의 것을 침해하거나 자연을 훼손해서는 않다. 놀이는 공정해야 하며, 편애적이어서는 안 된다. 놀이에 부정이나 반칙이 있어서는 안 된다. 도박이나 난폭한 경기나 무차별 동물사냥도 정의롭지 못하다. 수단과 방법을 가리지 않는 것은 정의롭지 못한 놀이다. 객관적인 규칙과 합의 안에서 이루어지는 우호적인 경쟁은 놀이를 향유하게 하며 공동체를 세우게 하며 화목을 가져온다.

둘째, 자존감을 세워야 한다. 이러한 놀이는 소박한 즐기고 긴장을 푸는 심리적이고 생리적 재생산에서 시작하여 심미적이고 지적 놀이에 이르는 포괄적인 것이어야 한다. 놀이는 하나님의 창조하신 하나님의 형상인 인간의 자존감을 세우는 데 기여해야 한다. 이기는 것이 놀이에서 중요한 것이 아니다. 더욱이 운동경기에서도 그러하다. 놀이에서 자신의 역량을 최대한 발휘하여 자신에 대한 신뢰와 자존감을 얻는 것이다. 그것은 반드시 수단과 방법을 가르지 않고 이김으로써 주어지는 것이 아니라 이기고 지는 것을 떠나서 공명정대하게 나의 최선을 다했을 때 나의 양심에서 자발적으로 솟아나는 것이다. 복권당첨이란 요행을 부추기는 것으로 이것은 기독교인으로서는 권할만한 놀이라고 볼 수는 없다.

셋째, 사랑에 기초해야 한다. 놀이는 상대방을 굴복시킨다거나 상대방의 영역을 침해해서는 안 된다. 공정성을 지나치게 강조하여 상대방의 처지와 형편까지 무시하는 것은 사랑을 무시하는 것이 된다. 사랑에 기초하지 않는 놀이는 비인간적이 되어 상대방의 인권을 침해하는 것이 된다. 전문성과 경쟁과 기술을 지나치게 강조하는 것은 놀이에 있어서 중요한 화합과 화목과 공감을 깨뜨리는 것이 된다. 이웃에 대한 배려와 관심과는 동떨어진 자기중심의 삶의 태도의 표현으로 나타나는 황금만능주의, 체면주의, 겉치레주의를 극복하기 위해서는 청교도적인 근검절약과 자기절제의 삶이 요청된다.[30]

넷째 인간됨에 기여해야 한다. 놀이는 정신과 몸을 건강하게 하고 재충전할 수 있도록 해야 한다. 놀이는 건강과 복지와 노동에 기여해야 한다. 그리하여 우리의 삶을 풍요하게 만드는 데 기여해야 한다. 자기몰입적인 놀이는 이기적이 되고, 자기선양적인 놀이는 교만하도록 하며, 자기학대적인 놀이는 자존감을 상실하도록 한다. 포르노 비디오, 영화나 연극은 인간을 성의 상품화 하므로 인간됨에 기여하지 못한다. 프로 권투, 레슬링이나 격투기 경기도 인간을 폭력화 대상으로 물상(物象)화 시킨다. 그래서 초대교회는 로마인들의 검투사 경기를 반대했으며, 그 후의 기독교회도 난폭한 스포츠나 결투나 자기학대적인 게임을 반대하였다. 오늘날 농촌에서 벌어지는 소싸움이나 닭싸움, 도시에서 벌어지는 개싸움 등은 동물학대적이며 그것은 비인간화를 초래하는 놀이들이다. 놀이는 거북한 마음과 정신의 긴장을 풀어주고 함께 함을 향유하도록 해야 한다.

다섯째, 공동체를 세우는 것이어야 한다. 놀이는 혼자만의 놀이가 아니라 사회적 놀이여야 한다, 혼자만의 놀이는 자기도취적이며 공동체를 세우는 데 방해가 될 수 있다. 하나님의 나라는 삼위일체 하나님의 공동체에 기초한 구속함을 받은 성도 모두의 공동체이다. 성공지상주의는 성공자의 자기과시에 머물고 실패한 자들은 언권을 박탈당하기 때문에 공동체를 깨뜨린다. 올바른 놀이는 협동과 자기지속과 자기부인을 가능케 하여 공동체를 세운다. 가족 구성원과 더불어 즐기는 영화 연극이나 스포츠, 등산, 친구나 친지와 더불어 즐기는 놀이는 공동의 실존감[31]을 진작시켜준다. "즐기는 가족은 함께 거하며, 즐기는 친구들은 항상 연대 속에 있다.

여섯째, 자연보존적이어야 한다. 마구잡이 사냥, 희귀종 사냥, 생태계를 파괴하는 몰지각한 놀이 등은 자연의 청지기로서의 인간의 역할을 무시하는 것이 된다. 오늘날 각종 유락시설이 북한강과 남한강 주변에 들어서면서 강변을 오염시키고 주변산하를 갉아 먹고 있다. 무지각한 등산객이 버리고 간 쓰레기더미로 인하여 자연에 오염되고 악취가 진동하는 곳이 적지 않다. 인간의 놀이도 자연과의 조화를 유지하기 위한 것이 되어야 한다. 개발(노동)이 '유지가능한 개발' (sustainable development)이어야 하는 것처럼 놀이(휴식)도 바로 유지가능한 놀이(sustainable play)가 되어야 한다. 모든 노동이란 인간이 자연을 침범하는 것을 의미하기 때문에 안식일의 휴식은 '인간과 자연 사이의 평화상태'를 의미한다.[32]

일곱째, 하나님께 영광을 돌려야 한다. 놀이는 단순히 놀고 즐기는 것이 목적이 아니다. 놀이를 통해서 우리는 우리가 즐거워하며 궁극적으로 그것을 보시는 하나님을 영광스럽게 하며 하나님을 즐겁게 해드려야 한다. 놀이란 신학적으로 하나님의 면전에서 삶을 즐기는 것이다. 노동을 즐기며 휴식과 놀이를 즐기는 것이다. 하나님은 우리의 생명의 되시기 때문이다. 인간은 휴식과 놀이를 통하여 이러한 분복을 인간에게 삶의 중요한 계기로 주신 하나님께 감사하고 하나님께 영광을 돌려야 한다.

바울이 제시한 일의 윤리(labor ethics)는 놀이의 윤리에 그대로 적용된다. "먹고 마시든지 무엇을 하든지 하나님의 나라를 위하여 하라." 예수님이 가르쳐주신 삶의 윤리(life ethics)도 바로 놀이의 윤리의 이념이 된다. "무엇보다도 그의 나라와 그의 의를 구하라. 그러면 이 모든 것이 너희에게 임하리라." 놀이의 동기와 목적은 인간이 아니라 궁극적으로는 하나님의 영광이기 때문에 놀이는 덕을 세우며 이기적이 아니라 이타적이며 공동체를 세우는 데 이바지해야 한다.

*

주말 연휴와 여가를 어떻게 보낼까? 우리 현대인에게 다가온 더 많은 시간과 여유를 놀자판이 아닌 재충전의 기회로 삼아야 한다. 평생 직장 개념이 사라지고 명예퇴직이 제도화 되면서 남성들의 사회적 수명이 점차 짧아지고 있다. 이러한 상황에서 노후를 대비하는 노(老)테크는 절실한 고민거리다.

노후를 즐겁게 보내기 위해서는 돈만으로는 부족하다. 인생을 즐길 수 있는 여유가 평소에 몸에 배어 있어야 한다. 21세기 키워드는 휴테크(휴식의 활용)라고 말할 수 있을 것이다. 여가를 단지 남는 한가한 시간이 아니라 놀이와 축제, 자기수양의 과정, 하나님 안에서의 안식으로 보아야 할 것이다.

놀이는 일과 분리되는 것이 아니라 일과 더불어 우리의 삶의 중요한 구성요소이다. 놀이(휴식) 없이는 노동은 노역(勞役)이 되고 비인간화된다. 놀이 역시 일을 위한 창조적인 재충전의 계기이며 그것 자체가 또 하나의 중지 속에서 새로운 창조를 위한 상상력과 자기집중의 계기이기도 하다.

놀이를 자기중심적으로 자기 향락적으로 이해하지 않고 하나님과의 인격적인 책임의 관계에서 이해해야 한다. 놀이는 궁극적으로 하나님을 즐기는 것이며 다가오는 하나님 나라의 즐거움을 선취하는 것이다. 하나님의 나라가 정의와 사랑이 입 맞추는 샬롬의 왕국이라면 우리의 놀이는 이러한 샬롬을 선취하는 행위여야 한다. 이러한 즐거움은 세속적인 즐거움이 아니라 거룩한 즐거움이요 승화된 즐거움이며 놀이 자체가 세속적인 놀이가 아니라 거룩한 놀이가 된다.

chapter 10
21세기 사회의 네 가지 폭력과 평화

오늘날 현대 사회는 네 가지 폭력의 위협에 직면하고 있다. 그것은 핵무기의 경쟁에서 나오는 폭력, 이슬람 근본주의의 테러와 이에 대한 전쟁, 자연환경에 대한 인간의 수탈, 그리고 후기산업사회에서의 노사간의 부의 분배를 둘러싼 갈등이다. 이러한 네 가지 문제를 해결하는 길이란 성경이 제시하는 샬롬(Shalom)이 유일한 해결책이 된다는 것을 이 글에서 제시하고자 한다. 샬롬이란 '모든 창조물을 포용하는 하나의 공동체에 대한 성경적 비전의 본질' 이다. 샬롬은 모든 구성원들이 공동체 안에서 더불어 누리는 조화로운 삶, 즉 "공동체의 완전함, 건강함 및 흠이 없음"[1]을 말한다. 샬롬이란 인간이 만들고 누리나 하나님의 개입하심에 의하여 이루어진다. 샬롬은 "분리, 적개심, 공포, 수탈, 불행으로 치닫는 모든 것을 퇴치하시는 하나님" 의 행위이다.[2] 현대의 네 가지 종류의 폭력의 위협 속에서 샬롬을 추구하기 위해서는 우리는 현재의 위기와 위협상황에 매몰되지 않고 항상 그것을 넘어서서 샬롬의 소망을 갖고 노력하는 '예언적 상상력' (prophetic imagination)이 요청된다.

*

1. 현대를 위협하는 폭력

(1) 핵무기 경쟁

1945년 일본 히로시마와 나가사키에 떨어진 원자폭탄은 2차세계대전을 종식시켰다. 그러나 이차대전 후 미소의 냉전은 핵무기 개발의 경쟁에 들어갔다. 핵위협은 잠재적인 적만이 아니라 지구상의 모든 인류와 모든 생명을 멸망시키려 하였다. 그러므로 미소간의 군비축소 회담이 이루어졌다. 1968년 이래로 미국은 새로운 미사일을 배치하지 않음으로써 '핵 억제'(nuclear deterrence)를 시도하였다. 이것은 미소(美蘇)간에 냉전의 평화를 만들어 내었다.

핵 억제에 의한 평화는 "핵 평화주의"(nuclear pacifism)에 기초하고 있다.[3] 그것은 미국과 소련은 지구를 몇 번이나 파괴하기에 충분한 핵무기를 소유하고 있어서 핵무기의 실재사용이란 인류에 파멸의 재난을 초래하기 때문에 핵전쟁은 결코 일어나서는 안 된다는 것이다. 페레스토로이카(perestroika, restructuring)와 글라스노스트(glasnost, openness)라는 새로운 사고를 주창한 소련 지도자 고르바초프(Gorbachev)의 등장으로 냉전은 1989년 베를린 장벽의 무너짐, 동구 공산체제의 붕괴, 1990년 동독정권의 붕괴와 독일의 통일, 1991년 소련연방의 해체와 더불어 극적으로 종말을 맞았다.

미국 하버드의 학자 헌팅턴(Samuel Huntington)은 그의 저서 『문명의 충돌』(*The Clashes of Civilization*)에서 냉전시대에 지구촌 정책은 '양극적'(bipolar)이었으나 냉전 후 '다극적이며 다문명적(multi-polar and multi-civilizational)이 되었다' 는 전망을 제시하였다.[4] 특히 정체성 위기를 처리하는 백성들을 설명하는 것은 피와 신념과 신앙과 가족이 중요 동기를 이룬다는 것이다. 소련이 해체된 21세기에도 여전히 세계는 인도와 파키스탄 등 핵무장을 한 새로운 국가들로 인하여 생존의 위협을 받고 있다. 그리고 핵 위협은 2006

년 한반도에서 구체적인 현실로서 다가오고 있다. 북한이 1994년 제네바 협정 이후 동결키로 약속을 어기고 핵무기를 개발한 것이다. 6자회담이 무력화 되는 가운데 북한의 핵을 담보로 한 벼랑끝 전술로 한반도는 다시 국제적 갈등과 긴장의 초점이 되고 있다. 북한의 핵 개발은 한반도와 일본의 생존에 위협을 가하고 있는 것이다.

핵 개발은 국제사회에서 도덕적으로도 비난받고 있다. 핵 개발에는 엄청난 경비가 소용되는데, 이것을 가난한 자들의 필요를 충족하는 데 써야 한다는 것이다. 미국, 러시아 등 강대국이 사용하는 엄청난 첨단무기의 비용을 지구촌의 가난한 국가들에 사용하면 지구촌의 남북부 사이에 빈부격차가 해소될 것이다. 그리고 북한은 경제파탄과 영양실조로 수십만이 죽어가고 있는 데 핵무기의 개발시도는 '비윤리적' 이라는 비난을 받고 있다. 핵평화주의자(nuclear pacificist)들은 "핵무기 자체는 사용되지 않는다 하더라도 불의이며, 핵무기 경쟁자체가 가난한 자들에 대한 침략행위" 라고 정죄하고 있다.[5]

(2) 이슬람 근본주의자들의 테러

2001년 9월 11일 미국문화의 심장부 뉴욕 세계무역센터의 쌍둥이 건물이 테러집단에 의하여 공격당하여 무너지는 엄청난 일이 발생하였다. 이 테러에 의하여 5,000명 이상이 목숨을 잃고 수천 명이 부상을 당했다. 이 테러를 감행한 집단은 이슬람 근본주의자들로서 오사마 빈 라덴(Osama bin Laden)의 국제적인 테러리스트조직인 알카에다(Al Qaeda) 요원인 것이 밝혀졌다. 이슬람 근본주의자 그룹은 이들 외에도 하마스, 이슬람 지하드, 헤즈볼라, 팔레스타인 해방민주전선 등이 있다. 하마스는 이스라엘을 중동에서 몰아내고 이슬람 독립국가를 세우는 것을 목표로 하고 있다. 젊은이들을 대상으로 '자살테러학교' 를 운영하고 있다. 이슬람 지하드는 시리아와 이란의 지원을 받고 있으며 이스라엘의 명망과 팔레스타인 국가창설을 목표로 하고 있다. 헤즈볼라는 '신의 당'이라는 뜻으로 호메이니 노선에 영향을 받아 창설되었다. 근본주의자들은 자기들의 편견과 신념의 노예가 되고 있다. 이들의 사고는 경직되어 있고 자기독선과 독단으로 사로잡혀 있다.

2003년에 우리말로 번역 출판된 저서 『근본주의 충돌』(*The Clash of Fundamentalism*)에서 타리크 알리는 '9.11 테러는 미국과 이슬람 근본주의의 충돌'이라고 해석한다. 알리는 9.11테러와 테러와의 전쟁은 두 개의 근본주의, 즉 아메리코필리아와 옥스텐털리즘의 충돌에서 비롯된 것으로 해석한다. 아메리코필리아(americophilia)는 '종교적 심성에 기초한 맹목적 애국주의라 할 수 있는 미국 숭배증'이며 옥스텐털리즘(occidentalism)은 '동양에 의해 날조된 서양을 상정함으로써 미국인과 미국적인 것을 맹목적으로 증오하는 태도'를 말한다. 근본주의가 충돌한다는 것은 바로 '아메리코필리아에 내재한 기독교 근본주의의 폭력성과 옥시덴텔리즘에 내재한 이슬람 지배층의 정치적 폭력성이 전면적으로 갈등 대결하는 것'을 의미한다.[6] 이러한 저명한 좌파 잡지 《뉴 레프트 리뷰》(*New Left Review*) 편집에 참여하는 타리크 알리가 제시하는 근본주의 충돌 테제는 헌팅턴이 제시하는 문명의 충돌 테제와는 다르다.

(3) 환경에의 폭력

1992년 브라질의 수도 리오(Rio)에서 열린 세계환경회의는 냉전이후 세대에게 생존의 위협이 되는 것은 핵의 파괴보다는 오히려 생태학적 파괴라는 것을 알려주었다. 오늘날의 산업사회는 자연환경을 돌보지 않고 부를 생산해 냄으로써 역사상 어느 시대보다도 우리의 자연환경은 수탈되고 황폐되고 생태학적 위기에 직면하고 있다. 생태학적 위기는 이제 생태학적 재난이 되어서 희귀종들이 멸종되고 인간에게도 각종 오존층 파괴, 온실효과, 지상변화, 지구의 사막화 등 생태학적 재난으로 되돌아오고 있다.[7] 1980년대 세계적으로 일어난 '녹색운동'(green movement)은 생태계의 보존을 위한 시민운동으로 확산되고 있다. 이러한 환경운동은 첫째, 인구의 성장(population growth), 둘째, 자원의 고갈과 종(種) 다양성의 상실(resource depletion and loss of bio-diversity), 셋째, 쓰레기 남발(waste disposal), 넷째, 손상된 환경(damaged atmosphere)에 대한 각성에서 야기되었다. 이 네 가지 요인들은 서로 분리되지 않고 서로 연결되어 '하나의 연동적 지구촌위기'(one interlocking global crisis)를 만들어 내고 있다.[8]

영국 선교사요 주교(主敎)인 뉴비긴(Lesslie Newbigin)은 1986년 그의 저서 『희랍인에 대한 어리석음』(*Foolishness to the Greeks*)에서 현대의 과학기술이 추구하는 무제한적 성장이념을 다음같이 비판하고 있다. "성장을 위한 성장이란 거대한 사회적 목적에 의하여 결정되는 것이 아니라 인간 몸에서 일어나는 암(cancer)이라고 불리는 현상에 대한 정확한 설명이다."[9]

(4) 기업주와 노조의 갈등

노사분규가 너무 심각한 한국은 '전투적 노조공화국'으로 알려져 있다.[10] 오늘날 한국사회에서는 기업주와 노조의 갈등이 첨예하게 나타나고 있으며 그 가운데 문닫고 한국을 떠나는 기업이 속출하고 있다. 경기도 반월 공단에 위치한 (주)동선공장의 정문은 녹슨 커다란 자물쇠가 채워진채 굳게 닫혀있다. 동선은 1990년대 중반만 해도 2,000만 달러를 수출하는 유망중소기업이었지만 인건비 상승을 감당치 못해 부도를 내고 결국 공장 문을 닫았다. 신명전기와 아전 산업은 공장 설비를 중국으로 옮겨갔다. 제조업체들이 한국을 떠나가는 주요원인은 생산성을 훨씬 웃도는 임금상승, 강성노조와 이들의 편을 드는 정부정책 행정규제, 그중 인건비 부담이 치명적이다.[11]

"중국공장은 종업원 250명 월급이 2,000만 원인데, 반월공장은 5억 원 이상"이기 때문에 "누가 한국에서 기업을 하겠느냐"고 기업주는 말하고 있다. 더욱이 격렬한 노사분규로 아예 사업을 포기하는 사례도 늘고 있다. 세계 7대

브라운관 업체인 오리온 전기는 작년 말 60일간의 장기파업의 여파로 부도를 내고 법정관리에 들어갔다. 미국 투자기업으로 유리섬유를 생산하는 한국 오웬스코닝은 심각한 노사분규를 겪고 있다. 격렬한 파업구호로 가동이 완전히 중단된 한국 오웬스코닝 김천공장은 한국에서 철수 결정을 앞두고 있다. 공장 정문을 들어서면 마치 전쟁터를 보는 것 같다. 사무실 입구에는 노조 측이 빨간 색 스프레이로 갈겨쓴 대문짝만한 '죽음'이라는 글자가 선명하다. 현장 사무실에 나붙은 대자보에는 "총단결 총투쟁으로 자본가들을 박살내자"라는 구호와 각종 욕설과 협박이 가득하다. 한국진출 14년 만에 공장 폐쇄 여부를 놓고 고민하고 있는 제임스 블래직 한국 오웬스코닝 사장은 "파업으로 한국의 제조업이 무너지는 게 너무 가슴이 아프다"고 말하고 있다. 1억 달러 첨단 공장이 노사전쟁터로 변하고 있으며 "불법 농성 공권력 요청엔 기다리라"는 말뿐 공권력도 보고만 있다. 그는 "분규 석달 동안 잠 제대로 못자고" 있다.[12] 기아 현대차 파업여파로 부도를 맞은 경원하이텍 사장은 "회사의 어려운 사정을 감안해 임금동결을 받아들인 우리 노조를 대하다 대기업 노조의 주장을 듣다 보면 마치 다른 나라 얘기 같아 답답하고 암울한 생각이 든다."며, "대기업 근로자들은 하루 12시간 이상 일하면서 임금은 그들의 절반도 못받는 납품업체 근로자의 고통과 비애를 아는지 모르겠다"고 말하고 있다.[13]

　　　　자기 계층의 유익만을 추구하고 다른 사람들과 전체 국민들의 뜻에 반하며, 번영과 복지의 보편적 사귐을 경시하는 노사의 편파적 사고(partikulares Denken)는 도덕적으로 쓸모없는 것일 뿐 아니라 비이성적이고 죽음으로 달려가게 한다. 한국의 노사문화는 다른 나라와는 달리 내 가족, 내가 속한 집단에 대한 집착은 무척 강한 반면 다른 사람에 대한 배려는 약하다. "여기서 죽겠다." "죽을 때 까지 협상하겠다." 라는 과격한 용어를 쓰는가 하면, 노사 파업에서 협력업체의 부도나 연쇄도산을 전혀 고려하지 않는다. 노사분규가 끝나면 조합원에게는 '무노동 무임금 원칙'이 지켜지더라도 노조 전임자에게만 예외다. 그들은 파업기간동안 임금을 받는다. 노조지도자들의 이기주의가 성숙한 노사관계에 걸림돌로 작용한다.[14] 2003년 8월 4일 노동부의 보고서에 따르면 노사분규로 회사가 문을 닫는 데 평균 3개월이 걸린다고 한다. 분규발생→폐업→맞고소는 망하는 회사들이 일반적으로 겪는 코스이다.[15] 보고서에 따르면 망하는 회사의 노사는 양보 대신 공멸(公滅)를 택한다. 하지만 회사가 망하고 난 후에는 노사 모두가 후회한다고 한다. 악성 노조분규의 결과는 사업주는 회사를 잃고, 근로자는 일터를 잃게 되는 것이다.

2. 현대의 평화: 힘에 의한 평화

(1) 힘의 균형에 의한 평화

로마의 평화란 힘에 의한 평화였다, 로마는 군대의 힘으로 약소국을 정복하였고 이들이 반란할 때마다 힘으로 응징하여 평화를 이룩하였다. 힘에 의한 평화란 정의의 현존이기 보다는 폭력의 부재이다. 폭력의 부재는 그러나 내면적인 갈등이 없는 것이 아니라 힘이 없기 때문에 어쩔 수 없이 굴복하는 것이다. 그러나 로마 중앙정부에 힘의 균열이 야기할 때 여지없이 반란은 일어난다. 힘에 의한 평화는 그러므로 소극적인 차원의 평화이다. 평화의 소극적인 개념이란 전쟁의 부재, 군사적 폭력 사용의 부재, 불안과 억압의 부재를 말한다. 지난 2차세계대전 이후 지난 50년간의 세계 평화도 냉전의 평화였고 힘에 의한 평화였다. 이러한 평화는 강대국인 미소의 핵무기위협체제에 의해 보존된 평화였다. 여기서 평화란 휴전(Waffenstillstand)과 혼동되고 핵위협 체제라는 대가는 침묵된다. 이러한 평화는 구성원들이 부득히 동의하지마는 충분하지 않다.

그러다가 1989년 동구의 민주화와 더불어 1991년 소련연방이 해체되면서 미소 양대진영의 냉전 체제는 미국의 승리로 끝났다. 이제 세계에서는 정치적 이데올로기에 의한 대립의 시대는 종언되고 있으며 세계는 21세기 새로운 시대를 향하여 나아가고 있다.

로널드 사이드(Ronald Sider)와 리처드 테일러(Richard Taylor) 등 복음주의 진영의 저명한 핵평화주의자들은 '비군사적 방어'(nonmilitary defense)의 전략을 제시해오고 있다. 이것은 미국이 일방적으로 무장해체의 의도를 선언하고 그들의 시민으로 하여금 침략하는 적에게 협력하기 보다는 죽음을 받아들이도록 훈련하는 것이다.[16] 그러나 이러한 제안은 사악한 적에 대해서는 순진한 자살행위를 하도록 하는 것에 불과할 것이다. 이것은 성경적 평화 개념의 '서투른 모방'(travesty)에 불과하다. 2차세계대전이나 냉전시대의 경험에 따르면 강한 국방력(a srong defense)과 신뢰할만한 억제(a credible deterrent)는 정의롭고 지속적인 평화를 보장하는 데 아직도 필수적이라는 사실을 가르쳐 준다.[17]

(2) 테러와의 전쟁: 정당한 전쟁 이념의 한계

2001년 9월 11일 뉴욕 세계무역센터가 테러 공격받음을 기점으로 사실적으로 이데올로기에 의한 냉전시대는 종교적이고 인종적인 성격을 지닌 테러와의 전쟁의 시대로 변하였다. 미국은 그 후 미국에 대한 공격의 주범인 아프카니스탄에 은신하고 있는 오사마 빈라덴을 공격하였고 아프카니스탄은 미국에 의하여 함락되고 탈레반 정권은 미군에 의하여 무너졌다. 테러와의 전쟁은 다시 알카에다 세력을 지원하고 있는 이라크로 옮겨갔다. 2003년 3월 20일에 시작된 이라크 전쟁에서 미영 연합군은 3주 만에 바그다드를 함락시켰다. 사담 후세인 정권이 무너지자 약탈과 방화가 이어지고 무질서가 수일간 지속되었다. 미국은 이라크를 독재정권으로부터 해방시켰다고 말하고 있으며, 그동안 이라크에 군정, 과도정부를 거쳐 2006년 민주정부를 수립하였다.

그러나 이라크 전쟁에 대하여 세계의 대다수의 기독교 단체들은 반대의 소리를 내었다. 미국침례교 연맹이 이 논쟁적인 문제에 대하여 입장이 갈리었고 보수적인 남침례교단만 부시행정부의 정책을 지지하였다. 로마 천주교의 교황이 전쟁을 반대하는 강한 충고를 했고 세계교회협의회, 루터교 세계연맹, 개혁교회 연맹, 그리고 미국 교회협의회에 속한 많은 교단, 심지어 부시(Bush)가 속해있는 미국 감리교단들도 전쟁에 반대했다. 한국의 복음주의 협의회도 미국의 대 이라크 전쟁에 대하여 우려와 반대의 입장을 표명하였다. 세계교회협의회 콘라드 라이저(Konrad Raiser) 총무는 미국의 이라크 공격은 "힘의 논리가 법적인 절차와 유엔의 기능 등 합의 위에 있다는 사실을 보여주었다."[18]고 비통해 하였다.

그러나 미국은 이라크가 가진 대량살상 무기를 제거하기 위하여 이라크 전쟁을 일방적으로 개시하였다. 독일과 프랑스와 러시아가 반대하였으나 미국은 오히려 유럽의 이 두 국가들을 미계몽된 나라로 보고 구시대의 대표자로 간주하기에 이르고 있다. 미국은 이미 걸프지역에 함대와 군대를 집결시켜 놓고 유엔의 안보리국가들이 전쟁을 승인하지 않으려고 하자 유엔의 결의안 없이 일방적으로 선전포고한 것이다.

이라크 전쟁이 미국의 일방적인 승리로 끝난 후, 2003년 4월 18일 CNN이 방영한 이라크 전쟁에 대한 '독일인의 감정'(german sentiment)에 대한 방영에 의하면 독일인의 82%가 후세인의 독재정권을 미국이 무력으로 응징하는 것은 정당화 될 수 없고 이라크전쟁은 미국이 시리아, 이란 등 다른 중동지역을 정복하려는 일환이라고 독일의 젊은이들은 생각하고 있다고 전하고 있다.

그러므로 우리는 이라크 전쟁을 12년 전에 있었던 쿠웨이트를 침공한 이라크를 몰아낸 전쟁 같이 '정의로운 전쟁'(just war)이라고 말할 수는 없다. 독일 루터교회의 중요문서인 '아우그스부르그 신앙고백'(Augsburg Konfession) 16조항은 "그리스도인들이 악을 범하는 자들을 처벌하기 위하여 통치자들과 심판자들로서 무기를 사용하여 정의로운 전쟁을 수행하는 것은 적법하다."고 기술하고 있다. 이 문서는 방어적인 성격을 지니지 않은 어떤 전쟁도 정당화 될 수 없는 것으로 본다. 그리하여 다음 여섯 가지 조건을 제시했다. 첫째, 전쟁은 불가피한 경우에만 허용된다. 전쟁의 불가피성을 결정하는데는 적법한 권위가 있어야 한다. 둘째, 전쟁의 분명한 원인이 있어야 한다. 무기사용을 정당화 할 수 있는 분명한 원인이 있어야 한다. 그리고 무기사용은 큰 악을 제거하는 작은 악이 되어야 한다. 셋째, 전쟁 수행은 그것이 방어하고 보호하려는 선한 목적을 실현하기 위한 수단이 되어야 한다. 전쟁의 수행과 결과(엄청난 살상, 민간인의 고통, 생명상실 등)가 전쟁이 극복하고 제거하려는 고통과 피해보다 더 큰 고통과 피해를 초래해서는 안 된다. 넷째, 전쟁은 마지막 수단으로 채택되어야 한다. 갈등을 해결하기 위한 모든 외교적 노력이 실패한 경우에만 채택되어야 한다. 다섯째, 전쟁은 예측할 수 있는 시간 안에 끝날 수 있다는 계산에서 수행되어야 한다. 여섯째, 전쟁의 결과는 전쟁이 초래한 재난보다 훨씬 더 좋은 상태가 되어야 한다.[19]

정의로운 전쟁의 예를 다음 몇 가지에서 찾아 볼 수 있다. 20세기에 있었던 2차 세계대전에서 연합군이 나치독일의 억압으로부터 유럽 여러 나라를 해방시켰고 특히 히틀러의 강제 수용소의 대학살에서 살아남은 유태인을 구해낸 전쟁은 정의로운 전쟁이라고 말할 수 있다. 유엔 연합군이 아시아에서 한국과 동남아시아를 일본군국주의 지배에서 해방시킨 것도 그 예라고 말 할 수 있으며, 1950년 발발한 한국 전쟁에서 북한의 기습남침에서 전쟁준비가 제대로 되어 있지 못한 남한을 방어하기 위하여 유엔이 참여하여 오늘의 한국의 민주주의를 지켜준 것은 정의로운 전쟁이라고 말할 수 있다.

독재정권을 무너뜨리는 방법은 좀 더 시간이 걸리지마는 장기 계획과 인내를 갖는 것이 필요하다. 유엔공조로 무기사찰을 통해서 무장해제 시키며, 인권억압에 대한 유엔사찰을 통해서 개선을 요구하는 것이 전쟁을 하여 역사문화재가 파괴되고 많은 인명이 희생되고 부상자가 생기는 것보다는 상대적으로 이라크인이 입는 피해보다는 낫다고 할 수 있다.

(3) 환경과의 친화: 새로운 기술 또는 자연에의 회귀

현대의 과학기술은 자연을 단지 종속시키고 수탈하는 문화이다. 과학기술은 자연을 인간의 노예로 만들었다. 일방적으로 성장과 팽창지향적인 사회는 지속적으로 삶을 유지할 수 없다. 왜냐하면 이러한 사회는 인간적인 기초와 자연적인 기초를 과도하게 요구하고 이러한 길에서 스스로 파괴되기 때문이다.

우리의 환경과 생태계는 창조주에 의하여 인간에게 주어진 귀중한 선물이다. 생태계는 인위적으로 조작하려고 해서는 안 된다. 한국 서해안에서 새만금이나 시화호는 개발 논리에 의하여 천부적인 생태계를 인간이 파괴한 전형적인 예가 된다. 새로운 기술이란 환경친화적(environment-friendly)이며 창조주께서 인간에게 주신 생태계의 순리에 따르는 인간의 겸허가 요청된다. 생태계의 주인은 인간 자신이 아니라 창조주이시며 인간은 생태계의 청지기로 지음을 받았을 뿐이다. 환경과 생태계는 등기부에 자기 이름으로 등기하였다고 자기 소유가 아니라 자기가 일정기간 동안 달란트를 받은 일꾼처럼 창조주로부터 관리의 소임을 위탁받았다는 태도를 가져야 한다. 영국에서는 자연과 문화재를 보호하기 위하여 일어난 시민운동이 '국민위탁운동'(National Trust Movement)으로 확산되어 자리 잡고 있다. 우리 한국에서도 이러한 시민운동이 우리의 자연과 생태계를 보존하는 거국적 운동으로 자리 잡아야 한다.

지구상의 생명의 가능성이란 우리가 광대한 우주 속에서 놀라운 별들의 이웃이며, 우리가 서로 간에 그리고 우리의 후손들에 대하여 돌보아야 한다는 것을 얼마나 빠르게 그리고 철저하게 인식하느냐에 달려 있다. 오늘날 인류는 '분파적 사고'(partikulares Denken)에서 벗어나 공동인류의 기반을 설명하는 영원한 진리를 음미하는 것이 필요하다. 우리는 생태적인 위협의 시대에 칸트의 금언률에 따라서 인류의 생존을 위한 금언을 실천하도록 노력해야 할 것이다. "너의 행위 준칙(die Maxime Deines Handelns)이 너의 의지를 통해서

모든 사람을 위한 보편적 입법이 되도록 그리고 모든 사람을 위한 보편적 입법
이 너의 행위의 준칙이 되도록 행동하라."[20]

(4) 기업과 노조의 화합

제조업 '한국 엑소더스' 최대피해자는 근로자 자신들이다, 현대차는
미국 앨라배마 공장 건설을 계기로 앞으로는 한국에서는 공장을 짓지 않기로
마음먹었다. 이유 중 첫째가 지난 10년간 두 해를 제외하고 매년 줄기차게 파
업을 하는 노조의 파업행위이다. 둘째, 높은 비용이다. 현대차 생산직 직원의
평균 연봉은 5,400만원(성과급, 특근, 잔업수당, 보험료 등 포함)이나 앨러배마 공
장은 국내 공장의 75% 수준에서 결정될 예정이다. 한국 기업인들은 "한국은
제조업 투자의 지옥, 정책의 불확실성, 말도 안 되는 규제, 파업을 밥 먹듯 하
는 강성 노조, 고임금, 기업인을 조인시하는 반 기업문화 등이 국내투자를 가
로막고 있다."[21]고 말하고 있다.

한국경제의 2만 달러 시대를 가로막는 주요인으로서 강성노조로 인한
경직된 노동시장을 들고 있다. 대우자동차 부도 후에 감원에 반대하는 노조
때문에 해외매각 작업이 여러 차례 무산되었다. GM. 포드는 인수에 앞서 대
우차 인원 감축을 요청했으나, 노조는 파업으로 맞섰다. 대우차는 결국 7,000
명을 대량 감축한 후에야 2002년 GM에 매각되었다. 현대차, 기아차 쌍용차
등 우리나라 자동차 회사에서 노조의 힘은 실로 막강하다. 생산라인을 가동하
고 세우는 권한이나 인원 배치는 모두 노조의 허락을 받아야 한다. 일감이 없
는 생산라인의 직원은 공장 청소나 잔디밭에서 풀을 뽑으며 소일한다. 노조
대의원들은 거의 일을 하지 않는다. 그들의 임무는 현장감독일 뿐이다. 그런
데도 그들에게 연간 총 수백억 원의 급여를 지급한다. 자동차업계 사장단에
의하면 "노조 대의원들이 공장에서는 왕이며, 이들의 허락 없으면 아무 일도
이뤄지지 않는다."[22] 국내 자동차 회사들은 정규직 사원의 경우 대부분 정년인

58세가 될 때까지 단 한명도 해고할 수 없다. 포스코 광양제철소는 지난 4년간 단 한명의 신입사원을 뽑지 못했다. "지금 산업 현장은 심각한 동맥경화에 걸려 있다. 이 같은 경직된 노동시장이 제조업 기반 자체를 흔들고 있다"라는 포스코 전무의 말은 오늘날 한국의 노사현장의 심각성을 잘 나타내주고 있다.

한국 노조는 '경영에 참여하려고 하면서', '노조원의 복지보다는 이데올로기에 더 큰 비중을 두고' 정치세력화 하려고 하고 있다.[23] 독일도 엄격한 해고금지 규정과 노동자들의 경영참여, 강력한 산별노조 등으로 노동시장의 유연성이 OECD 회원국 가운데 최악이다. 독일의 강성노조와 지나친 정규직 노동자 보호는 실업자 양산으로 이어졌다. '해고(解雇)가 힘든' 독일은 실업률 (2003년 6월)이 10.2%이나 '해고가 쉬운' 미국은 6.4%에 그치고 있다.

법을 어긴 노조가 큰소리치는 것이 용납되는 사회에 세계적인 기업이 들어올 리 없다. 영국의 대처 총리는 용기를 갖고 강성노조에 대해 법과 원칙을 엄격히 적용하여 영국병을 치유했다. 그리고 정부가 사회적 약자에 대한 보호망을 확충하면 임금을 덜 올리더라도 노동자의 상대적 박탈감이 덜 하게 되며 노조활동도 순화된다. 따라서 사교육비, 의료비, 주거비, 노후비용 등 근로자들이 개별적으로 감당해야 하는 부분을 제도적으로 개선하는 것도 필요하다.

3. 샬롬의 신학: 사랑에 의한 평화

우리 사회, 자연, 역사 속에서의 진정한 평화는 힘에 의한 평화가 아니라 사랑에 의한 평화이다. 이것이 바로 신구약 성경이 가르쳐 주는 샬롬이다. 샬롬은 바로 삶에 봉사하는 평화이다. 샬롬은 에스겔(34:25-29)과 레위기(26:4-6)가 시사하는 것처럼 위협의 한 가운데서 존재하는 평안(well-being)이며, 전쟁과 가뭄과 맹수 가운데서 누리는 평안이다. 이 평안은 행복한 날에 느끼는 목가적(牧歌的) 평안이 아니다. 이 평안은 사람들이 불안에 항상 직면하고, 생존을 위한 투쟁과 시련을 겪는 가운데서 얻는 물질적, 육체적, 역사적 평안이다. 이 평안은 초목과 열매와 원수들 가운데서 체험되는 구원이다. 이것은 매우 개인적인 평안에 그치지 않고 연대적인 평안이다. 이 평안이란 고립된 개인들을 위한 평안이라기보다는 공동체, 가진 자나 못가진 자, 힘 있는 자와 힘 없는 자 모두에게 주어지는 평안이다. 그리하여 모든 구성원은 샬롬 안에서 하나이다. 샬롬은 한 사람도 소외하지 않으며 모든 사람을 감싸는 공동체에 존재한다.[24]

샬롬은 성경에 의하면 두 가지 차원을 가진다. 첫째는 창조적 우주적 차원이다. 이 차원에서 샬롬은 모든 실재를 포괄한다. 창세기의 보고처럼 하나님은 땅의 혼돈을 조화롭게 다스려서 빛, 생명, 기쁨을 주신다(창 1:2). 이사야의 증언(사 11:6-9)처럼 자연계의 적대되는 것이 서로 조화되는 것을 말한다. 샬롬이란 하나님의 모든 창조가 적대와 파멸을 진정시키고 평화와 조화를 이루는 것을 말한다. 둘째는 역사적 정치적 차원이다. 여기서 샬롬은 사회의 조화로운 관계를 말한다. 아모스(5:14-15)와 이사야(1:16-17)의 증언처럼 샬롬이란 경제적 불평등, 공권력의 타락, 정치적 억압 등 사회적 무질서와 윤리적 타락에 해소되고 정의와 인자가 실현되는 것을 말한다. 샬롬은 생명력 있는 공동체를 수립한다.[25]

(1) 힘 아닌 사랑에 의한 평화

성경과 기독교적 신앙고백은 안보가 아니라 정의만이 지속적인 평화(샬롬)을 가져온다는 것을 명료히 말하고 있다. 평화의 길이란 정의로운 행위와 세계적인 정의에 대한 관심이다. 성경에 의하면 정의란 하나님의 정의에서 출발한다. 그것은 창조적인 정의, 의롭게 하는 정의, 법을 산출하는 정의로서 경험된다. 하나님은 억압당하는 자의 권리를 옹호하시며, 불의한 자를 의롭게 만드시기 때문에 의로우신 분이시다(시 31:2, 146:7). 하나님은 정의를 통해서 지속적인 평화인 샬롬을 창조하신다. 안정과 질서가 강요된다 하더라도 불의와 폭력이 지배하는 곳에서는 평화가 없다. 이러한 하나님의 정의는 긍휼의 법(das Recht des Erbarmens)이 지배하는 정의로서 정의의 지고한 형태이다. 이 것은 과부와 고아를 긍휼히 여기시는 하나님의 정의이다. 이것은 사랑의 정의 (die Gerechtigkeit der Liebe)이다.

이러한 사랑의 정의는 헬라적 분배적 정의(justitia distributiva)와 인격적 정의(personale Gerechtigkeit)와 다르다. 분배적 정의는 각자에게 각자의 몫을 배당하는 것이다(suum cuique). 마르크스에 의하면 각자에게 자기의 능력과 필요에 따라서 분배하는 정의이다. 분배적 정의는 우선적으로 능력과 재화에 사실적으로 연관되어 있다. 인격적 정의는 공동체 지향적인 개념이다. 그것은 상호적인 인정과 다른 사람들에 대한 받아들임에 있다. 인간 존엄에 대한 상호적인 인정과 상호적인 수용은 인간적이고 바른 사귐을 창조한다. 분배적 정의와 인격적 정의 개념에는 약자와 수탈자에 대한 관심과 권한인정이 부재하고 있다. 그러나 긍휼의 정의는 가난하고 약한 자에 대한 고려와 저들의 인권이 고려되어 있다.

민중신학이나 해방신학이 약자와 수탈당한 자의 편에 서고 하나님은 저들의 편이라고 말하는 데는 일면의 진리가 있다. 그렇다고 하나님이 무조건 약자나 수탈당한 자의 편이시고 부자나 권력자에 대항하는 자로 보는 것은 일방적인 사고이다. 하나님이 약자와 수탈당한 자의 편에 서신다는 것은 긍휼이 법에 앞서는 것이 아니라 권리를 상실한 자들이 저들의 권한을 찾고 불의한 자가 정의로 돌이킨다는 것을 의미한다. 하나님의 정의는 인간 법질서 밖에 있는 것이 아니라 지속적인 평화로 나아가는 각 법질서를 위한 스스로 법창조적인 원천이다. 가난한 자, 약한 자 그리고 병든 자의 권리를 찾아주고 옹호하는 것은 지속적인 인간 평화의 기초가 된다.

(2) 자기 절대화 아닌 자기 상대화와 공존 이념

테러와의 전쟁은 테러에 대한 폭력 아닌 방법을 사용해야 할 것이다. 미국이 테러와의 전쟁에서 폭력을 사용하여 아프간과 이라크를 공격한 것은 바람직하지 않다. 9.11 테러에 대하여 미국은 무력을 사용하여 이들의 나라를 응징하기 보다는 유엔을 통하여 테러범을 응징하는 조처를 취했으면 오늘날 미국인들의 안보불안은 한층 경감 되었을 것이다.

오늘날 현실정치도 원수사랑의 정책을 펴나갈 수 있다. 원수 사랑의 정책에서 무력지배에 대한 무폭력의 정책이 나온다. '무폭력'(Gewaltfreiheit)이란 비정치화나 권력을 포기하는 것이 아니다. 우리는 권력(Macht, power)과 폭력(Gewalt, violence)을 구분한다. 권력이란 폭력의 정의로운 사용이며, 폭력이란 권력의 불의한 행사이다.[26] 이런 의미에서 현대국가는 권력독점을 가지고 있다. 기독교는 사회에서 권력의 문화를 없앨 수는 없다. 그러나 권력의 집행을 '합법의무적으로'(rechtfertigungpflichtig) 만들 수 있다. 법은 국가적인 권력독점에 한계를 가한다. 그것은 시민에 대하여는 국내정치적으로만이 아니라 다른 국가에 대하여 국외적으로 제한을 가한다.

핵무기에 의한 인류의 위협은 결단코 정당화 할 수 없는 무자비한 폭력행위이다. 핵무기와 다른 대량살상무기의 위협과 사용이란 국가의 법을 넘어서는 것이다. 폭력 극복의 첫 번째 형식은 '모든 권력사용을 법에 구속'(拘束)시키는 것(die Bindung jeder Machtausübung an das Recht)이다.[27] 여기서 그것이 합법적이든지 불법적이든지 모든 불의한 권력사용에 대한 저항의 의무가 나온다. 무폭력의 원리란 이 투쟁에서 '권력사용이 법에 구속됨'이 문제시된다면 권력투쟁을 배제하지 않는다. 공적인 권력지배에서 저항하는 자는 단지 그가 법의 회복 내지 압박당한 자의 권리를 위하여 나아갈 때에만 시민으로서 그의 의무를 충족한다.

폭력의 지배에서 고통당하는 시민들의 힘은 테러가 아니라 연대성

(Solidarität)이다. 테러는 해방의 목표를 평가절하하며 단지 폭력의 지배를 정당화한다. 시민과 국제시민들의 대규모 연대성은 폭력지배로부터 법의 외양을 빼앗고 모든 공포의 위협을 제거한다. 최근 한국의 1986년 민주화 시민운동, 필리핀의 민주화 운동은 시민들이 평화적인 방식으로 군사독재를 종식시켰다. 폭력의 지배가 국내정치적으로 백성에 의하여 거부당하거나 동시에 국제적으로 다른 나라 시민들에 의하여 국제적으로 고립될 때 폭력의 지배는 더 이상 지탱하기 힘들게 된다.

비폭력적인 폭력의 극복은 가능하다. 그것은 순교자를 요구할 수도 있다. 여기서 우리는 그리스도를 모범으로 생각한다. 그리스도의 십자가의 행동의 경우 그의 구속(救贖)적인 행위는 해방하는 힘을 소유할 뿐 아니라 성공했으며 고난 역시 그 자체 해방하는 힘을 가지고 있다는 사실을 알 수 있다.

(3) 자연환경에의 생태학적 평화

인간 문화는 지구 유기체의 우주적 테두리 조건과의 균형 속에서만 발전하여야 한다. 인간이 우주적 생태환경을 파괴하면 인간 문화도 파멸되고 만다. 인간 삶의 방식과 기업의 생산방식에 있어서 '포괄적인 돌아섬'(umfassende Umkehr)만이 인류의 생태학적 죽음을 방지할 수 있게 한다. 포괄적인 돌아섬이란 우리 사회, 생산, 소비와 교통의 생태학적인 개혁(eine ökologische Reform)[28]을 말한다. 모든 인간적인 소유, 무엇보다도, 산업적 거대소유물과 교통시설은 '환경 친숙성'(Umweltgverträglichkeit)에 있어서 음미되어야 한다. 자연환경을 파괴하는 것은 제거되어야 하고 허용되어서는 안 된다. 자연적으로 썩어서 폐기될 수 없는 소모품, 즉 합성제품이나 플라스틱은 더 이상 생산되어서는 안 된다. 생태학적 평화를 위해서는 '생태학적 정의'(ökologische Gerechtigkeit)가 요청된다. 생태학적 정의는 인류와 자연의 생존능력의 공생(eine überlebensfähige Symbiose von Menschheit und Natur)의 근거가 된다. 생태학적 개혁도 서로 아는 작은 소그룹에서 시작된다. 낯선 자는 자연의 파괴에 관심을 쓰지 않는다. 그러나 그곳에 살아야만 하는 자는 환경을 보존한다. 근래 서울 서초구 우면산 보호운동이 일어나는 것도 이 지역 주민에 의하여 일어나고 있다.

자연에 대한 인간의 태도가 중요하다. 그것은 자연에 대한 새로운 관심이요 다른 피조물의 생명에 대한 외경이다. 여기에 개혁신앙은 중요한 역할을 한다. 현대의 세속주의 종교가 자연의 세속화의 길(der Weg zur Säkularisierung der Natur)을 열었기 때문이다. 몰트만은 근대의 유일신론이 자연을 탈마법화 시키고 자연을 인간의 정복의 대상으로 삼았다고 비난하고 있다.[29] 그러면서 자연에 대한 새로운 관심과 다른 창조물의 생명의 외경을 제시한다. 그러나 이러한 자연 외경의 길이 몰트만이 제시하는 바 '자연 속의 신과 신속의 자연'을 구분 없이 말하는 범재신론이 되어서는 안 된다. "우리는 신과 자연을 분리할 수 없으며 자연 속의 신과 신속의 자연을 지각한다."[30] 몰트만이 생태학적 개혁 속에서 근대종교에 대한 그리스도 교회의 가장 큰 과제를 역설한 것은 옳다고 말할 수 있다.[31] 그러나 몰트만이 오늘날 생태학적 위기 극복의 길로서 전통적인 기독교가 범재신론의 종교가 되어야 한다고 역설하는 것은[32] 기독교의 정체성에 대한 변질을 초래한 것이며 이에 우리는 동의할 수 없다.

(4) 무한한 자기확장 아닌 분배와 나눔의 정신

기업주는 무한한 자기소유의 확장과 무한한 이윤추구에서 떠나서 분배와 나눔의 태도를 가져야 한다. 노동자도 무한한 적대정신과 자본가 타도라는 계급투쟁의 태도에서 벗어나 양보하고 기업성장에 진력함으로써 기업도 살고 자기도 사는 양보와 협력의 정신을 가져야 한다. 오늘날 남미의 브라질의 경우에는 성냥갑 같은 수많은 슬럼(Slum)이 있는가 하면 100개의 방과 사계

절 수영장과 테니스를 갖춘 호화계층의 집들이 있어서 빈부의 격차가 엄청나다. 가난한 자들은 일하고 싶어도 일자리가 없다. 지극히 적은 소수들이 대다수의 부를 독점하고 있는 것이다. 공무원의 연금은 일반 연금자의 10배나 된다. 한국의 경우에는 외국노동자들을 수탈하는 기업가가 적지 않으며, 폭력적 노조는 장기적인 파업으로 인하여 기업을 파산에 이르게 하는 경우가 적지 않다. 빈부의 격차가 심하고 기업가와 노조 사이의 갈등이 심화되면 노사관계는 기업의 성장을 저해하고 가업을 망하게 하는 폭력으로 나아가게 되는 것이다.

이러한 상황에서, 가진 자와 못가진 자, 경영자와 노동자들이 상호갈등하고 투쟁함으로써 공멸하기 보다는 서로 양보하고 존중함으로써 공존·공영하는 자세가 필요하다. 세계적인 자동차 기업인 도요타(Toyota)는 자동차 관련기업이 무려 4만 8,914개, 근로자 86만 6,359명을 지니고 있으나, 노조, 협력업체가 합심하여 세계최고의 경쟁력을 유지한 대표적 모델이 되고 있다.[33] 2차 세계대전 직후 1950년대 심한 노사분규에 휩싸였던 도요타 자동차는 '노사 공생' 이라는 공감대가 형성되었다. 그래서 도요타 기업은 지난 50년간 단한 차례도 노사분규가 발생하지 않았다. 무분규, 무해고라는 50년 공생규칙이 된 것이다. 도요타는 2003년 3월 임금협상률을 0%로 합의했다. 2002년 도요타 기업 순이익은 전년보다 53.4%나 늘어나 일본 기업의 순이익으로는 사상 최고치를 경신했는데도 임금을 동결한 것이다. 이 회사 노무관리 담당 과장의 말에 의하면 "노조는 이익이 늘었다고 많이 요구하지 않고 회사는 경영이 나빠져도 마음대로 해고하지 않는다는 믿음이 공존한다."[34] 엄청난 부채에 신음하던 일본의 닛산(Nissan)자동차도 근로자들과의 협력을 통해 대규모의 인력감축을 함으로써 재기에 성공했고, 경영위기를 맞은 IBM도 근로자들의 협력을 얻어 대규모의 인력감축을 함으로써 재기에 성공하였다.[35]

그러므로 빈부, 기업가와 노동자, 경영주와 사원들의 진정한 협력 관계가 이루어져야 한다. 진정한 협력관계란 양자가 동반자라는 사실을 인식하는 것이다. 이것을 위해서는 공동적 삶의 윤리(Ethik des gemeinsamen Lebens)

가 요청된다. 계층이나 계급의 이해보다는 사회구성원 전체의 이해가 우선하는 윤리가 지배되어야 한다. 오늘날 세계 각처에서 일어나는 악성 노사문제 내지 빈부의 갈등의 위기는 경쟁의 투쟁과 권력투쟁에 의하여 생겨난 것이다. 모든 직원에게 정년을 보장하는 기업은 현실적으로 살아남을 수 없다. 기업에 고용의 재량권을 넓혀주는 대신에 사회보험을 확대하는 방식으로 근로자의 생존권을 보호하는 것이 바람직하다.

하나님의 왕국은 '올바른 관계의 왕국'(the kingdom of right relationship)[36]이다. 이 나라는 상호성(mutuality)의 성경적 원리가 지배하는 데 그것은 상호봉사(mutual service)와 상호존중(mutual respect)이다.[37] 상호존중과 상호봉사의 욕구가 있는 곳에 최소한 세 가지의 결과가 나온다. 첫째, 차별이 폐지된다. 둘째, 참여가 증가한다. 셋째, 협력이 강조된다.

(5) 샬롬의 길

성경이 말하는 샬롬이란 포괄적인 평화요 하나님이 우리에게 가져다주는 평화를 말한다. 샬롬이란 하나님이 창조하신 모든 삶이 그와의 관계에 있어서 거룩성을 말한다. 샬롬은 삶을 부여하는 하나님과의 사귐과 다른 인간과 다른 창조물과의 사귐에 있어서 축복된 삶이다. 샬롬이란 하나님과 이웃인간과 다른 창조물과의 평화를 말한다. 샬롬은 보편적이고 지속적이다.[38] 이 샬롬은 이 세상에서는 온전히 이루어지지 못한다. 하나님 나라에서만 샬롬은 온전히 이루어진다. 그러므로 '역사 속에서의 평화란 어떤 상태가 아니라 과정이며, 어떤 소유가 아니라 공동의 길'[39]이다. 평화란 폭력의 부재가 아니라 정의의 현존이다.

브루지만(Walter Bruggemann)에 의하면 성경에서의 샬롬은 양극성을 지니고 있다.[40] 하나는 모세와 예언자들의 전통에 있는 가지지 않은 자들의 전통이요, 다른 하나는 노아와 다윗 등 집권자들의 전통에 있는 가진 자들의 전통이다. 전자는 "부르짖고, 들으시고, 구원하신다"는 주제를 중심으로 삶의 어려운 상황 속에서 생존과 구원을 주제로 하였다. 여기서 구원의 신학과 묵시록이 나온다.[41] 샬롬을 기다리는 주체는 궁핍한 자들, 무력한 백성들이다. 샬롬은 여기서는 '아직도 아님'에 초점이 맞추어져 있다. 후자는 창조의 지속적 구조에 초점을 맞추며, 창조물들의 상호관련성을 강조하는 지혜의 문서들은 주어진 창조질서의 근본사건에 만족하고 변화에 반대하는 가진 자들, 상류계층의 산물이다. 여기서는 현존하는 것에 대한 인정과 축복을 누리고자 하는 축제의 신학이 나온다.[42]

오늘날 민중신학과 해방신학은 샬롬의 현실 변혁의 차원을 강조하고 있다. 여기서 하나님은 인간 총체적 현실의 변혁자로 오신다. 그러나 성경은 가지지 않은 자의 샬롬만을 말하지 않는다. 성경은 동시에 축제의 신학과 계약의 신학이 강조하는 주어진 현실의 지속과 축복을 말한다. 이것은 가진 자들의 샬롬이다. 여기서 하나님은 삶의 지탱자와 포괄자로 계신다. 성경이 말하는 샬롬은 가진 자나 가지지 않은 자, 어느 한편에 치우치는 편파적인 샬롬이 아니라 양자를 모두 포괄하는 샬롬이다.

우리는 구체적인 현실 속에서 평화의 소극적인 개념과 적극적인 개념[43]을 구분하여야 한다. 평화의 소극적인 개념이란 전쟁의 부재, 불안과 억압의 부재를 말한다. 평화의 적극적인 개념이란 사회적 정의, 민주적 갈등해결, 모든 자의 지속적 발전에 있어서 균형의 상태이다. 이러한 적극적인 평화개념이란 이상향에서 이루어지나 이러한 적극적인 요소 없이는 평화의 부정적인 개념 자체도 성립되지 않는다.

기독교적 평화개념은 평화의 두 가지 개념을 연결하며 정의의 강조를 통해서 평화의 긍정적인 개념을 우위에 둔다. 여기서 역사 속의 평화란 진보와 퇴보가 있는 공동의 길이며 이 길에서 군비와 무력의 해체와 신뢰와 사귐의 정립이 중요하다. 역사 속의 지속적 평화란 결코 현재의 세대들에게만 있는 것이 아니라 세대 간의 정의에 대한 책임으로부터 온다.

낙원의 평화는 하나님의 계명에 대한 인간의 불순종에 의하여 깨뜨려 졌다. 그리하여 인간과 인간 사이의 대립과 갈등이 시작되었다.[44] 예수의 산상 수훈은 이러한 지속적 평화의 개념을 제시해준다. 메시아는 평화를 가져오며 폭력을 극복한다. 그리하여 악만이 아니라 악에 대한 악으로의 보복, 폭력만이 아니라 무력적인 저항을 통한 폭력의 제한이 극복된다. 폭력없는 행위와 선으로써 악의 대응은 메시아적 세계의 표징이다. 하나님의 창조적인 사랑에 기초하는 정의만이 세상에 지속적인 평화를 가져다준다. 성육신 하시고 인간의 역사 속에 들어오신 하나님의 아들 예수 그리스도께서 십자가에서 그의 몸을 희생으로 주시고 이룩하신 평화야말로 구약의 예언자들이 약속한 샬롬의 진정한 역사적 실현이다. 그러므로 바울은 "그리스도는 우리의 샬롬"(엡 2:14)이라고 증언하고 있다.

샬롬은 예배, 거룩, 그리고 순종을 포함하는 하나님과의 바른 관계로부터 시작한다. 그리고 이것은 인간들 간의 올바른 관계를 포함한다. 샬롬은 자기 자신을 위해서가 아니라 남을 위해 존재하며 상대의 반응에 관계없이 자신을 주는 것이다. 샬롬은 공동체를 세우는 것이다. 샬롬은 사람들을 통제하고 주변 상황을 지배하려는 요구(힘의 평화)를 포기할 것을 요구하면서 공동체적인 의사결정과 공동체에 대한 책임을 받아들이는 것이다. 궁극적으로 샬롬은 왕, 통치, 왕국과 관련하여 사람들을 주관하는 통치자가 아니라, 사람들의 종이 되어야 할 것을 가르친다.[45] 샬롬은 사랑의 평화로서 원수를 사랑하는 자기 비움과 헌신에 기초한다.

*

샬롬이란 단지 적대자 사이의 갈등의 부재나 폭력의 부재라는 소극적인 의미를 넘어서서 정의의 실현이요 사랑의 실현이라는 적극적인 의미에서 이해되어야 한다. 그리고 그 영역이 군사적이고 정치적인 영역에서의 권력의 갈등과 무력의 해소만이 아니라 경제적이고 종교적이고 인종적이고 환경적인 영역에 있어서 갈등과 수탈과 대립이 해소되는 것을 말한다. 샬롬은 더 가진 자와 덜 가진 자 사이에 부(富)의 분배에 있어서 정의가 실현되고, 종교적 신념이 다른 자 들 사이에 상호 이해와 존중이 실현되고, 이데올로기가 다른 계층들 사이에 서로의 다름과 차이에 대하여 인정하고 서로에 개방되며, 인간이 자연환경에 대해서도 환경친화적으로 자연을 개발하는 삶을 말한다. 이러한 샬롬만이 오늘날 현대가 안고 있는 문제를 해결하는 올바른 길이다. 이 샬롬은 인간의 힘으로 실현되는 것이 아니라 궁극적으로는 하나님의 종말론적 개입에 의하여 실현된다. 샬롬에 대한 인간의 참여와 노력은 이러한 하나님의 종말론적 개입하심에 대한 기대요 선취이다.

주

chapter 1   개혁신앙에서 본 세계관 유형

1. Kevin J. Vanhoozer, "세계는 과연 무대로서 적합한가? 신학, 문화 그리고 해석학", in: *God and Culture*, 1993, ed. by D. A. Carson and J.D. Woodbridge, 박희석 역, 하나님과 문화, 크리스챤 다이제스트, 2001, p.53

2. 이승구, "합리주의적 윤리와 신앙의 윤리의 관계", in: 키에르케고르에게서 배운다, 한국케에르케고르학회 엮음, 2005년 2월, p.171

3. Nicholas Wolterstorff, *Reason Within the Bounds of Religion* (Grand Rapids: Eerdmans, 1986)

4. Max Weber, *Protestantische Ethik und der Geist des Kapitalismus*, 최문환 역, 프로테스탄트 윤리와 자본주의 정신, 일조각, 2003

5. Arthur F. Holmes, *Contours of a Wolrd View*, Eerdmans, 1983, 이승구 역, 기독교세계관, 엠마오, p.16

6. 상게서, p.56

7. F. Schaffstein, "Wilhelm von Humboldt", in: *Die Religion in Geschichte und Gegenwart, dritte Auflage*, Tübingen 1963, p.486-487

8. Raymond Williams, *Cultures* (Lon:Fontana, 1981), p.13

9. Arnold H. DeGraaff, *Jean Olthius and Anne Tuininga*, Japan: A Way of Life (Toronto: Joy in Learning Curriculum Development and Training Centre, 1980), p.64

10. Kevin J. Vanhoozer, "세계는 과연 무대로서 적합한가? 신학, 문화 그리고 해석학," in: *God and Culture*, 하나님과 문화, 박희석 역, 2001, 크리스챤 다이제스트, p.23

11. Thomas Kuhn, *The Structure of Scientific Revolutions*, Chicago 1962, p. 175; dt.: Die Struktur wissenschaftlicher Revolutionen, Frankfurt, 1976

12. Kevin J. Vanhoozer, 상게서, p.46

13. Ian Barbour, *Myths, Models and Paradigms: A Comparative Study in Science and Religion* (San Francisco: Harper & Row, 1974), p.6

14. Mary Hesse, *Revolution and Reconstructions in the Philosophy of Science* (Bloomington: Indiana University Press,1980), p.225

15. Michael Polanyi, *Personal Knowledge Toward a Post-Critical Philosophy* (Chicago: University of Chicago Press, 1958); Larry Laudan, *Progress and Its Problems: Toward a Theory of Scientific Growth* (Bereley, Cal.: University of California Press, 1977

16. Thomas S. Kuhn, *The Structure of Scientific Revolutions*, 2d. ed. (Chicago: University of Chicago Press, 1970), 김명자 역, 과학혁명의 구조, 정음사, 1989, 개정증보판.

17. Larry Laudan, *Progress and Its Problems: Towards a Theory of Scientific Growth* (Berkeley, Calf.: University of California Press), 1977, p.3

18. Harold Schilling, *The New Consciousness in Science and Religion* (London: SCM, 1973), p.99

19. Ian Barbour, *Myths, Models and Paradigms: A Comparative Study in Science and Religion* (New York: Harper and Row, 1974), p.37

20. Clifford Geertz, "Religion as a Cultural System", in: William A. Lessa and

Evon Z. Vogt, eds., *Reader in Comparative Religion: An Anthropological Approach*, 3d. ed., (New York: Harper and Row, 1972), p.168-169

21. Larry Laudan, *Progress and Its Problem*, p.3

22. Kevin J. Vanhoozer, "세계는 과연 무대로서 적합한가? 신학, 문화 그리고 해석학," in: *God and Culture*, 하나님과 문화, 박희석 역, 2001, 크리스챤 다이제스트, p.26

23. 이원설, 기독교적 세계관과 역사발전, 1990, 혜선출판사, p.55

24. Mircea Eliade, *Patterns in Comparative Religion*, tr. by Rosemary Sheed, New York: New American Library, 1974, p.24-25

25. James K. Feibleman, *Understanding Oriental Philosophy*, New York: New American Library, 1976, 13-1826 김동화, 불교학개론, 서울, 보연각, 1980, p.143

26. 김동화, 불교학개론, 서울, 보연각, 1980, p.143

27. Augustin, Confessions, XIII, 27, p.43

28. Augustin, City of God, XIX, p.13

29. Augustin, City of God, XIX, 12, p.13

30. Thomas Von Aguin, *Summa Theologia*, II-I, Q,iii, art. viii

31. Richard Niebuhr, *Christ and Culture*, 김재준 역, 그리스도와 문화, p.135

32. Thomas von Aquin, *Summa Theologia* II-I, Q, Xiii, art.i

33. Goudzwaard, *Capitalism and Progress: A Diagnosis of Western Society*, trans. J. Van Nuis Zylstra(Grnad Rapids, Mich.: Eerdmans, 1979), p.57-59

34. Jeremy Rifkin & Ted Howard, *Entropy: A New World View* (New York: Viking Press, 1980), p.17

35. Os Guinness, *The Dust of Death*(Downers Grover, III.: InterVarsity Press, 1973), p.15

36. Jacques Ellul, *The Technological Society*, trans. by John Wilkinson, New York: Vintage, 1964; 임재원, 자크 엘륄의 기술문명 비판, 사회학적 불가능성과

신학적 가능성, 로기아총서 4, 한들출판사, 2005

37. 제임스 러브록(James Lovelock), 가이아의 시대, 범양사, 1992, p.298

38. 양명수, "가이아 이론을 극복한 기독교 생태윤리", 《목회와 신학》 9월호, 1993년, p.73

39. 이정배, "현대과학의 도전을 받는 기독교", 기독교사상, 1990년 2월, p.26-28

40. Marilyn Ferguson, *The Brain Revolution*, 1973, *The Aquarian Conspiracy: Personal and Social Transformation in the 1980s*, Los Angeles: Tarcher, 1980

41. Fritjof Capra, *The Tao of Physics*, New York: Bantam, 1977; The Turning Point: Science, Society and Rising culture, New York: Bantam, 1982

42. F. Capra, *The Tao of Physics*, 이성범, 김용정 역, 현대물리학과 동양사상, 범양사, p.161, 신과학 운동, 신과학연구회편, 1986, p.229

43. Douglas R. Groothuis, *Unmasking the New Age* (Downers Grove, III.: InterVarsity,1986), Karen Hoyt, ed., *The New Age Rage* (Old Tappan, N. J.: Revell, 1987

44. Klaus Baanch/Kurt Rommel(Hg.), *Religioese Stroemmungen unserer Zeit. Eine Einfuehrung und Orientierung*, Stuttgart: Quell,1991, p.16-26

45. 김영한, 21세기와 개혁신학 1권, 8장, 포스트모던시대의 개혁신학, 6) 뉴에이지 운동의 확산을 보라, 212-222, 한국장로교출판사, 1998

46. Horst Afflerbach, *Die sanfte Umdeutung des Evangeliums. Eine biblische Analyse des Neuen Bewusstseins*,Wuppertal:Brockhaus,1988, p.32-35

47. Aldous Huxley, *Doors of Perception*, p.140, Dancing in the Light, p.334-335; Lilly, Center of the Cyclone, p.39

48. Elaine Pagels, *The Gnostic Gospels*, New York:Random House, 1979. Mark L.Prophet and Elizabeth Clare Prophet, *The Lost Teachings of Jesus 1: Missing Texts. Karma and Reincarnation, The Lost Teaching of Jesus 2: Mysteries of the Higher Self, The Lost Teachings of Jesus 3: Masters and Dissciples on the Path*, Livingston, Mont.: Summit University Press, 1988

49. *The Nag Hammadi Library*, San Francisco: Harper and Row Publishers, 1978

50. Levi, *The Aquarian Gospel of Jesus the Christ*, London:L.N.Fowler & Co.,1947

51. David Spangler, *Reflections on the Christ*, 1981, Relationship and Identity, 1978, *The Law of Manifestation*, 1983, Forres, Scotland: Findhorn Publication

52. Shirley Maclaine Beatty, *Out on a Lime*, 1987, p.327

53. 상게서, 327-329

54. Shirley Maclaine Beatty, *Dancing in the Light*, p.334-335

55. 상게서, p.135

56. Marilyn Ferguson, *The Brain Revolution*, Babara Brown, New Mind, *New Body: Bio-feedback: New Directions for the Mind*, New York: Harper and Row, 1974; David Rorvik, "The theta Experience", *Saturday Review of the Sciences*, May, 1973, p.46-51

57. Stainslav Grof, "Beyond the Bounds of Psychoanalysis", *Intellectual Digest*, September 1972, p.86-88

58. Paul G. Hiebert, *Anthropological Reflections on Missiological Issues*, Baker Books, 1994, 김영동, 안영권 역, 인류학적 접근을 통한 선교현장의 문화이해, 죠 이선교회출판부, p.298

59. David Spangler, *Reflections on the Christ*, Forres, Scotland: Fidhorn Publications,1981, p.73

60. David Spangler, *The Laws of Manifestation*, Forres, Scotland: Findhorn Publications, 1983, p.23-24

61. Mark L. Prophet and Elizabeth Clare Prophet, *The Lost Teachings of Jesus 1: Missing Texts*, Karma and Reincarnation, p.115-116

62. *The Lost Teachings of Jesus 2; Mysteries of Higher Self*, p.268

63. Levi, *The Aquarian Gospel of Jesus the Christ*, London: L. N. Fowler & Co.,

1947, p.54

64. 상게서, 56

65. Douglas R. Groothuis, *Unmasking the New Age* (Downers Grover, III.: InterVarsity, 1986); Karen Hoyt, ed., *The New Age Rage* (Old Tappan, N. J.: Revell, 1987)

66. Ronald Enroth(ed.), Evangelising The Cults, Milton Keynes: Word, 1990, p.63

67. 김영한, 현대신학과 개혁신학, 성광문화사, 1995, 특히 제3부를 참조. 김영한, 한국기독교문화신학, 불과 구름, 2005, 특히 제1부를 참조.

68. Karl Popper, *Objective Knowledge*, Oxford 1972

69. Thomas Kuhn, *The Structure of the Scientific Revolution*, Chicago, 1962

70. J. F. Loytard, *The Postmodern Condition*, p.5

71. Marxism Today, 《New Times》 Special Edition, October 1988

72. J. Habermas, *The Philosophical Discourse of Modernity* (Cambridge, 1987), p.116

73. M. Foucault, *Power / Knowledge* (Brighton, 1980), p.73-74

74. M. Foucault, *Les mots et les choses: Une Archeologie des Sciences Humains*, Gallimard, 1966, 이광래 역, 말과 사물, 민음사, 1986, p.440

75. Hans Kueng, *Projekt Weltethos*, Piper, Muenchen, Zuerich, 1991, p.41

76. Mark C. Taylor, *Erring. A Postmodern A/theology*, The University of Chicago Press, Chicago and London, 1984, p.25

77. Thomas Altizer, *Decent into Hell*, p.150-151

78. J, Derrida, *Speech and Phenomena*, p.85

79. M.C. Taylor, op. cit., p.66

80. M. C, Taylor, op.cit., p.90

81. J. Drrida, *De la grammatologie*, p.92

82. M.C. Taylor, op. cit., p.177

83. Taylor, op. cit., p.178

84. 김형효, 상게서, 369

85. A.T. Callinicos, *Against Postmodernism*, 1989, 임상훈, 이동연 역, 포스트모더
   니즘 비판, 성림, 1992, p.123

86. J.F. Loytard, *The Postmodern Condition* (Manchester, 1984), pp. XXiii-iv

87. "세계지성을 만난다" 미 철학자 리처드 로티 교수, 조선일보, 1996년 2월 8일 p.33

88. 상동

89. Mark C. Taylor, op.cit., p.17

90. Mark C. Taylor, op. cit., p.181

91. M. C. Taylor, *Errance , lecture de Derrida*, p.276

92. M. C.Taylor, *Erring. A Postmodern A/theology*, p.182

93. M. C. Taylor, op. cit., p.182

94. 김형효, 데리다의 해체철학, p.25

95. 김영한, "포스트모던 시대의 개혁신학"(1), 기독교 사상, 1994년 1월, p.122-128

96. 상게서, p.122-138, 김영한, "포스트모던 시대의 개혁신학" (II), 기독교사상, 1994
   년 2월호, p.139-170

97. 이승구, 기독교 세계관이란 무엇인가? SFC 출판부, 2003, p.232-235

98. Abraham Kuyper, *Lectures on Calvinism*, Eerdmans, 1898, 9th printing 1976,
   p.9-40

99. Paul Hiebert, *Anthropological Reflections on Missiological Issues*, 한글판,
   p.276

100. Paul G. Hiebert, Anthropological Reflections on Missiological Issues, 한글
   판, 34-35

101. 김영한, 한국기독교문화신학, 특히 10장 후기현대사회의 개혁신학, III.문화신학
   으로서의 개혁신학, 불과 구름, 2005, p.282 이하

102. Kevin J. Vonhoozer, "세계는 과연 무대로서 적합한가?", 상게서, p.56

103. Donald Bloesch, "God the Civilizer", in: *Christian Faith and Practice in the*

Modern World: Theology from an Evangelical Point of View, ed. Mark A. Noll and David F. Wells (Grand Rapids: Eerdmans, 1988), p.176-198

104. Kevin J. Vonhoozer, "세계는 과연 무대로서 적합한가?", 상게서, p.58

chapter 2   21세기 문명전환과 개혁신앙

1. 문명과 문화라는 말은 다 같이 자연 내지 미개된 것 내지 원시적인 것에 대한 인간의 개발과 발전을 지칭한다. 이런 점에서 양자는 공통성을 지닌다. 그러나 양자의 차이는 다음과 같다. 문화가 정신적 측면을 지칭하는 데 반해서, 문명은 물질적 기술적 측면을 지칭한다. 문화(culture)의 원래의 뜻은 개척, 개발, 양육이며, 문명(civilization)의 어원적 뜻은 도시와 시민화이다. 문명은 시민(civis)이라는 라틴어에 어원을 두고 있다. 그것은 야만과는 달리 도시의 생활방식을 향유한다는 뜻을 내포하고 있다. 그래서 문화는 인간 내부의 정신개발 양식으로서의 학문, 종교, 예술, 교육을 지칭한다. 이에 반해 문명은 인간 외부의 자연을 인간의 목적에 종속시키기 위해서 형성한 정치, 사회, 경제, 기술, 상업, 법과 제도, 항만 및 도로시설 등을 말한다. 양자는 분리해서 생각할 수 없다. 그러므로 문명은 문화를 포괄하는 더 광범위한 개념이라고 할 수 있다. 문화는 문명의 핵이요 혼이요 정신이라고 할 수 있다.

문명은 오스발트 스펭글러(Oswald Spengler)와 아놀드 토인비(Arnold J. Toynbee)가 말한 바 같이 생성 소멸한다. 스펭글러는 『서구의 몰락』에서 유기체적 문명관을 제시하였다. 그는 문화의 발전 단계를 봄, 여름, 가을, 겨울의 단계로 나누고 그것이 생성소멸이라는 순환운동을 한다고 보았다. 그는 한 사회의 지적 발전이 절정에 도달했을 때를 문화라고 하였고, 쇠퇴와 침체에 들어섰을 때를 문명이라고 보았다. 토인비는 12권으로 된 『역사의 연구』에서 세계역사의 전개를 완전성숙된 21개의 문명권으로 나누고, 어느 문명이든가에 "도전과 응전의 원리"(a principle of challenge and response)에 따라 탄생, 성장, 붕괴. 해체의 네 단계를 거친다고 문명의 순환운동을 피력하였다.

그러나 현대에 들어와 앨빈 토플러(Alvin Toffler)는 단수문명론을 주장하면서 전지구적으로 하나의 지배적 문명을 피력하고 있다. 그것은 제1물결인 농업혁명, 제2물결인 산업혁명, 제3의 물결인 정보혁명, 제4의 물결인 우주공학과 생명공학의 혁명이다. 그리고 새뮤얼 헌팅턴(Samuel P. Huntington)은 토인비처럼 복수문명론을 주장하면서 서구문명과 비서구 문명의 갈등과 충돌을 말하고 있고 하랄트 뮐러(Herald Müller)는 복수적으로 존재하는 문명의 공존과 협력을 주장하고 있다.

2. 자크 아탈리, "문명 동진(東進)론…새 천년은 동양의 시대", 조선일보, 1996년 3월 5일, 9면

3. 상동

4. Naisbitt & Aburdene, Megatrends 2000, 김홍기 역, 메가트랜드 2000, 한국경제신문사, 1990, p.208-250. 2005년 3월 3일 조선일보가 창간 85주년을 맞아 개최한 아시아 리더십 콘퍼런스가 '글로벌지도자들과 함께' 라는 주제로 개최되었다. 이 회의에서 미국의 전 국무장관 헨리 키신저는 " 세계무대의 중심이 대서양에서 태평양으로 옮겨지고 있다." 면서 "일본의 경제회복과 중국, 인도의 부상(浮上) 등은 독일 통일보다 훨씬 큰 파장을 갖고 올 변화"라고 예견하였다. "한국이 선도 한(韓)중(中)일(日) 협의체 만들자", 조선일보, 2005년 3월 4일 A1).

5. John Naisbitt, *Megatrends Asia: Eight Megatrends of Asia that are Reshaping our World*, 1996, New York, 홍수원 역, 메가트랜드 아시아, 한국경제신문사, 1996, p.365

6. 존 네이스빗, "생명공학이 미래산업 주도", 조선일보, 1995년 1월 4일, p.8

7. http://www.dapis.go.kr/jour/200401/j64.htm

8. Daniel Bell, *The End of Ideology*, 이데올로기의 종언, 1960

   Daniel Bell, *The Cultural Contradictions of the Capitalism*, 자본주의의 문화적 모순, 문학세계사, 1990, p.28-35

9. 최정호, 프란시스 후쿠야마의 "역사의 종언", 조선일보, 1993년 8월 7일, p.11

10. 이노구치 다카시, "한중일, 아세안 손잡고 아시아 시대 열어갈 것", 〈세계 석학 21

인이 본 21세기〉, 조선일보, 2000년 2월 7일, p.19

11. 장회익, "21세기는 온 생명의 시대", 국민일보, 1999년 10월 4일, p.5

12. Michio Kaku, *Visions: How Science Will Revolutionize the 21st century*, 1997, 김승욱 역, 비전 2003, 작가정신, 2000, p.24

13. Daniel Bell, *The Third Technological Revolution*, 제3의 기술혁명, 한국통신출판부, 1991, p.102-110

14. 지난 반세기 동안 세계의 최고의 경쟁력을 자랑하던 미국이 1980년대 들어 일본에 제조업에 있어서 역전을 당했다. 그러나 미국이 1990년대 들어온 이후 2000년대에 들어와서도 지속적으로 경제의 호황을 누리는 것도 지식경쟁력 때문이다. 비록 제조업에 경쟁력을 잃었어도 지식경쟁력을 발전시켰기 때문이다. 반도체 생산은 일본과 한국이 세계최고지만 그 반도체를 이용해서 부가가치가 높은 소프트웨어를 개발하는 것은 마이크로소프트사, IBM 등 미국기업이다.

15. Michio Kaku, 상게서, p.36

16. 이명현, "신문명과 신문법", 철학과 현실사 세미나 발표 원고

17. 네그로폰, "컴퓨터 네트워크 국경 없앤다", 1996년 1월 15일, p.9

18. http://www.hani.co.kr/special/21century/data/210201.html

19. "디지털문화. 실재는 없다…광속만 흐른다", 동아일보, 2000년 11월 8일, p.17

20. "디지털 저작권, 현실서 가치담아 가상서 정보 판다", 동아일보, 2000년 11월 8일, p.18

21. "디지털문화. 실재는 없다…광속만 흐른다", 동아일보, 2000년 11월 8일, p.17

22. 이상석, "사이버 10훈을 아시나요", 한국일보, 2000년 4월 5일, p.6

23. 김영한, "사이버 문화와 개혁신앙", 사이버 문화와 기독교문화전략, 쿰란출판사, 1999, 26

24. 이정석, "대중문화시대의 그리스도인", 대중문화, 더 이상 침묵할 수 없다. 예영커뮤니케이션, 1998, p.27-50

25. 방선기, "대중문화의 윤리 그리고 신앙", 상게서, p.51-69

26. 김영한, "기독교와 타종교, 종교대화", 21세기의 기독교와 타종교, 숭실대학교출

판부, 1999, 34-38

27. 李景治(중국 인민대 교수), "금세기 후반부터 미 독주 제동 걸릴 듯", 조선일보, 2000년 1월 11일, 9면

28. "2025년 이내 식수위기 닥친다", 국민일보 2000년 3월 22일, 23면

29. "북극 빙하 4년째 격감…20% 사라졌다" 조선일보, 2005. 9.30. A18

30. 환경스페셜 "개발뒷편- 잃어버린 생명이야기", KBS 1, 2000년 4월 5일, 밤 10시 15분

31. 박이문, 문명의 위기와 문화의 전환- 생태학적 세계관을 위하여, 민음사, 1996, 80-86

32. "인간 유전자 구조 완전 해독", 조선일보, 2000년 4월 7일, p.10

33. "쌀 유전정보 거의 해독", 국민일보, 2000년 4월 5일, p.26

34. Samuel P. Huntington, *The Clash of Civilizations and The Remaking of World Order*, 1996, 이희재역, 문명의 충돌, 김영사, 1997, p.243-410

35. 한스 큉, "교회는 쇠퇴해도 일반인 '종교관심' 은 더 늘 것", 세계 석학 21인이 본 21세기〈17〉, 조선일보, 2000년 1월 31일, p.19

36. 하스미 시게히코-이어령 대담. "아시아적 가치와 21세기", 조선일보, 1998년 9월 30일, p.4

37. Harald Mueller, *Das Zusammenleben der Kulturen*, Frankfurt 1998, 이영희역, 문명의 공존, 푸른 숲, 1999, p.271

38. 한스 큉, "종교- 교회는 쇠퇴해도 일반인의 종교관심은 커진다", in: 세계 석학들이 본 21세기, 조선일보사, 2000, p.197

39. Michio Kaku, Vision. How Science will Revolutionize the 21st Century, 500

40. 상게서, 600

41. 상게서, 604

42. 미치오 카쿠는 네가지 타입의 문명을 다음같이 설명한다. '타입 0 문명' 이란 화석 연료를 사용하는 오늘날의 문명단계다. '타입I 문명' 이란 문화적 장벽과 국가적 장벽이 사라진다. 타입 II 문명은 어떤 자연적인 재해에도 끄떡없는 단계, 타입II

문명은 은하계를 정복하는 단계, 타입 IV 문명단계는 인간이 시간과 공간을 지배하는 단계이다. 이 네 단계에 인류가 이를 수 있다면 인류는 소멸하는 현존 우주를 탈출하여 무한한 가능성의 대양에 도달할 수 있다고 본다."

43. 상게서, p.605

44. "새천년 '인본 · 생명' 의 세기로", 국민일보, 1999년 10월 4일, p.5

45. 김영한, "카이퍼와 스킬더의 신학적 문화론", 한국기독교문화신학, 성광문화사, 1995, p.200-204

46. 김영한, "생태계의 위기와 생태신학, 생태윤리", 21세기와 창조의 미래, 숭실대 출판부, 1995, p.65

47. 상게서, p.66

48. Siguard Daecke, Anthropozentrik oder Eigenwert der Natur?, in: Ökologische Theologie, G?nter Altner (Hrsg.), Stuttgart: Kreuz Verlag, 1989, p.295

49. 장회익, "21세기는 온 생명의 시대", 국민일보, 1999년 10월 4일, p.5

50. "생명공학의 미래 장미빛 아니다", 국민일보, 1997년 2월 5일, p.23

51. R. G. Brown, *Clones, Chimeras and the Image of God, Lessions from Barthian Bioethics*, ed. by J. F. Kilner, S. Cameron & D.L. Schiedermayer, *Bioethics and the Future of Medicine: A Christian Appraisal*, Grand Rapids, Michigan 1995, p.244

52. W. J. Parsons & Jay Hollman, *Ethical Issues in Genetic Diagnosis and Treatment*, 박제형 옮김, 의료윤리의 새로운 문제들, 서울: 예영 커뮤니케이션, 1997, p.277

53. Jacques Ellul, *What I Believe* (Grand Rapids: Eerdmans, 1989), 133ff. The Technological Bluff(Grand Rapids: Eerdmans, 1990)

54. 김영한, "어거스틴의 신학적 문화론", 한국기독교문화신학, 성광문화사, 1995, p.159-162

55. Michio Kaku, 상게서, p.605

56. Geoffrey W. Bromiley, 종말론: 종말의 의미, in: D.A. Carson & John D. Woodbridge (ed.), God and Culture, 1993, Eerdmans, 박희석역, 하나님과 문화, 크리스천다이제스트, 2001, 139

57. P. Ricoeur, Hermeneutics and the Human Sciences, (Cambridge University Press, 1981), 52

chapter 3   21세기 시대정신과 개혁신앙

1. Yung Han Kim, "The Identity of Reformed Theology and Its Ecumenicity in the Twenty-First Century: Reformed Theology as Transformational Cultural Theology", in: Wallace M. Alston Jr. & Michael Welker (editors), *Reformed Theology. Identity and Ecumenicity*, Grand Rapids: Eerdmans, 2003, 8

2. "그린-테크노라운드 이겨내야 1등국민", 조선일보, 1994년 1월 29일, p.7

3. 초전도 현상이란 전기저항이 제로가 되어 전압이 전혀 없어도 전류는 영구히 흘러 전력손실이 없는 상태를 가르킨다. 초전도재료를 송전에 이용하면 대량의 전기를 손실없이 멀리까지 보낼 수 있다. 고온 초전도현상은 자기부상열차(磁氣浮上列車) 등 첨단기술에 초석을 놓았다.

4. "'고온 초전도현상' 발견 노벨상"- IBM 취리히연구소, 조선일보, 1997년 3월 5일, p.11

5. "석학에게 듣는다 - 다니엘 벨", 조선일보, 1994년 1월 11일, p.5

6. Michio Kaku, Visions: How science will revolutionize the 21st century, 1997, 카쿠, 비젼 2003, 1999, 작가정신, p.35

7. 상게서, p.36

8. 상게서, p.36

9. 상게서, p.43

10. 마치오 가쿠. 김승욱 옮김, 비젼 2003, 자각정신, 2000년, "책마을", 조선일보, 2000년 5월 13일, p.37

11. 피터 드러커, "인터넷 통해 평생교육 받게될 것", 포브스지 기고, 조선일보, 2000년 5월 3일, p.10

12. Joo Hong Whang, A Take Walk on the Futurology, Chosunilbo Press, 2002, p.162-164

13. "언제 어디서나 네트워크 접속.. 유비쿼터스, "서울 의회, 2005년 7월 p.46

14. "디지털문화. 실재는 없다...광속만 흐른다", 동아일보, 2000년 11월 8일, p.17

15. "디지털 저작권, 현실서 가치담아 가상서 정보 판다", 동아일보, 2000년 11월 8일, p.18

16. "디지털문화. 실재는 없다...광속만 흐른다", 동아일보, 2000년 11월 8일, p.17

17. August 21, The Economist, "인터넷이 '만능해결사' 아니다", 2000년 8월 23일, 국민일보, p.9

18. Marxism Today, "New Times" Special Edition, October 1988

19. Mark Taylor, *Erring. A Postmodern A/theology*, The University of Chicago Press, Chicago and London, 1984, p.173

20. Mark C. Taylor, op. cit. p.178

21. 김형효, 데리다의 해체철학(민음사, 1993), p.369

22. Juergen Moltmann, *Gott in der Schoepfung. Oekologische Schoepfungslehre*, Muenchen: Chr. Kaiser, 1985, 41

23. 제러미 리프킨, "지구 온난화와 카트리나", 조선일보, 2005년 9월 7일, p.35

24. 상동

25. 앨빈 토플러, "정보화 한국 '제 3의 물결' 중심부에 진입", 한국일보, 2000년 3월 30일, p.12

26. 유향숙, " '게놈정보학' 중요산업 된다", 과학칼럼, 조선일보, 2000년 5월 3일, p.19

27. "배아복제는 인간파괴의 시한폭탄", 국민일보, 2000년 4월 11일, 13면

28. Jeremy Rifkin, *The Biotech Century*, 1998, 바이오 테크 시대, 전영택 · 전병기 역, 민음사, 1999, p.399

29. Jeremy Rifkin, The Biothech Century, p.13

30. Michio Kaku, Visions: How Science will revolutionize the 21st Century. 1997, 비전 2003, 8쪽

31. Michio Kaku, op. cit. p.44

32. Harvey Cox, *The Secular City*, SCM, 1965, 세속도시, 대한기독교서회, p.10

33. Carl Heinz Ratschow, *Von der Religion in der Gegenwart*, Kassel: Johannes Stauda, 1972, p.18-26

34. 김영한, 기독교신앙개설, 1995년 완전개정판, p.39-46

35. U.S. News & World Report (February 9, 1987), p.69

36. Jeff M. Sellers, "The Higher Self Gets Down to Business. An old movement appears anew?in the corporate world.", Christianity Today. February 2003, Vol. 47, No. 2, Page 34 http://www.christianitytoday.com/workplace /articles/ct-2003-002-1.34.html

37. The 1988 Gallup Poll "The Unchurched American ...10 Years Later", published by the Princeton Religion Research Center

38. Bishop Richard Wilke, "Protestant Denominations Seek Fervor, Flash", Detroit Free Press, May 21, 1986

39. "미국 주류 개신교단 신자수 감소", 기독신문, 2005년 4월 30일, p.27

40. Harvey Cox, *Fire from Heaven. The Rise of Pentecostal Spirituality and the Reshaping of Religion in the Twenty-first Century*, Massachusetts: Addison-Wesley Publishing Co., 1995, 유지황 역, 영성, 음악, 여성. 21세기 종교와 성령운동, 도서출판 동연, 1996, p.129-182

41. John Naisbitt, *Megatrends, Ten New Directions Transforming Our Lives*, 서문호 역, 원음사, 1992, p.55

42. "호황 견인차 인터넷의 그늘", 국민일보, 2000년 3월 2일, p.9

43. Hans Küng, *Projekt Weltethos, Piper: München und Zürich*, 1990, p.44

44. Hans Küng, op. cit., p.45

45. Don Ihde, *Hermeneutic Phenomenology: The Philosophy of Paul Ricoeur* (Evanston: Northwestern University Press, 1971), p.81-130

   Lewis S. Mudge, "Paul Ricoeur on Biblical Interpretation", in: Paul Ricoeur, Essay on Biblical Interpretation, Philadelphia: Fortress Press, 1980, p.1-37

46. J. Moltmann, *Gott in der Schöpfung*, München 1985, S.18

47. 김상득, "윤리학적 관점에서 본 생명복제", 신앙과 학문, 1999년 가을, 기독교학문 연구회편, 38

48. L. R. Kass, "The Wisdom of Repugnance", L. R. Kass & J. Q. Wilson, The Ethics of Human Cloning (Washington, D. C. The AEI Press), 38

49. 동아일보, 1999년 7월 26일자와 조선일보, 1999년 3월 15일자

50. 진교훈, "생명조작과 인간복제에 대한 철학적 고찰", 과학사상, 제 22호, 86쪽

51. "인간 게놈 프로젝트, '생명 설계도' 규명 무병장수시대를 연다", 동아일보, 2000년 1월 6일, A2면

52. A. L. Caplan, *Can Ethics Help Guide the Future of Biomedicine?* ed. by Baker R. B. et al. The American Medical Ethics Revolution, Baltimore and London: The John Hopkins University Press, 1999, 277

53. "생명공학 시대가 오고 있다", 기독신문, 2000년 4월 5일, 15면

54. 인간게놈과 인권에 관한 세계선언의 내용은 다음과 같다.

   제1조 인간 게놈은 인류의 유산이다.

   제2조 유전적 특성에 관계없이 모든 인간은 존엄성과 인권을 존중받을 권리를 지닌다.

   제3조 인간게놈은 속성상 변형될 수 있으며, 각 개인이 처한 자연적, 사회적 환경에 따라 다르게 표현될 수 있다.

   제4조 인간 게놈은 금전적 이득을 위해 이용될 수 없다.

   제5조 유전자와 관련한 모든 연구, 치료, 진단은 당사자가 자유로운 상태에서 행

한 사전동의를 전제로 한다.

제6조 누구도 유전적 특성을 전제로 차별받지 않는다.

제7조 연구목적으로 저장되는 개인의 유전정보에 관한 기밀은 지켜져야 한다.

⋮

제10조 인간게놈에 관한 어떤 연구도 개인이나 특정집단의 인권과 자유, 존엄성에 우선할 수 없다.

제11조 인간 복제와 같이 인간의 존엄성에 위배되는 행위는 허용될 수 없다.

제12조 개인과 인류의 건강증진과 고통해소를 목적으로 해야 한다.

("생명공학 시대가 오고 있다", 기독신문, 2000년 4월 5일, p.15)

55. Christofer Frey, *Konfliktfelder des Lebens. Theologische Studien zur Bioethik*, Goettingen: Vandenhoeck & Ruprecht, 1998, p.126-141

56. 제레미 리프킨, 노동의 종말, 이영호 역, 민음사 간, 1996 "기술론으로 점쳐본「21세기 보고서」", 조선일보 1996년 3월 15일, p.25

57. 리프킨은 대안적 비전을 제시한다. '제3부문' 의 역할 증대가 그가 제시하는 실체가 있는 대안적 비전이다. '제3부문' 이란 공적 영역(정부)과 사적 영역(기업체)의 중간부문으로 '자원봉사에 의한 공동체 서비스 조직' 이다. 그는 건강, 교육, 예술, 종교, 변호, 구호활동 등에서 자발성에 의한 다양한 조직들이 생겨나야만 디스토피아의 병리현상을 완화할 수 있다고 주장한다.

58. J. Moltmann, *Theologie der Hoffnung. Untersuchungen zur Begrüdung und zu den Konsequenzen einer christlichen Eschatologie.* München: Kaiser, 1965 Vorwort.

59. 김영한, "개혁신학의 종말론"(I), 월간 목회, p.145-154, 1993년 2월 "개혁신학의 종말론"(II), 월간 목회, p.178-190, 1993년 3월

60. Donald F. Bloesch, The Future of Evangelical Christianity (Garden City, New York: Doubleday & Company), 1983, p.131

61. Kenneth C. Russell, "Matthew Fox' s Spiritual Trilogy", in: *New Catholic World* Vol. 225, No. 1348 (July-August 1982), p.189-192

62. Donald F. Bloesch, *The Future of Evangelical Christianity. A Call for Unity Amid Diversity*, New York: Doubleday & Company, 1983, p.133

63. Yung Han Kim, "The Identity of Reformed Theology and Its Ecumenicity in the Twenty-First Century: Reformed Theology as Transformational Cultural Theology", in: Wallace M. Alston Jr. & Michael Welker (editors), *Reformed Theology. Identity and Ecumenicity*, Grand Rapids: Eermans, 2003, p.3- 19

chapter 4   21세기 세속문화와 개혁신앙

1. Howard A. Snyder, *EarthCurrents: The Struggle for the World's Soul*, Nashville: Abingdon Press, 1995, p.59-65

2. Alvin Toffler, *Powershift*, Bantam, 권력이동, 한국 경제 신문사, 1990, p.24-45

3. Denis Macquail, *Mass Communicartion Theory*, 오진환 역, 매스커뮤니케이션 이론, 나남, 1990, 53 그리고 김영한, "사이버문화와 개혁신앙," in: 사이버문화와 기독교문화전략, 쿰란출판사, 1999, p.9-10

4. 만프레드 란슈타인, "디지털 시대에도 중요한 건 사람", 조선일보, 2000년 4월 10일, p.23

5. 조선일보 편집국(편), 세계석학들이 본 21세기, 조선일보사, 2000, 10

6. 정진홍, "디지털 문명 전도사 니콜라스 네그로폰테, '비트의 세계' 가 행복을 안겨주리라", 조선일보, 1999년 4월 22일, p.19

7. Jean-François Lyotard, *La Condition Postmoderne*, Minui 1979, *Das Postmoderne Wissen*. Ein Bericht (Graz/Wien:Edition Passagen, 1986), 이현복 역, 서광사, 1991, p.17-24, p.43-50

8. Hans Kueng, Projekt Weltethos, Piper, Muenchen, Zuerich, 1991, p.41

9. Hans Kueng, op. cit., p.42

10. 김영한, "21세기, 포스트모더니즘과 기독교", 21세기, 포스트모더니즘과 기독교 한국기독교문화논총 제9집, 1996, 숭실대 한국기독문화연구소편, p.1-36

11. Ibid.

12. John Pekkannen, "Genetics: Medicine's Amazing Leap," Reader's Digest, September, 1991, 23, Howard A. Sneyder, Farthcurrents, p.144-150

13. Jeremy Rifkin, *The Biotech Century*, 1998, 전영택, 전병기 역, 바이오테크 시대, 민음사, 1999, p.32-42. 게놈(Genome)이란 유전자(gene)와 염색체(chromosome) 두 단어의 합성어로서 생물 세포에 담긴 유전정보 전체를 뜻한다. 유전정보는 DNA에 담겨있고, DNA는 A(아데닌) C(시토신) G(구아닌) T(티민) 등 4종류의 염기를 가진다. 사람의 몸에는 약 30억 개의 염기가 있다. 염기 배열이 잘못되면 생리 기능에 이상이 생겨 몸에 질환이 발생한다. 이 프로젝트로 인간이 얻는 정보는 빙산의 일각이다. 30억 개 염기가 구체적으로 어떤 기능을 하는지, 그리고 사람마다 염기 서열이 어떻게 다른지 밝혀져야 비로소 완벽한 생명의 설계도가 마련되는 것이다.

14. "21세기, 질병은 반감, 식량은 두배", 조선일보, 1998년 1월 1일, p.14

15. Jeremy Rifkin, *The Biotech Century*, 전영택, 전병기 역, 바이오테크 시대, 민음사, 1999, p.35-42

16. 박세필, "생명체 복제는 21세기에 꿈의 기술로 각광을 받을 것인가?", 신앙과 학문, 1999년 가을, 기독교 학문연구회편, p.11-15

17. 박세필, 상게서, p.17

18. 배아란 과학자 공동체에서는 수정후 2주부터 인간의 모든 기관이 형성되는 8주까지 발전된 단계를 일컫는다. 그러나 배아 복제(embryo cloning)에서 배아란 전배아(pre-embryo), 즉 착상 이전의 수정란을 말한다. 그러니까 임신시작부터 원시선(the primitive streak)이 출현하는 수정후 14일까지의 배아를 말한다. 개체 복제(individual cloning)란 이러한 배아를 여자의 자궁에 착상시켜 하나의 완전한 개체가 이 세상에 태어나게 하는 것을 말한다. 캠브리지의 도슨처럼 전배아의 시점을 수정후 15일까지로 규정하는 학자도 있으나 일반적인 견해를 따른 것이 원만

하다고 생각한다. K. Dawson, "Glossary", P. Singer et., ed., Embryo Experimentation (Cambridge: Cambridge University Press, 1990), p.248, 252

19. Cambridge Quarterly of Health Ethics, Vol. 4, No. 3, Summer 1995, p. 268

20. Al Gore, *Earth in the Balance: Ecology and the Human Spirit* (Boston: Houghton Mifflin, 1992), 24

21. Warwick Fox, *Toward a Transpersonal Ecology: Developing New Foundation for Environmentalism* (Boston: Shambala, 1990), p.3-4

22. How to Save the Earth, Time, Special Edition, Time, 2000년 4-5월호, p.18-24

23. D. Meadow, u. a. , Die Grenzen des Wachstums (Stuttgart, 1972)

24. H. v. Nussbaum (Hrsg.), *Die Zukunft des Wachstums. Kritische Antworten zum "Bericht des Club of Rome"*(Düsseldorf, 1973); H. E. Richter (Hrsg.), *Wachstum bis Katastrophe? Pro und Contra zum Weltmodell* (Stuttgart, 1974)

25. " '어두운 하늘 찾기' 원초적 자연 '경외' 절실", 국민일보, 2000년 4월 21일 23면,

26. 조용훈, 『기독교환경윤리의 실천과제』, 대한기독교서회, 1997, p.113

27. Carl Heinz Ratschow, *Von der Religion in der Gegenwart*, Kassel: Johannes Stauda, 1972, p.18-26

28. 김영한, 기독교신앙개설, 1995년 완전개정판, p.39-46

29. U.S. News & World Report (February 9, 1987), p.69

30. Jeff M. Sellers, The Higher Self Gets Down to Business. 상게서)

31. Samuel P. Huntington, *The Clash of Civilizations and The Remaking of World Order*, 1996, 이희재역, 『문명의 충돌』, 김영사, 1997, p.243-410. 새뮤얼 헌팅턴, "21C는 서구-비서구문명 갈등시대", 조선일보, 1993년 6월 28일, p.5

32. 헌팅턴, 상게서, 조선일보, 1993년 6월 28일, p.5

33. 한스 큉, "교회는 쇠퇴해도 일반인 '종교관심' 은 더 늘 것", 세계 석학 21인이 본 21세기〈17〉, 조선일보, 2000년 1월 31일, p.19

34. Harald Müller, *Das Zusammenleben der Kulturen*, Frankfurt 1998, 이영희역,

문명의 공존, 푸른숲, 1999, p.19

35. Herald Müller, ibid., p.271

36. 만프레드 란슈타인, "디지털 시대에도 중요한 건 사람", 조선일보, 2000년 4월 10일, p.23

37. " '익명의 그늘 '이 선을 넘었다. 욕지거리 바다", 조선일보, 2000년 7월 19일, p.27

38. " '열린 소통의 장' 에 언어폭력만 난무", 고대신문, 2000년 5월 8일, p.4

39. "Attack of the Love Bug", Time, May 15, 2000, p.36-42

40. Jean Baudrillard, The Ecstacy of Communication, in: Foster, Hal (Hrsg.): *The Anti-Aesthtic: Essays on the Postmodern Culture*, Port Townsend (Wash.) 1983, 126-134, 해설: Wolfgang Welsch, *Wege aus der Moderne. Schlüsseltxte der Postmoderne-Diskussion*, Weinheim: Acta humaniora, 1988, p.28

41. Susan Sontag, *Regarding the Pain of Others*, 이재원 역, 타인의 고통, 2004, 이후.

42. 김호기, "이미지에 가려진 전쟁의 현실", 조선일보, 2004년 1월 17일, D1

43. 대표적인 웹사이트는 다음과 같다. 1.기독교문화사이트 "jesus tv" (http://www.jesus.or.kr): 대표적인 기독교문화 인터넷 방송으로 선교목적의 음성과 동화상, 문자로 된 멀티미디어로 제작된 내용을 인터넷 기반을 이용한 사이트. 2. 기독교 문화 카페 '좋은 땅' (http://myhome.netsgo.com/rache92/default.htm): 기독교 문화정착을 위한 이념적 문화운동 사이트. 3. 복음과 문화-기독교 세계관으로 명하는 문화(http://user.chollian.net/-finehope) :이념적 문화운동을 지향하고, 특히 뉴에이지 운동 등 대중문화 비평. 4. 연극 선교 단체 예공 (http://www.emptyspace.net):기독교연극의 활동

5. 가스펠 송(http://www.gospel.co.kr/bigtree/index.html):복음성가의 모든 것 6. 기독교세계관에 의한 문화 변혁(http://www.ccp.co.kr) 7. 기독교윤리실천 운동 본부 (http://www.cemk.org) 8.기독교환경운동연대 (http://www.peacenet.or.kr/-kcems) 등 ("기독교계통 웹문화 변화 조짐", 새

누리신문, 2000년 4월 2일)

44. Yung Han Kim, "The Identity of Reformed Theology and Its Ecumenicity in the Twenty-First Century: Reformed Theology as Transformational Cultural Theology", in: Wallace M. Alston Jr. & Michael Welker (editors), *Reformed Theology. Identity and Ecumenicity*, Grand Rapids: Eermans, 2003, p.3-19

45. "세계교회동향", 기독교사상, 1995년 10월, p.277

46. 김영한, "포스트모던 시대의 개혁신학", 기독교 사상, 1994년 1월, 134. George Lindebeck, The Nature of Doctrine, *Religion and Theology in a Postliberal Age*, The Westminster Press, Philadelphia, 1984, p.113-124

47. Van Peursen, After Postmodernism, his lecture manuscript at Soong Sil University Korea Institut of Christian Culture Research, June 5, 1995

48. Kevin J. Vanhoozer, *Is there a Meaning in this Text? The Bible. the Reader and the Morality of Literatue Knowledge*, Grand Rapids: Zondervaan, 1998, p.43-90

49. Hans Jonas, *Das Prinzip Verantwortung, Versuch einer Ethik fuer die technologische Zivilization*, Surhkamp Taschenbuch, 1984. derselber, *Technik, Medizin und Ethik, Praxis des Prinzips Verantwortung*, suhrkamp taschenbuch 1987

50. 정화열, 자연과 인간: 포스트모던의 지평, 인간다운 삶과 철학의 역할, 1995년 한민족 철학자 대회, 대회보 1, p.130

51. 김영한, "21세기, 포스트모더니즘과 기독교", 21세기, 포스트모더니즘과 기독교 한국기독교문화논총 제9집, 1996, 숭실대 한국기독문화연구소편, p.1-36,

52. 김상득, "윤리학적 관점에서 본 생명복제", 신앙과 학문, 1999년 가을, 기독교학문연구회편, 제4권 3호, p.27

53. I. Wilmut and D. Bruce, "Dolly Mixture", D. Bruce & A. Bruce, ed., *Engineering Genesis: The Ethics of Genetic Engineering in Non-Human Species* (London:Earthscan Publications Ltd., 1998), 76ff.

54. L. R. Kass, "The Wisdom of Repugnance", L. R. Kass & J. Q. Wilson, *The Ethics of Human Cloning* (Washington, D. C.: The AEI Press), p. 33, 38, 42

55. United Kingdom, *Department of Health and Social Security*, "Report of the Committee of Inquiry into Human Fertilisation and Embryology" (The Warnock Committee Report, T. L. Beauchamp & L. Walters, ed., *Contemporary Issues In Bioethics* (California: Wardsworth Publishing Company, 1989), p.499

56. M. Mori, "On the Concept of Pre-embryo. The Basis for a New 'Copernican Revolution' in the Current View about Human Reproduction", J. Harris and S. Holm, ed., *The Future of Human Reproduction* (Oxford: Clarendon Press, 1998), p. 45. John Harris, "In Vitro Fertilization: Ethical Issues", Philosophical Quarterly 33 (July 1983), pp. 22ff.

57. Christofer Frey, Konfliktfelder des Lebens. *Theologische Studien zur Bioethik*, Goettingen: Vandenhoeck & Ruprecht, 1998, p.140-141

58. 박원기, "생명복제에 관한 기독교 윤리적인 접근" in: 21세기 생명문화와 기독교, 쿰란출판사, 2000, p.78-81

59. "지구와의 약속 10가지", 국민일보, 2000년 4월 21일, p.23

60. Donald F. Bloesch, *The Future of Evangelical Christianity*, (Garden City, New York: Doubleday & Company)1983, p.131

61. Kenneth C. Russell, "Matthew Fox' s Spiritual Trilogy", in: New Catholic World Vol. 225, No. 1348 (July-August 1982), p.189-192

62. Donald F. Bloesch, *The Future of Evangelical Christianity. A Call for Unity Amid Diversity*, New York: Doubleday & Company, 1983, p.133

63. Hans Küng, Projekt Weltethos, Piper, München u. Zürich, 1991, p.51-57, 한스 큉, "교회는 쇠퇴해도 일반인 '종교관심' 은 더 늘 것", 세계 석학 21인이 본 21세기〈17〉, 조선일보, 2000년 1월 31일, p.19

64. Michael Welkers Reaktion auf "Projekt Weltethos", Evangelische

Kommentare, 9/1993, 528f. Wolfgang Huber, Der tägliche Gewalt . Gegen den Ausverkauf der Menschenwürde, Herder: Freiburg 1993, p.171ff.

65. 김영한, 한국 기독교문화신학, 성광문화사, 1995, 불과 구름, 2005, p.174-177, p.294-295

chapter 5 포스트모던 문화와 복음주의 신앙

1. Jean-François Lyotard, *Das Postmoderne Wissen. Ein Bericht*(Graz/Wien:Edition Passagen, 1986)

2. Lyotard, "Beantwortung der Frage: Was ist Postmodern?", in: *Postmoderne fuer Kinder, Briefe aus den Jahren 1982-1985* (Wien:Edition Passage, 1987), p.26

3. Lyotard, "Notizen ueber die Bedeutung von 'post'", in: *Postmoderne fuer Kinder. Briefe aus den Jahren 1982-1985*, p.105

4. J. Habermas, *Die neue Unuebersichtlichkeit* (Frankfurt 1985)

5. J. Ratzinger/V. Messori, *Rapporto sulla Fede* (Milano 1985); dt.: Zur Lage des Glaubens (Muenchen 985)

6. Habermas, "die Moderne - ein unvollendetes Subjekt", in: *Wege aus der Moderne. Schluesseltexte der Postmoderne-Diskussion*, hrsg. Welsch (Weinheim, 1988), p.184

7. Lyotard, "Beantwortung der Frage: Was ist Postmodern ?", in: *Postmoderne fuer Kinder, Briefe aus den Jahren 1982-1985*, p.31

8. Van Peursen, *After Postmodernism*, his lecture manuscript at Soong Sil University Korea Institut of Christian Culture Research, June 5, 1995

9. Paul Feyerabend, *Against Method: Outline of Anarchistic Theory of*

Knowledge, London 1975

10. Michael Polanyi & H. Prosch, *Meaning*, Chicago 1975 그리고 Michael Polanyi, *Personal Knowledge toward a Postcritical Philosophy*, London 1958

11. Frederic B. Burnham, *ed. Postmodern Theology. Christian Faith in a Pluralistic World*, New York: Harper & Row, 1989. 세계신학연구원 역, 포스트모던 신학, 조명문화사, p.143

12. M. Foucault, Power/Knowledge, (Brighton, 1980), p.114

13. M. Foucault, Discipline and Punish (London, 1977), p.27

14. J. F. Loytard, The Postmodern Condition (Manchester, 1984), pp. XXiii-iv

15. "세계지성을 만난다"- 미 철학자 리처드 로티 교수, 조선일보, 1996년 2월 8일 p.33

16. Richard Rorthy, *Philosophy and the Mirror of Nature* (Princeton : Princeton University Press, 1979), p.3

17. Marxism Today, "New Times" Special Edition, October 1988

18. an ecotopian ethics, Hans Jonas, Das Prinzip Verantwortung, Versuch einer Ethik fuer die technologische Zivilization, Surhkamp taschenbuch, 1984. derselber, Technik, Medizin und Ethik, Praxis des Prinzips Verantwortung, suhrkamp taschenbuch, 1987

19. 정화열, 자연과 인간: 포스트 모던의 지평, 인간다운 삶과 철학의 역할, 1995년 한민족 철학자 대회, 대회보 1, p.130

20. H. Kueng, *Existiert Gott? Antwort auf die Gottesfrage der Neuzeit* (Muenchen 1978) Kapitel C

21. C.Peter Wagner, *How To Have a Healing Ministry Without Making Your Church Sick*, 정운교, 나눔터, 1993

22. M. Horkheimer, Die Sehnsucht nach dem ganz Anderen. Ein Interview mit Kommentar von H. Gumnior (Hamburg 1970)

23. E. Levinas, *De Dieu qui vient a l'idee* (Paris 19820), dt: Wenn Gott ins

Denken einfaellt. Diskurse ueber die Betroffenheit von Transzendenz (Freiburg/Muenchen 1985), p.107

24. Diogenes Allen, *Christian Belief in a Postmodern World,. The Full Wealth of Conviction*, Westminster/John Knox Press, Louisville, Kentucky, 1989, p. 3

25. James Hunter, *Evangelicalism: The Coming Generation*, Chicago: University of Chicago Press, 1987, chapter 3

26. Yonggi Cho, *The Fourth Dimension*, Plainfield, N. J.: Logos, 1989

27. Pat Robertson, *The Secret Kingdom: A Promise of Hope and Freedom in a World of Turmoil*, Nashville: Nelson, 1983, 59, p.66-67

28. Carl F. H. Henry, Evangelicals in search of Identity, (Waco. Tex.: Word Books, 1976), p.30-31

29. Bob E. Paterson, Carl F. H. Henry, p.40

30. Millard J. Erickson, *The Evangelical Left: Encountering Postconservative Evangelical Theology* (Grand Rapids: Baker Books), 1997, p.33-59

31. Stanley J. Grenz, *Revisioning Evangelical Theology: A Fresh Agenda for the 21st Century* (Downers Grover, Ill. :InterVarsity, 1993), p.35

32. Ibid., 62

33. Ibid., 72

34. Ibid., 85

35. Roger E. Olson, 'Whales and Elephants: Both God's Creatures But Can They Meet?', Pro Ecclesia 4.2 (Spring 1995), p.180

36. Ibid., p.107-108

37. "복음주의 교회, '제 2의 전성기'," 크리스천 투데이, 2005. 7. 4. p.1

38. Ron Sider, *The Scandal of Evangelical Conscience*, Baker Books, 2005

39. Mark Noll, *The Scandal of Evangelical Mind*, 1995, 이승학 역, 복음주의 지성의 스캔들, 1996, 엠마오

40. Ron Sider, "The Evangelical Scandal", Interview by Stan Gutherie, Christianity Today April. 2005, p.70

41. Ron Sider, "The Evangelical Scandal", Interview by Stan Gutherie, Christianity Today April. 2005, p.71

42. Yung Han Kim, "Die Krise der Min-Jung Theologie und die Umorientierung der Koreanischen Theologie," Vortrag an Bochum Theologischer Fakultaet, Juli 2004. 이 강연은 "Eine neue Theologie der Kultur in Korea"라는 제목으로 2006년 3월자 독일 개신교윤리(ZEE)에 게재됨(Zeitsckrift fuer Evangelische Ethik, 50. Johrgang Heft1. Januar bis Maerg 2006, p.60-69).

43. Taylor, op. cit., p.173

44. Taylor, op. cit., p.177

45. Michael Polanyi, *Personal Knowledge: Toward a Post-Critical Philosophy* (Chicago: University of Chicago Press, 1958); Larry Laudan, Progress and Its Problems: Toward a Theory of Scientific Growth (Berkeley, Calif.: University of California Press, 1977)

46. Nicholas Wolterstorff, *Reason Within the Boundary of Religion*, Second Edition, Grand Rapids: Eerdmans, 1984

47. Kuk-Won Shin, *A Hermeneutic Utopia: H.G. Gadamer's Philosophy of Culture*, The Tea for Two Press, Toronto, Canada, p.187-203

48. Herman Dooyeweerd, *Roots of Western Culture: Pagan, Secular and Christian Options* (Toronto: Wedge Publishing Foundation, 1979), 9. Hendrik Hart, Understandong Our World: An Integral Ontology, (Lanham: Univerity Press of America, 1984), p.307

49. Yung Han Kim, "Reformed Theology of Postmodern Society", in: Christianity Facing the 21st Century, Soong Sil University Press, 1990, p.8-9

50. "세계교회동향", 기독교사상, 1995년 10월, p.277

chapter 6   21세기와 신학의 패러다임

1. Thomas Kuhn, *The Strucure of Scientific Revolutions*, Chicago 1962, p.175; dt.: Die Struktur wissenschaftlicher Revolutionen, Frankfurt, 1976

2. Hans Küng, "Paradigm Change in Theology", in: Hans Küng & David Tracy(ed.), Paradigm Change in Theology, A Symposium for the Furture, Crossroad. New York, 1989, p.7

3. Thomas S. Kuhn, op.cit., p.181

4. Mark C. Taylor, *Erring. A Postmodern A/theology*, The University of Chicago Press, Chicago and London, 1984, p.13, 김영한, "해체신학과 개혁신학", 「성경과 신학」 제18권, 한국복음주의 신학회 논문집, 1995년 10월, 225쪽

5. 숭실대 한국기독교문화연구소편, 21세기. 포스트모더니즘과 기독교(The 21st Century, Postmodernism and Christianity), 한국기독교 연구연구논총 제 9집, 제 4회 국제 학술심포지움(The 4th International Symposium on Christian Culture and Theology)의 간행물, 1996년 12월, 숭실대 출판부

6. von Rad, *Old Testament Theology, vol.I*, trans. D.M. G. Stalke (London: Oliver and Boyd, 1962), p.111

7. Helge Stadelmann, "Hermeneutische Erwaegungen zur Heilsgeschichte", in: *Glaube und Geschichte. Heilsgeschichte als Thema der Theologie*, 1986, p. 44-49

8. I, Howard Marshall, *Biblical Inspiration*, Eerdmans 1982, P. 84 f.

9. 김중은. "복음주의적 구약학이란 무엇인가?", 「성경과 신학」 제19권, 한국복음주의 신학회 논문집, 도서출판 횃불, 1996, p.88

10. 김영한, 하이데거에서 리꾀르까지, 박영사, 1993, 4 판, p.257-265

11. W. S. Vorster, "Historical Criticism : Through the Eyes of a Historian", in: Hartin, P.J and Petzer J H(eds), *Text and Interpretation: New Approaches in the Criticism of the New Testament*, p.15-43, 1991, Leiden: Brill

12. Vorster, op. cit., p.16

13. 정규남, 구약신학의 맥, 도서출판 두란노, 1996, p.39

14. W. Kaiser, *Toward an Exegetical Theology*, Grand Rapids: Baker, 1981, p. 33

15. N. R. Petersen, *Literary Criticism for New Testament Critics*, Philadephia: Fortress, 1978, p.12

16. M. A. Powell, *What is Narrative Criticism?* (Minneapolis: Fortress, 1990), P. 6. T. Longman III, *Literary Approaches to Biblical Interpretation*, Grand Rapids: Academie Books(Zondervan), 1987. L. Ryken & T. Longman III, *A Complete Literary Guide to the Bible*, Grand Rapids: Zondervan, 1993

17. 신상법, "복음서의 역사적 본질에 대한 소고", 1996년 10월 한국복음주의 신학회 논문집

18. G. A. Kennedy, *New Testament Interpretation through Rhetorical Interpretation* (Chapel Hill: The University of North Carolina Press, 1984)

19. R. A. Culpepper, *Story and History in the Gospels*. Review and Expositor 81, 1984, p. 474

20. 심상법, "복음서의 역사적 본질에 대한 이해", 신학 지남, 1996년 가을호, 통권 248호, p.210-214

21. T. Longmann III, *Literary Approaches to the Biblical Interpretation* (Grand Rapids, Zondervan, 1987)

22. 김기홍, "현대복음주의 운동 평가", 「성경과 신학」 제7권, 1989년, p.164

23. 차영배, "성령론", 「성경과 신학」 제7권, 1989년 10월 p.137-151

24. R. Gaffin, *Perspectives on Pentecost*, Philipsburg: Presbyterian and Reformed, 1979

25. Donald F. Bloesch, *The Future of Evangelical Christianity*, Doubleday, 1983, p.38

26. 차영배, "R. B. Gaffin 교수의 견해와 문제점", "오순절 성령강림의 단회성과 연

속성", 성령론, 1987

27. 유영기, "한국교회 안에서 일어나는 은사체험에 대한 소고",《성경과 신학》제15권, 1994년 4월, p.75-81

28. 장회익, "21세기 인류문화의 새로운 좌표를 짚어본다", 국민일보, 2000년 1월 1일, p.15

29. 장회익, 상동

30. M. Benedikt, "Cyberspace: Some proposals", @ Cyberspace: First steps (Benedikt, M. ed.) MIT Press, 1991, p.122

31. "인공 · 인조장기시대 10년이내 현실화 전망", 국민일보, 2000년 1월 20일, p.19

32. J. Moltmann, *Das Kommen Gottes. Christliche Eschatologie*, 오시는 하나님, 김균진역, 406쪽, 그리고 J. Moltmann, *Der Weg Jesu Christi*, Kap. VII. p.5, 359ff.

33. Moltmann, ibid., p.433

34. J. Moltmann, Das Kommen Gottes. 오시는 하나님, p.423

35. J. Moltmann, op. cit., p.440

36. David Edwards and John Stott, *Essentials* (Hodder & Stroughton, 1988), p.292

chapter 7   포스트모던 시대와 목회의 새 패러다임

1. Yung Han Kim, "The Identity of Reformed Theology and Its Ecumenicity in the Twenty-First Century: Reformed Theology as Transformational Cultural Theology", in: Wallace M. Alston Jr. & Michael Welker (editors), *Reformed Theology. Identity and Ecumenicity*, Grand Rapids: Eermans, 2003, p.3-19

2. V. Decombes, *La Meme et L'autre* (Paris, 1979), p.13

3. J. Habermas, *The Philosophical Discourse of Modernity*, Cambridge, 1987, p.133

4. Ferry and Renaut, *Pens?e 68* (Paris, 1985), p.105

5. Daniel Bell, *The Winding Passage. Essays and Sociological Journeys. 1960-1980*, Cambridge: Massachusetts, 1980, 서규환 역, 정보화 사회와 문화의 미래, 디자인 하우스, 1993, p.77-120

6. 김영한, "21세기, 포스트모더니즘, 기독교", in; 21세기, 포스트모더니즘, 기독교, 한국기독교연구논총 제9집, 숭실대 출판부, 1996, p.14

7. "잇고 합치고, 움직이고 느끼고 즐기다", 조선일보 신년특집, 2004년 1월 1일, BI면

8. "기술과 감성의 조화 여부에 기업성패 달려", 조선일보 신년특집, 미래 트렌드, 2004년 1월 1일, B3

9. D. Meadow, u. a. , *Die Grenzen des Wachstums* (Stuttgart, 1972)

10. Harvey Cox, *Fire from Heaven. The Rise of Pentecostal Spirituality and the Reshaping of Religion in the Twenty-first Century*, Massachusetts: Addison-Wesley Publishing Co., 1995, 유지황 역, 영성, 음악, 여성. 21세기 종교와 성령 운동, 도서출판 동연, 1996, p.129-182

11. Mark C. Taylor, *Erring. A Postmodern A/theology* (University of Chicago Press, Chicago and london, 1984), p.177

12. F. Loyard, *The Postmodern Condition* (Muenchen/ Manchester, 1984), p.23-24

13. Taylor, op. cit., 140

14. 김영한, 21세기와 개혁신학 제1권, 21세기와 개혁사상, 한국장로교 출판사, 1998, p.93-94

15. 이성희, 미래사회와 미래교회, 1996년, 대한 기독교서회, p.92-96

16. Klaus Baanch/ Kurt Rommel (Hg), *Religioese Stroemmungen unserer Zeit. Eine Einfuehrung und Orientierung* (Stuttgart: Quell, 1991), p.16-26

17. Horst Afferbach, *Die sanfte Umdeutung des Evangeliums. Eine biblische*

Anayse des Neuen Bewusstseins (Wuppertal: Brockhaus, 1988), p.32-35

18. "낡은 형식과 결별.. 담대하게 변화해야", 포스트모던 시대의 교회성장- 미(美) 목회자 네트워크 컨퍼런스", 국민일보, 2004년 2월 3일, p.38

19. Henry J. M. Nouwen, *The Road to Daybreak: A Spiritual Journey* (New York: Image Books, 1990, p.22-24, 성찬성역, 새벽으로 가는 길, 바오로딸, 1992, p.33-35

20. Christian A. Schwarz, Natural Church Development, 정진우 외 역, 서울: 도서출판 NCD, 1999

21. 크리스챤 슈바르츠, 자연적 교회성장의 첫걸음, 윤수인 역, 서울: 도서출판 NCD, 2000), p.35

22. 크리스챤 슈바르츠, 자연적 교회성장 첫걸음, 40

23. 조용기, 희망목회 45년. 구역 소그룹 부흥 이야기, 교회성장연구소, 2004년

24. 크리스챤 슈바르츠, 자연적 교회성장 패러다임, 247

25. 크리스챤 슈바르츠, 자연적 교회성장 첫걸음, 44

26. 크리스챤 슈바르츠, 자연적 교회성장 첫걸음, 35

27. 크리스챤 슈바르츠, 자연적 교회성장 첫걸음, 36

28. "당신이 천사입니다", Babper, 밥퍼, 2004년 1월, 다일복지재단,

29. John Naisbitt & Patricia Aburdene, *Megatrends 2000*, p.229. 김영한, 21세기와 개혁신학, 제 1권, 1998년, 한국장로교 출판사, p.54-56

30. "환경 경제학자 레스터 브라운", 동아일보, 1994년 1월 13일 20면, 김영한, 21세기와 개혁신학, 제 1권, 1998년, 한국장로교 출판사, p.49-50

31. "잇고, 합치고, 움직이고, 느끼고 즐긴다", 새해 비즈니스 성공 5대 키워드, 조선일보 신년특집, 조선경제, 2004년 1월 1일, B1

32. "기술과 감성의 조화 여부에 기업성패 달려", 조선일보 신년특집, 미래트랜드, 2004년 1월 1일, B3

33. "낡은 형식과 결별... 담대하게 변화해야", 포스트모던 시대의 교회성장- 미(美) 목회자 네트워크 컨퍼런스, 국민일보, 2004년 2월 3일, p.38

34. Dietrich Bonhoeffer, *Nachfolge*, 나를 따르라. 허혁 역, 대한기독교서회, 1979, p.24-38

35. 김영한, "포스트모던 시대의 개혁신학", 기독교사상, 1994년 1월, p.134

chapter 8   교회와 사회의 패러다임 변화

1. 국민일보, 1998년 6월 9일 종교란

2. "정치와 종교관계에 관한 10개국 여론조사," 조선일보, 2005년 6월 7일, A20

3. 르노닛산 그룹 회장 인터뷰, 조선일보, 2005.6.23. B4

4. 상동

5. 상동

6. 박두식, "신종패거리주의", 조선일보, 2005.6. 29. A34

7. 상동

8. 박정훈, "이사회 위에 가족회의 있는 두산," 조선일보, 2005, 8.13, A27

9. 김창균, "도청보다 먼저 끊어야할 사슬," 조선일보, 2005. 8. 17. A30

10. "하이닉스 부활연구(상), 직원 땀, 오기가 '죽은 회사' 살려냈다", 조선일보 경제난, 2005. 8. 19. B1

11. 상동

12. "40년간 아(阿) 지원 1조 달러 상당액 독재자 호주머니로", 조선일보, 2005. 7. 4, A18

13. 상동

14. 김기천, "기적 대한민국", 조선일보, 2005. 8. 17, A30

15. Christofer Frey, *Die Ethik des Protestantismus von der Reformation bis zur Gegenwart*, Guetersloh Verlagshaus, Gerd Mohn, 1988, 조경철 역, 개신교 윤리사, 보문출판사, 1993, p.120

16. 상게서, p.120-121

17. Jeremy Rifkin, *The End of Work*(노동의 종말, 민음사), *Beyond Beef: The Rise and Fall of the Cattle Culture*(육식의 종말, 시공사), The Age of Access(소유의 종말, 민음사)

18. "삶의 패러다임을 바꾼 사람들 - 전 세계 NGO의 싱크탱크 '제레미 리프킨' ", 조선일보, 2003년 3월 7일, A19

19. 한국신학교육협의회(The Consortium for Theological Education of Korea)는 2004년 4월 29일 장신대, 한신대, 총신대, 침신대, 성결대, 한세대, 합신대 등 7개 대학의 총장이 모여 결성되었고 현재 감신대, 서울신대 나사렛대, 아신대, 고신대, 횃불-트리니티신대 등 5개 대가 추가로 참가하여 12개 회원대가 있으며 2005년 영성수련회 참가대학은 회원대를 포함하여 숭실대, 천안대, 평택대, 서울여대, 안양대 등 29개대 총장 및 교수들 300명이 참가하였다(2005 전국 기독,신학대학 교수영성수련회, 장소: 온누리교회 양재성전, 일시: 2005년 4월 8일, 강사: 이수영, 하용조, 이철우, 한국신학교육협의회 자료).

chapter 9   여가와 놀이의 신학: 기독교적 레저문화

1. "달라지는 여가문화", 국민일보 창간 15주년 특집, 국민일보, 2003년 12월 10일, p.55

2. " '주말 연휴' 시대, 수 · 목요일 30-40대 남성을 노려라", 조선일보, 2003년 9월 1일, A9

3. " '주말 연휴' 시대 - 선진국선 '놀자판' 보단 '재충전' 기회로", 조선일보, 2003년 9월 8일 A10

4. 김정운, "21세기가 원하는 경쟁력은 휴식에서 창조되고 놀이에서 발견된다", in: BI (Befrienders International) vol. 141, August 2003, p.9

5. Arthur F. Holmes, *Contours of a World View*, Grand Rapids: Eerdmans,

1983, 이승구 옮김, 기독교세계관, 엠마오, 323

6. Arthur F. Holmes, *Contours of a World View*, Grand Rapids: Eerdmans, 1983, 이승구 옮김, 기독교세계관, 엠마오, 325

7. M. Heidegger, *Sein und Zeit*, 10. Aufl. 1963, 67, 김영한, 하이데거에서 리꾀르까지, 전정판, 박영사, 2003, 12-14

8. Arthur Holmes, op. cit., 326

9. Robert Lee, *Religion & Leisure in America* (Nashville: Abingdon, 1964), 25

10. 샘 킨은 제작자로서의 인간(homo faber)과 유희하는 인간(homo ludens)을 아폴로적 인생관과 디오니소스적 인생관으로 대비시켰다. Sam Keen, Apology for Wonder (New York: Harper and Row, 1969), Arthur Holmes, op. cit., 329

11. 김정운, "21세기가 원하는 경쟁력은 휴식에서 창조되고 놀이에서 발견된다", in: BI (Befrienders International) vol. 141, August 2003, 11

12. Richard Foster, *Celebration of Discipline*, 1978, San Francisco: Harper & Row, 생명의 말씀사 역, 영적 훈련과 성장, 2000, 48

13. Thomas Merton, *Spiritual Direction and Meditation*, Collegeville, MN: Liturgical Press, 1960, 88-89

14. 김정운, "21세기가 원하는 경쟁력은 휴식에서 창조되고 놀이에서 발견된다", in: BI (Befrienders International) vol. 141, August 2003, 10

15. Nicholas Wolterstorff, Art in Action, Grand Rapids: Eerdmans, 1980, 4

16. 김정운, "21세기가 원하는 경쟁력은 휴식에서 창조되고 놀이에서 발견된다", in: BI (Befrienders International) vol. 141, August 2003, 9

17. Juergen Moltmann, *Theology of Play* (New York: Harper and Row, 1972), Lewis Smedes, "Theology and Playful Life", in: Orlebeke and L. Smedes, *God and the Good* (Grand Rapids: Eerdmans, 1975), Hugh Rahner, *Man at Paly* (London: Herder and Row, 1972), Arthur Homes, op. cit., p.330-334

18. Herman Bavinck, *Gereformeerde Dogmatiek II*, The Doctrine of God, 이승구 역, 기독교문서 선교회, 1988, p.532-536

19. Stanley J. Grenz, *The Theology of the Community of God*, Grand Rapids: Eerdmans, 신옥수 역, 조직신학. 하나님의 공동체를 위한 신학, 크리스챤 다이제스트, 2003, p.165-166

20. Jürgen Moltmann, *Neuer Lebenstil. Schritte zur Gemeinde*, München: Chr. Kaiser Verlag, 1977, 김균진 역, 새로운 삶을 위하여, 현대사상사, p.86

21. J. Moltmann, *Neuer Lebensstil*, p.88

22. Arthur Holmes, op. cit., p.333-334

23. Arthur Holmes, op. cit., p.332

24. J. Moltmann, Neuer Lebensstil, p.87

25. J. Moltmann, Neuer Lebensstil, p.88

26. J. Moltmann, Neuer Lebensstil, p.88

27. J. Moltmann, Neuer Lebensstil, p.89

28. J. Moltmann, Neuer Lebensstil, p.94

29.J. Moltmann, Neuer Lebensstil, p.90

30. 김영한, "한국기독교와 레저문화", 한국기독교문화신학, 성광문화사, 1995, p.359

31. Arthur Holmes, op. cit., p.336

32. J. Moltmann, Neuer Lebensstil, p.87

chapter 10   21세기 사회의 네 가지 폭력과 평화

1. Claus Westermann, "Der Frieden(Shalom) im Alten Testament," in: *Studien zur Friedenforschung*, G. Picht/ H. E. Tödt(hrsg.), Band. I. Stuttgart, 1969, p.148

2. Walter Brueggemann, *Living Toward A Vision, United Church Press*, 1982, 홍철화 역, 기독교와 평화, 대한기독교서회, 1988, p.18

3. John Jefferson Davis, *Evangelical Ethics. Issues Facing the Church Today*, Presbyterian and Reformed Publishing Company: Philipsburg, New Jersey, 2nd Edition, 1993, p.221

4. Samuel Huntington, *The Clashes of Civilization and the Remaking of World Order* (Simon & Schuster, 1997), p.312-316

5. Michael Novak, "Arms and the Poor", National Review (September 3, 1982), p.1086

6. 타리크 알리, *The Clash of Fundamentalism*, 정철수 역, 근본주의의 충돌, 미토, 2003, 김호기, 근본주의 충돌에 대한 서평, 조선일보, 2003년 3월 22일 D3

7. Zur Lage der Welt 87/88. *Daten für das Überleben unseres Planeten. Worldwatch Institute Report*, Frankfurt 1987

8. John Stott, *New Issues Facing Christians Today*, Fully Revised Edition, Marschall Pickering 1999, p.129

9. Lesslie Newbigin, *Foolishness to the Greeks* (SPCK, 1986), p.114

10. "주한 외국기업 CEO 긴급좌담, 한국 노사분규 겪어보니.. 한국 경제는 지금 중대한 갈림길에 서 있다', 조선일보, 2003년 8월 29일, A6

11. "제조업이 무너진다. 〈1〉 문닫는 기업, 떠나는 기업", 조선일보, 2003년 7월 28일, p.1

12. "제조업이 무너진다 /철수 결정 앞둔 오웬스코닝 김천공장", 조선일보, 7월 28일 A3

13. "기아 · 현대차 파업여파 부도맞은 한목은 사장", 중앙일보, 2003년 8월 1일 1면

14. "주한 외국기업 CEO 긴급좌담, 한국 노사분규 겪어보니.. 한국 경제는 지금 중대한 갈림길에 서 있다", 조선일보, 2003년 8월 29일, A6

15. "노사분규로 회사 문닫는데 평균 3개월", 조선일보, 2003년 8월 5일, A10

16. R. Sider and R. Taylor, *Nuclear Holocaust*, p.229-292

17. John Jefferson Davis, *Evangelical Ethics*, p.228

18. "교계, 이라크전 해석 다양", 크리스천 투데이, 2003년 3월 26일, 1면, "해외교회가

바라본 미국-이라크 전쟁", 기독교연합신문, 2003년 4월 6일, p.11

19. Peter Beyerhaus, "War and Peace in Christian Perspective", Address delivered at KEF Meeting in Seoul, 14th April 2003, 6, 김명혁 역, "기독교관점에서 본 전쟁과 평화", 2003년 4월 14일, 강변교회 강연집, p.11

20. Moltmann, Gerechtigkeit schafft Zukunft, p.66

21. "제조업이 무너진다/ 제조업 투자 내쫓는 한국", 조선일보, 2003년 7월 29일, p.1

22. "제조업이 무너진다. 〈3〉 경직된 노동시장이 문제다", 조선일보, 2003년 7월 30일, p.1

23. "주한 외국기업 CEO 긴급좌담, 한국 노사분규 겪어보니.. 한국 경제는 지금 중대한 갈림길에 서 있다", 조선일보, 2003년 8월 29일, A6

24. Walter Brueggemann, *Living Toward A Vision*, United Church Press, 1982, 홍철화 역, 기독교와 평화, 대한기독교서회, 1988, p.19

25. 발트 브루지만은 그의 저서에서 샬롬의 세 가지 차원을 말하고 있으나 내용적으로 보면 두 번째 차원인 역사적 정치적 차원(Ibid., 22)과 세 번째 차원의 공동체 안에서 평안(Ibid., 23-24)은 중복되고 있다. 그는 이 두가지를 명료하게 구분하지 못하고 있는 것 같다. 역사적 정치적 차원의 샬롬이란 바로 개인적 샬롬이 아니라 모든 구성원이 함께 누리는 공동체적 평안이기 때문이다.

26. Moltmann, *Gerechtigkeit schafft Zukunft*, p.62

27. Moltmann, op. cit., p.63

28. Moltmann, *Gerechtigkeit schafft Zukunft. Friedenspolitik und Schoepfungsethik in einer bedrohten Welt*, Kaiser/Gruenewald, 1989, p.25

29. Ibid., 26

30. Ibid., 27

31. Ibid., 27

32. 김영한, 바르트에서 몰트만까지, 개정증보판, 2003, 대한기독교서회, 556-559

33. "제조업이 무너진다/ 제조업 살려야 2만불 시대", 조선일보, 2003년 8월 1일, p.1

34. "제조업이 무너진다/ 기업의 성패 가르는 구조조정", 조선일보, 2003년 7월 30일,

A3

35. 일본은 도요타식 노사협력문화를 통해서 1981년에 1만 달러, 1987년에 2만 달러의 시대를 열었다. 홍콩은 1988년에, 싱가포르는 1989년에 각기 1만 달러 시대를 열었고, 둘다 모두 1994년에 2만 달러 시대를 열었다. 이에 비하여 우리 한국은 1995년 1만 달러 시대를 열다가 과소비와 노사갈등으로 IMF 위기를 맞았고 2002년말 기준 1만 13달러로 정체를 거듭하고 있다.("제조업이 무너진다/ 제조업 살려야 2만 달러 시대", 조선일보, 2003년 8월 1일, p.1)

36. John V. Taylor, *Enough is Enough*, 102, Michael Schluchter and David Lee, The R Factor (Hodder & Stroughton, 1993)

37. John Stott, *New Issues Facing Christians Today*, Fully Revised Edition, Marschall Pickering 1999, p.214-233

38. Walter Bruggemann, op. cit., p.27

39. Moltmann, *Grechtigkeit schafft Zukunft*, p.58

40. Walter Bruggemann, op. cit., p.41-44

41. Walter Bruggemann, op. cit., p.35

42. Walter Bruggemann, op. cit., p.39

43. B. Moltmann (Hrg.), *Perspektiven der Friedensforschung*, Baden-Baden 1988 (Schriftenreihe des AG für Friedens-und Konfliktforschung, Band XV.)

44. 몰트만은 원죄가 낙원의 금단의 열매를 먹은 것에 있지 않고 가인과 아벨의 역사가 보고하듯이 폭력행위(Gewalttat)에 있다고 해석한다.(Moltmann, op. cit., 60) 그러나 폭력이란 하나님에 대한 불순종에 의해 깨뜨려진 낙원의 소외의 결과로서 인간 사이에 나타난 것으로 보아야 한다. 종교개혁적 전통의 해석에 의하면 이 불순종이란 하나님에 대한 불순종이요, 여기에는 인간의 자기 신격화가 있다.

45. Paul G. Hiebert, *Anthropological Reflections on Missiological Issues*, Grand Rapids: Baker Book House, 1994, 김영동, 안영권 역, 인류학적 접근을 통한 선교현장의 문화이해, 죠이선교회 출판부, 1997, p.276-278

참고문헌

Günter Altner (Hrsg.), Stuttgart: Kreuz Verlag, 1989, p.277-299

Klaus Baanch/Kurt Rommel(Hg.), *Religioese Stroemmungen unserer Zeit. Eine Einfuehrung und Orientierung*, Stuttgart: Quell,1991 Ian Barbour, *Myths, Models and Paradigms: A Comparative Study in Science and Religion* (New York: Harper and Row, 1974)

Herman Bavinck, *Gereformeerde Dogmatiek II*, The Doctrine of God, 이승구 역, 기독교문서선교회, 1988

Donald Bloesch, "God the Civilizer", in: *Christian Faith and Practice in the Modern World: Theology from an Evangelical Point of View*, ed. Mark Frederic B. Burnham, ed. *Postmodern Theology. Christian Faith in a Pluralistic World*, New York: Harper & Row, 1989. 세계신학연구원 역, 포스트모던 신학, 조명문화사

Peter Beyerhaus, "War and Peace in Christian Perspective", Address delivered at KEF Meeting in Seoul, 14th April 2003, 6, 김명혁 역, "기독교관점에서 본 전쟁과 평화", 2003년 4월 14일, 강변교회 강연집

Walter Brueggemann, *Living Toward A Vision*, United Church Press, 1982, 홍철화 역, 기독교와 평화, 대한기독교서회, 1988,

Daniel Bell, *The End of Ideology*, 이데올로기의 종언, 1960

__________, *The Cultural Contradictions of the Capitalism*, 자본주의의 문화적 모순, 문학세계사, 1990

__________, *The Third Technological Revolution*, 제3의 기술혁명, 한국통신 출판부, 1991

Geoffrey W. Bromiley, 종말론: 종말의 의미, in: D.A. Carson & John D. Woodbridge(ed.), *God and Culture*, 1993, Eerdmans, 박희석 역, 하나님과 문화, 크리스천다이제스트, 2001

R. G. Brown, *Clones, Chimeras and the Image of God, Lessions from Barthian Bioethics*, ed. by J. F. Kilner, S. Cameron & D.L. Schiedermayer, *Bioethics and the Future of Medicine: A Christian Appraisal*, Grand Rapids, Michigan 1995,

A. T. Callinicos, *Against Postmodernism*, 1989, 임상훈, 이동연 역, 포스트모더니즘 비판, 성림, 1992

F. Capra, *The Tao of Physics*, 이성범, 김용정 역, 현대물리학과 동양사상, 범양사, p.161, 신과학 운동, 신과학연구회편, 1986

D.A. Carson & John D. Woodbridge (ed.), *God and Culture*, 1993, Eerdmans, 박희석역, 하나님과 문화, 크리스천다이제스트, 2001

Siguard Daecke, Anthropozentrik oder Eigenwert der Natur?, in: Ökologische Theologie

Arnold H. DeGraaff, Jean Olthius and Anne Tuininga, *Japan: A Way of Life* (Toronto: Joy in Learning Curriculum Development and Training Centre, 1980) James K. Feibleman, Understanding Oriental Philosophy, New York: New American Library, 1976

Jacques Ellul, *The Technological Society*, trans. by John Wilkinson, New York: Vintage, 1964; 임재원, 자크 엘룰의 기술문명 비판, 사회학적 불가능성과 신학적 가능성, 로기아총서 4, 한들출판사, 2005

Jacques Ellul, *What I Believe* (Grand Rapids: Eerdmans, 1989)

___________, *The Technological Bluff*(Grand Rapids: Eerdmans, 1990)

Ronald Enroth(ed.), *Evangelising The Cults*, Milton Keynes: Word,1990

Paul Feyerabend, *Against Method: Outline of Anarchistic Theory of Knowledge*, London 1975

Richard Foster, *Celebration of Discipline*, 1978, San Francisco: Harper & Row, 생명의 말씀사 역, 영적 훈련과 성장, 2000

M. Foucault, *Les mots et les choses: Une Archeologie des Sciences Humains*, Gallimard, 1966, 이광래 역, 말과 사물, 민음사, 1986

___________, *Power / Knowledge* (Brighton, 1980)

___________, *Discipline and Punish* (London, 1977)

Marilyn Ferguson, *The Brain Revolution*, Babara Brown, *New Mind, New Body: Bio-feedback: New Directions for the Mind*, New York: Harper and Row, 1974; Stanley J. Grenz, *The Theology of the Community of God*, Grand Rapids: Eerdmans, 신옥수 역, 조직신학. 하나님의 공동체를 위한 신학, 크리스챤 다이제스트, 2003

Stainslav Grof, "Beyond the Bounds of Psychoanalysis", Intellectual Digest, September 1972

Douglas R. Groothuis, *Unmasking the New Age* (Downers Grover, III.: InterVarsity, 1986); Karen Hoyt, ed., *The New Age Rage* (Old Tappan, N. J.: Revell, 1987)

J. Habermas, *The Philosophical Discourse of Modernity* (Cambridge, 1987)

Paul G. Hiebert, *Anthropological Reflections on Missiological Issues*, Baker Books, 1994, 김영동, 안영권 역, 인류학적 접근을 통한 선교현장의 문화이해, 죠이선교회출판부

Paul G. Hiebert, *Anthropological Reflections on Missiological Issues*, Grand Rapids: Baker Book House, 1994, 김영동, 안영권 역, 인류학적 접근을 통한 선교현장의 문화이해, 죠이선교회 출판부, 1997

Arthur F. Holmes, *Contours of a World View*, Grand Rapids: Eerdmans, 1983, 이승구 옮김, 기독교세계관, 엠마오

Samuel P. Huntington, *The Clash of Civilizations and The Remaking of World Order*, 1996, 이희재역, 문명의 충돌, 김영사, 1997

M. Heidegger, *Sein und Zeit*, 10. Aufl. 1963

John Jefferson Davis, *Evangelical Ethics. Issues Facing the Church Today, Presbyterian and Reformed Publishing Company: Philipsburg*, New Jersey, 2nd Edition, 1993

Sam Keen, *Apology for Wonder* (New York: Harper and Row, 1969)

Hans Kueng, *Projekt Weltethos, Piper*, Muenchen, Zuerich, 1991

Abraham Kuyper, *Lectures on Calvinism*, Eerdmans, 1898, 9th printing 1976 ed. by A. Noll and David F. Wells (Grand Rapids: Eerdmans, 1988)

Thomas Kuhn, *The Structure of the Scientific Revolutions*, Chicago 1962

Robert Lee, *Religion & Leisure in America* (Nashville: Abingdon, 1964)

Levi, *The Aquarian Gospel of Jesus the Christ*, London: L.N.Fowler & Co.,1947

The Nag Hammadi Library, San Francisco: Harper and Row Publishers,1978

Arthur F. Holmes, *Contours of a Wolrd View*, Eerdmans,1983, 이승구 역, 기독교세계관, 엠마오

Michio Kaku, *Visions: How Science Will Revolutionize the 21st Century*, 1997, 김승욱 역, 비전 2003, 작가정신, 2000

E. Levinas, *Le Temps et L'autre*, 1947, 강영안역, 시간과 타자, 서울: 문예출판사, 1996

__________, *De l'existence a l'existant* (1947)(Paris: J. Vrin, 1990), 존재에서 존재자로, 서동욱 역, 서울: 민음사, 2001

__________, *Etique et infini. Dialoque avec Philippe Nemo* (Paris: Fayard/Culture France, 1982), 양명수 역, 윤리와 무한, 다산글방 2000

J. F. Loytard, *The Postmodern Condition* (Manchester, 1984)

Thomas Merton, *Spiritual Direction and Meditation*, Collegeville, MN: Liturgical Press, 1960

B. Moltmann (Hrg.), *Perspektiven der Friedensforschung*, Baden-Baden 1988 (Schriftenreihe des AG fur Friedens-und Konfliktforschung, Band XV.)

Juergen Moltmann, *Gerechtigkeit schafft Zukunft. Friedenspolitik und Schoepfungsethik in einer bedrohten Welt*, Kaiser/Gruenewald, 1989

__________, *Neuer Lebenstil. Schritte zur Gemeinde*, Muenchen: Chr. Kaiser Verlag, 1977, 김균진 역, 새로운 삶을 위하여, 현대사상사

__________, *Theology of Play* (New York: Harper and Row, 1972)

Harald Müller, *Das Zusammenleben der Kulturen*, Frankfurt, 1998, 이영희 역, 문명의 공존, 푸른숲, 1999

John Naisbitt, *Megatrends Asia: Eight Megatrends of Asia that are Reshaping our World*, 1996, New York, 홍수원 역, 메카트랜드 아시아, 한국경제신문사, 1996

__________, & Aburdene, *Megatrends 2000*, 김홍기 역, 메카트랜드 2000, 한국경제신문사, 1990

Lesslie Newbigin, *Foolishness to the Greeks* (SPCK, 1986)

Michael Polanyi, *Personal Knowledge toward a postcritical philosophy*, London 1958

__________, & H. Prosch, Meaning, Chicago, 1975

Elaine Pagels, *The Gnostic Gospels*, New York:Random House, 1979

Karl Popper, *Objective Knowledge*, Oxford, 1972

Mark L. Prophet and Elizabeth Clare Prophet, *The Lost Teachings of Jesus 1: Missing Texts. Karma and Reincarnation, The Lost Teaching of Jesus 2: Mysteries of the Higher Self, The Lost Teachings of Jesus 3: Masters and Disciples on the Path*, Livingston, Mont.: Summit University Press, 1988

W. J. Parsons & Jay Hollman, *Ethical Issues in Genetic Diagnosis and Treatment*, 박제형 옮김, 의료윤리의 새로운 문제들, 서울: 예영 커뮤니케이션, 1997

Hugh Rahner, *Man at Play* (London: Herder and Row, 1972)

P. Ricoeur, *Hermeneutics and the Human Sciences*, (Cambridge University Press, 1981)

David Rorvik, "The theta Experience", *Saturday Review of the Sciences*, May 1973

Michael Schluchter and David Lee, *The R Factor* (Hodder & Stroughton, 1993)

Jeff M. Sellers, "The Higher Self Gets Down to Business. An old movement appears anew?-in the corporate world." Christianity Today. February 2003, Vol. 47, No.2, P. 34, http://www.christianitytoday.com/workplace/articles/ct-2003-002-1.34.html

Lewis Smedes, "Theology and Playful Life", in: Orlebeke and L. Smedes, *God and the Good* (Grand Rapids: Eerdmans, 1975)

John Stott, *New Issues Facing Christians Today*, Fully Revised Edition, Marschall Pickering, 1999

Mark C. Taylor, *Erring. A Postmodern A/theology*, The University of Chicago Press, Chicago and London, 1984

David Spangler, *Reflections on the Christ*, Forres, Scotland: Fidhorn Publications, 1981

__________, *The Laws of Manifestation*, Forres, Scotland: Findhorn Publications, 1983

Kevin J. Vanhoozer, "세계는 과연 무대로서 적합한가? 신학, 문화 그리고 해석학," in: God and Culture, 1993, ed. by D. A. Carson and J. D. Woodbridge, 박희석 역, 하나님과 문화, 크리스천 다이제스트, 2001

Max Weber, Protestantische Ethik und der Geist des Kapitalismus, 최문환 역,

프로테스탄트 윤리와 자본주의 정신, 일조각, 2003

Nicholas Wolterstorff, Reason Within the Bounds of Religion (Grand Rapids: Eerdmans, 1986)

________, Art in Action, Grand Rapids: Eerdmans, 1980

강영안, 타인의 얼굴, 레비나스의 철학, 문학과 지성사, 2005

김영한, 현대신학과 개혁신학, 성광문화사, 1995

______, 한국기독교문화신학, 성광문화사, 1995, 불과 구름, 2005

______, 21세기와 개혁신학 제1권. 21세기와 개혁사상, 한국장로교출판사, 1998

______, 21세기와 개혁신학 제2권, 포스트모더니즘과 개혁신학, 한국장로교출판사, 1998

______, 21세기와 개혁신학 제3권, 개혁신학의 현대적 이해, 한국장로교출판사, 1998

______, "한국기독교와 레저문화", 한국기독교문화신학, 성광문화사, 1995

______, 하이데거에서 리꾀르까지, 전정판, 박영사, 2003,

______, "어거스틴의 신학적 문화론", 한국기독교문화신학, 성광문화사, 1995, 불과 구름, 2005

______, "카이퍼와 스킬더의 신학적 문화론", 한국기독교문화신학, 성광문화사, 1995, p.200-204

______, "기독교와 타종교, 종교대화", 21세기의 기독교와 타종교, 숭실대학교 출판부, 1999

______, "생태계의 위기와 생태신학, 생태윤리", 21세기와 창조의 미래, 숭실대 출판부, 1995

______, "사이버 문화와 개혁신앙", 사이버 문화와 기독교문화전략, 쿰란출판사, 1999

김정운, "21세기가 원하는 경쟁력은 휴식에서 창조되고 놀이에서 발견된다", in: BI (Befrienders International) vol. 141, August 2003, 9

김종걸, 리꾀르의 해석학적 철학, 한들출판사, 2003

김은혜, 생명신학과 기독교문화, 생명, 문화, 여성, 쿰란출판사, 2006

이정석, "대중문화시대의 그리스도인", 대중문화, 더 이상 침묵할 수 없다. 예영
        커뮤니케이션, 1998

박이문, 문명의 위기와 문화의 전환- 생태학적 세계관을 위하여, 민음사, 1996

李景治(중국 인민대 교수), "금세기 후반부터 미 독주 제동 걸릴 듯", 《조선일
        보》, 2000년 1월 11일, p.9

자크 아탈리, "문명 동진(東進)론…새 천년은 동양의 시대", 《조선일보》, 1996년
        3월 5일, p.9

이승구, 기독교 세계관이란 무엇인가? SFC 출판부, 2003

______, "합리주의적 윤리와 신앙의 윤리의 관계," in: 키에르케고르에게서 배
        운다, 한국케에르케고르학회 엮음, 2005년 2월

양명수, "가이아 이론을 극복한 기독교 생태윤리", 《목회와 신학》 9월호, 1993년

이정배, "현대과학의 도전을 받는 기독교", 《기독교사상》, 1990년 2월

제임스 러브록(James Lovelock), 가이아의 시대, 범양사, 1992

한스 큉, "교회는 쇠퇴해도 일반인 '종교관심'은 더 늘 것", 세계 석학 21인이
        본 21세기〈17〉, 조선일보, 2000년 1월 31일

정기철, 해석학과 학문과의 대화, 문예출판사, 2004

최태연, "임마누엘 레비나스에서 윤리의 기원," 해석학연구, 1997

조선일보 편집국(편), New Millennium, New Century, 세계 석학들이 본 21세
        기, 조선일보사, 2000

장회익, "21세기는 온생명의 시대", 국민일보, 1999년 10월 4일

하스미 시게히코-이어령 대담. "아시아적 가치와 21세기", 《조선일보》, 1998년
        9월 30일, p.4